セイラー教授の

# 行動経済学入門

シカゴ大学経営大学院教授

**リチャード・セイラー**

Richard H. Thaler

篠原 勝 訳


# The Winner's Curse

## Paradoxes and Anomalies of Economic Life


ダイヤモンド社

THE WINNER'S CURSE

by

Richard H. Thaler

# 刊行に寄せて――すぐれた意思決定のトレーニングに

楽天証券経済研究所　客員研究員　山崎　元

本書は一九八八年から、ジャーナル・オブ・エコノミック・パースペクティブという経済学会の専門誌に連載された論文を一冊にまとめたものです。著者のリチャード・セイラー教授は、投資業界では「長期のリターン・リバーサル」に注目した研究者としてよく知られていました。「長期のリターン・リバーサル」とは簡単に言えば、「過去五年ぐらい相対的なパフォーマンスが悪かった株を買うと、その後の相対的パフォーマンスはよくなる」という現象を指しています。

このような現象は、既存のファイナンス（投資）理論では説明できないアノマリー（例外事象）と呼ばれ、たとえば「時価総額の小さい小型株のリターンが継続的に高い」とか、「ＰＢＲ（株価純資産倍率）が低い株式のリターンは高い」など、さまざまな事象が研究されてきました。こうした研究は現実の投資に応用されることも多く、実務家の関心を集めていましたが、セイラー教授もパイオニアの一人です。

そのセイラー教授が、それぞれのテーマの第一線の研究者と一緒に連載を始めたということで、当時、投資を研究する部署にいた私は、職業上の興味もありましたが、新しい野心的な議論に興奮しつつ、毎回楽しみに読んでいました。

その後、一九九二年に一冊の本にまとまってからも、改めて読み直し、取り上げているテーマの幅広さ、興味深さに関心したものです。「同じ仕事でも産業によって賃金格差があるのはなぜか」「オークションで高値づかみしない戦略はあるか」といったところから、「競馬」「宝クジ」「株式市場」といった身近な機会についての分析から、「公共財ゲーム」「最終提案ゲーム」といった行動経済学的なアプローチによる、人間の現実の行動の分析といったことまで、切れ味鋭く解説しています。

本書の最初の論文が書かれてからかれこれ二〇年近く経とうとしていますが、その着眼やテーマ設定、思考の方向性などきわめて先見性があります。いま読み返してみても一章、一章のテーマが議論として実に刺激的で、わかりやすい記述ですが内容的に高度です。今回の新版でもう一度読めるのは非常にうれしいことです。

## 伝統ファイナンスに対する批判

既存のファイナンス理論は、一九六〇年代、七〇年代を通じて、高度に数理的に発展してきました。金融工学と呼ばれる分野にその掉尾があります。しかし、それはどちらかといえば、かならず解けるようにつくった詰め将棋のようなもので、現実の資本市場や投資家行動の説明力には、疑問があるところです。そこへ、八〇年代に行動経済学の研究が勃興してきたことによって、伝統ファイナンスの「例外事象」に系統的な説明が試みられるようになり、「行動ファイナンス」という分野が確立しました。行動ファイナンスにより、伝統ファイナンスが前提とするものの非現実性を示す証拠が次々に明らかにされており、もはやファイナンスの基礎はすっかり書き換えられた、と私は見ています。

## 刊行に寄せて
## ——すぐれた意思決定のトレーニングに

行動経済学におけるキーワードの一つに「バイアス」という言葉があります。いわゆる合理的な判断の意思決定から系統的に起こる判断の「偏り」を指します。そのバイアスを一貫して説明できる理論として組み立てられた代表的なものが、二〇〇二年にノーベル経済学賞を受賞したダニエル・カーネマンとその共同研究者であるエイモス・トバスキー（残念ながら故人です）によってまとめられた「プロスペクト理論」です。この理論は、不確実な将来の意思決定において人間はかならずしも合理的に行動しないこと、特に「参照点」と言われる自分が意識している点（たとえば株式の取得価格がしばしばこれに当たります）からの上下で行動が変わることなどを説明しています。本書には、カーネマンもトバスキーも共同執筆者として参加しています。本書第6章では、まさにこの理論に収斂していく議論が展開されています。

行動ファイナンスが現実的に有効と思われる身近な例を挙げましょう。毎月分配型の投資信託という投資商品が日本では人気です。伝統ファイナンス的な考え方からすると、そもそもキャピタル・ゲインとインカム・ゲインとは区別しないで、収益は総合的に損得を考えるとされています。この商品は、頻繁に分配金が得られるといっても、それは、元本を減らして支払われています。なので、分配自体がけっして得になっているわけではないのです。しかも、分配を早くたくさん出すということは、課税のタイミングが前倒しされ、それだけよけいに税金もかかるわけです。

そうしてみると、毎月分配型のファンドは、伝統ファイナンス的には得ではない商品、ダメな商品ということになります。しかし、現実には売れているわけです。つまり、経済学説的にはダメなのに、でもよく売れている。その秘密は行動ファイナンスで説明できるのです。

一つは金銭的な報酬が、毎月という短期のサイクルであるということ。人間は、非常に先にある報酬と、わりと目先にある報酬とを正確に比べることができないのです（くわしくは、本書第8章を参照してください）。これは、行動経済学では「双曲割引」と呼ばれる現象です。本来、現在価値に対する係数は時間に対して指数関数的になだらかに割り引かれなければいけないのですが、実際の人間の価値判断には、目先にある金銭報酬の価値がきわめて高く、将来に向かって急速に落ち込んでいくゆがみがあります。どうも目先の報酬を得た、ということに心地よさがあるようです。

また、インカム・ゲインとキャピタル・ゲインを分けて考えてしまいます。これは、いわゆる「メンタル・アカウンティング」と呼ばれる現象です。本来、価値に差がないはずのお金のありがた味が、収入の名目や使途などで別々に評価される傾向を指します（本書第9章を参照してください）。たとえば月給で高額なフランス料理を食べるのは贅沢だと判断しても、競馬で当てた払戻金で食べるのは「まあいいや」と思ってしまうようなことです。合理的には、稼いだ手段に関わりなく同額のお金の価値は同じはずなのですが、収入の名目などによって「心の中の勘定科目」が違うかのように処理されるのです。

加えて、プロスペクト理論によると、元本（参照点）を割れた状態にあっては、人は、むしろリスクのある状態を好みますが、毎月分配型のファンドは為替などのリスクを負っており、この点もちょうどよくできています。心のツボにはまった巧みな商品設計であり、行動経済学理論の応用例になっています。

## 自然的合理性とゲーム論的合理性のギャップ

「合理性」という言葉の意味を整理する必要がありそうです。おそらく、過去の経済学説が言っているものは、あえて名前をつけるなら「ゲーム論的合理性」とでも呼ぶべきもので、取引の上で損にならない合理性のことです。これに対し、人間の自然な感じ方に基づいて評価すると心地よいという意味での合理性があります。あえて名前をつけるなら「自然的合理性」でしょうか。これらの「二つの合理性」の間には大きなギャップがあり、先ほどの毎月分配型のファンドなどは結果的にこのギャップをうまく使っているのです。

いわゆるマーケティングというものを考えたとき、うまくいくマーケティング、儲かるマーケティングの背景には、「自然的合理性」と「ゲーム論的合理性」のギャップを巧みに利用する工夫が潜んでいます。一方、消費者や投資家としては、人間のバイアスを知り、それを克服することで、損を回避したり、マーケティングに対する免疫をつけたりすることができる。そのために利用できるのが行動経済学です。

行動経済学が次に取り組まなければいけないテーマは、各種のバイアスが生じる原因を明らかにすることでしょう。最近は「バイアス」を脳の働きと関連づけて研究するということが進んでいます。ファイナンスや経済学にとどまらず、倫理であったり法律であったり、かなり広い範囲で急速に脳の働きとの関連が研究されています。

よく「投資家はリスクとリターンとを合わせて意思決定すべきだ」と言われますが、実は脳の中では、リスクに対して反応する場所とリターンに対して反応する場所は違うようなのです。したがって、両者をバランスよく考えるということは、口で言うほど簡単ではないのかもしれません。

筋肉にたとえるなら、別々の筋肉を一つの目的のためにバランスよく使わなければいけない、というようなことが、すぐれた意思決定の過程にもあるようです。そのためには、意図的な努力が必要です。たとえばテニスでいいプレーをしようと思えば、少なくとも本能のままに振り回せば強いボールが返せるわけではありません。ラケットの動かし方一つをとっても、テニスに最適化された体の使い方や動きというものがあります。ゴルフもそうです。人間の動きとしては不自然ですが、ゴルフというゲームに最適な動き方をしなければならない。同じように、経済にまつわる意思決定についても、頭の使い方にある意図的な努力が必要なのではないかと思えてきます。

そういう意味で本書の一章、一章は、すぐれた意思決定のために、投資に勝つために（負けないために）、新しい発想のトレーニングに最適な、きわめて中身の濃い良書です。

セイラー教授の行動経済学入門　目次

# セイラー教授の
# 行動経済学入門

わが愛すべきアノマリー
ジェシー、マギー、グレッグたちに
本書を捧げる

第1章　経済理論と「例外」

# 合理的行動モデルはどこまで正しいか

INTRODUCTION

あなたの友人はA石油会社の社長をしている。彼はときどき、何か問題が起こると電話してきて、あなたの意見を求める。今回は、入札価格の相談のようだ。どうやらまた一つ石油会社が倒産して、探査開発用に取得してあった土地の一部を手放すらしい。A石油は、その土地に目を付けている。つい最近まで、この土地の入札に応じるのは三社だけだろうと目されていた。A石油は、一〇〇〇万ドルの腹づもりをしている。ところがほかに七社が名乗りをあげ、なんと計一〇社で競り合うことになった。そこで問題は、A石油はこの入札価格を上げるべきか、それとも下げるべきかである。

あなたは彼にどうアドバイスするだろうか。

さて、あなたは彼に入札価格を上げるよう助言したのか、それとも下げるよう勧めたのか。たいていの人は、おそらく直感的に「上げろ」と言うに違いない。「入札者が増えたのだから、指し値を上げなければ土地は入手できない」と思うからだ。しかしここで、しばしば無視される大切な考え方がある。それは、オークションに参加する者はそれぞれ、「自分が考えるその土地の価値より、（儲けの余地を見込んで）少し低い値段でセリ落としたいと考えている」ということだ。

石油がこの土地にいくら埋蔵されているかは、誰にもわからない。多めに見積もる者もいれば、少なめに見積もる者もいるだろう。

ここで、全員が正しい予測ができていると仮定してみよう。この場合、誰がこのオークションに勝つのだろうか。そう、勝者は、地下の石油埋蔵量を最も多めに見積もった者である。ということは、その勝者は、その土地に対して実際の価値以上の値を付けた可能性が高いのである。

これが、恐れられている「勝者の呪い《ウィナーズ・カース》」である。

多数の入札者を集めたオークションで、こうして勝者はしばしば敗者となり果てるのだ。この「勝者の呪い」を回避するカギは、「競合相手の数が増えた場合に、より控えめな値を付けること」である。一見、直感に反すると思える、こうした価格付けこそ、まさに理にかなう行動なのである。

## 合理性と自己利益

本書は、経済学における例外事象について論じようとするものであり、ここで紹介した「勝者の呪い」はその一例である（オークションについては、第5章でくわしく説明する）。

ここでいう例外とは、「合理的思考に整合しない事実、または考え方」である。冒頭の例に見られるように、理論的には、入札者の数が増えたときは入札価格を下げるのが正しい。にもかかわらずたいていの人は逆に値を上げてしまうのである。

誰の目にも明らかな例外であると認められるには、まず、明快な帰結を予見できる理論がなくてはならない。そのうえでこれらの理論的な予見に反する事実が必要となる。経済学における例外は、どちらの意味でもなかなか得にくいものだ。経済理論自体はいくらでもあるのだが、それが具体的にどういう結果をもたらすのか見定めるのはきわめて難しい。その理論からどういう予測結果が導かれるのか合意できなければ、何が例外なのかも合意できない。

経済学者たちは、「理論のなかには、定義において真なるがゆえに検証不能の理論がある」とまで主張している。たとえば効用最大化の理論は、その理論の立て方ゆえにつねに真であると言われる。ある人がある行為をしたら、それがいかに奇妙に見えても効用を最大化しているはずだ。でなければ、その人はそんなことをするはずがないから……。理論という代物は、反証するための一連のデータがないかぎり、まったくもって検証不可能である（実際、効用最大化というのは本来は理論ではなく、定義と呼ぶほうが適切だ）。

とはいうものの、多くの経済学者が自己の理論の明らかな反証不能性に安住する一方で、巧妙な検証法を編み出そうと努力を続ける学者たちがいる。そして心強いのは、理論経済学において、次に述べる自然原理がつねに働いていることである。つまり、「検証が可能になれば、理論に矛盾する例外の存在がかならず証明される」ということである。

経済学の理論あるいは学説とは、具体的に何を指すのか。行動に関する同じ仮定が、すべての経済分析の場で利用されており、応用事例は、企業論であれ金融市場論あるいは消費者による選好理論であれ、何でもよい。ここでカギとなる二つの仮定とは、「合理性」と「自己利益」である。人びとは自己のためにできるだけ多くを入手したがり、この目的を達成する最善の方策を考えるのが実に巧みである、と仮定されるのである。

経済学者というものは、差し迫った問題、たとえば、失業中に仕事を探し出す最適の方法というような問題の解決法の発見に一年もかけておきながら、失業者はとっくの昔にその解決方法を知っていてそれに従って行動するであろうという理論を、平気でつくる類いの人たちなのである。経済学者が一年間も苦闘しなければならないような問題を、普通の人なら誰でも直感で解決できるとする想定は、見上げた謙虚さの発露なのかもしれないが、そんなにあっさり割り切っていいのかどうか、やや疑わしい。どう考えても、人びとが単に間違った答えを出すという可能性だってあるはずだ。

認識を誤る可能性は、行動心理学者ハーバート・サイモンの言う「限定合理性」に照らせば、その重要性は明らかである。人間の脳を一種のパーソナル・コンピュータ（ＰＣ）として考えてみると、その情報処理のスピードはたいへんに遅く、記憶装置は容量が少ないうえに信頼性に欠ける。みなさんはともかく、わが両の耳に挟まれた空間を占める私のＰＣは、考えたくもないほど働きが悪い。

では、もう一つの仮定、自己利益はどうだろうか。

経済学のこの標準モデルをめぐる問題点は、私たちが住んでいるニューヨーク州の片田舎イサカのドライバーたちの行動によっても具体的に示されている。

コーネル大学の裏手に小川が一本流れている。二車線の対面通行の道路がこの小川を横切っており、橋の部分は一車線になっている。交通量の多い時間帯には、橋の両側に順番待ちの車が何台か止まって待っている。さて、どうなるか？　たいていは四、五台の車が続けて橋を渡ると、後に続く車は橋の手前で停止し、反対方向の車を数台通らせる。しかし、イサカでのこの奥ゆかしい通行方式は、ニューヨークではうまくいかないし、経済学のモデルにもうまく当てはまらない。もし、ニューヨークでこの方式を採用すれば、橋はおそらく一方通行の道路になってしまうだろう。たまたまその橋に最初にやってきた車が渡った偶然によって、一方通行の方向が決まってしまうのである。

そして経済学のモデルでは、人びとはイサカではなくニューヨーク的に振る舞うものと想定されるのだ。この想定は、はたして妥当なのだろうか？

幸いにして、イサカのドライバーの協力的な行動はなにも彼らだけのものではない。およそ人間なら誰しも、ニューヨーカーですらチャリティーに寄付し、キャンプ場の清掃もすれば、もう二度とそのレストランに来なくてもちゃんとチップを置く。確かに、多くの人たちが税金をごまかすし（どっちみち無駄遣いされる金だ……）、保険金を請求するときは被害額を多めに申し立てるし（免責控除分を取り返したいだけさ……）、ゴルフボールを打ちやすい位置に置き直す（雪の日のルールを八月に適用するのさ。ただし、誰も見てないときにかぎるけど……）。私たちは、ご立派な聖人君子でもなければ根っからの悪人でもなく、ごく普通の人間なのである。

だが都合の悪いことに、経済理論のモデルの世界には普通の人間はあまり多くは住んでいない。たとえば、貯蓄行動をライフプランのなかでとらえようとする理論は、貯蓄の決定を下すに当たっての最も重要な人間的要素――自己抑制《セルフ・コントロール》――をまったく考慮していない。この説に従えば、一〇〇〇ドルの思いがけないお金が手に入っても、その金はほぼ全額手つかずで貯蓄するものとされる。「思いがけない授かりものは、今後の生活用に毎年均等に割り振って消費したいと望むはずだから」というのが、その考え方である。だが、そんな使い方しかできないのなら、予想外の臨時収入など少しもありがたくないではないか。

私たち普通の人間はこのほかにも、経済学者の目から見ると実におかしな行動をとる。たとえば、こんなことだ。

幸運にも、自分が住んでいる都市で開催されるスーパーボウルのチケットを二枚入手できたとしよう。あなたのひいきチームが出場する試合がいよいよ一週間後に迫ったとき（アメフト・ファンでなければ、好みのエキサイティングなスポーツに代えていただければいい）、さる人物が近づいてきて「入場券を売る気はないか」と言う。あなたは、最低いくらならこの話に乗るだろうか（チケットはいくらで売っても違法ではないとする）。

次に、逆の立場、スーパーボウルの入場券を持っていないとき二枚買うチャンスが与えられたとする。いくらまでなら払ってもいいと思うか。

まずほとんどの人が、売る立場と買う立場によって少なくとも二倍は答えが違ってくる。典型的な返事は、こうなるだろう。

「売るなら一枚四〇〇ドル以上もらいたいけど、買うなら二〇〇ドルが限度だね」

この振る舞いはまったくもって理にかなっている、とあなたは考えるかもしれない。しかし経済学の理論に従えば、この二つの価格はほぼ等価になるべきであり、したがって値段が二倍も食い違うのは例外事象と考えなくてはならない。

これはなにも、理論が仮説として、あるいは合理的な選択のモデルとして、どこかおかしいと言っているのではない。経済学の理論に従った合理的思考では、確かに売り値と買い値がほぼ等価であることが必然となろう。だが問題は、合理的選択とはどんな思考プロセスであるべきかを規定するのと、現実になされる選択を記述するのに同じモデルが使われているということなのだ。人びとがつねに合理的であるとは言いきれないのが現実であるなら、この二つの作業には二種類の異なったモデルが必要になるのかもしれない。

## 逸脱例は系統だっている

経済学が人びとの行動に関して現実的でない想定をしていると批判するのは、なにも私が初めてではない。では、どこが新しいのか。それを理解するには、理論の側からこれまでなされた弁護論を振り返っておく必要があるだろう。

合理的モデルの最も著名な弁護論は、ミルトン・フリードマンが展開した。

「人びとは経済理論のモデルに含まれている計算をすることはできなくても、あたかもその計算をしたかのように振る舞う」

フリードマンはビリヤードの達人の例を挙げて、「名手は物理学や幾何学を知らなくとも、それらの知識を動員しているかのように玉を突けるではないか」と主張した。

フリードマンの立場は、「仮説によって正しい結果が予想できるのであれば仮定が間違っていてもかまわない」ということにある。この主張に照らして、理論が実際にどんな予測をしているかに注目し、私が見いだしたのは、仮説を問題にするまでもなく、経済理論はまさに予測の質から見ても脆弱だ、ということだった。

フリードマンと同様の考え方による弁護論では、「人間は確かに間違いをするのは認めるが、多数の人間による間違い同士で打ち消しあうことが多いので、集合的な行動を説明するうえではそれは問題にならない」ということになる。残念ながら、これらの擁護論も脆弱である。なぜなら、これまで観察されてきた合理的選択からの逸脱例の多くは系統だっている――つまり、それらの誤りは同じ方向にある。各人がそれぞれ同じ方向の誤りを犯しがちだとすれば、人びとは合理的だと想定する理論もまた、彼らの行動を予測するに当たって間違いを犯すことになる。

このことこそ、私の共同研究者たち、心理学専攻のダニエル・カーネマンとエイモス・トバスキーらが強調している点であり、経済学に対して行動理論からの新たな批判が一段と高まっているゆえんである。

経済学を擁護するもう一つの主張は、市場では人びとには最適に選択を行う強力なインセンティブが働くので、非合理的思考や利他主義はどちらも問題にならないとする。この種の主張は、取引コストがごく低い金融市場においてとくに強い。金融市場には、（もしあなたが性懲りもなく、バカまるだしの取引を何回も繰り返すのであれば）あなたの資金を喜んで巻き上げてくれる腕っこきのプロがうようよいる。金融市場は、あらゆる市場のなかで最も「効率的」だと考えられているが、意外にも金融市場は、経済学の理論が当てはまらない例外事象の宝庫なのである。

それにしても、理論がうまく当てはまらないケースばかりを集めて一冊の本を書こうとした理由はなんだろうか。私が例外事象を集大成しようと考えた理由は、二つある。

一つは、経験的な事実は個別には評価できないということ。例外が一つなら単にものめずらしいで終わってしまうが、例外事象がたとえば一三も揃えば、これはれっきとした類型を成立させる。自然科学者で哲学者でもあるトマス・クーンは、次のように述べている。

「発見は、例外の発見から始まる。つまり標準的な科学を支配しているパラダイムに導かれる予測を、なぜか自然が破ったということの認識から始まるのである」

二つ目は、私は本書において例外の認識を完成させたい、と願っていることだ。これができて初めて私たちは、改良された新しい経済理論の進化と発展を目にすることができるだろう。

おそらく新しい理論においては、「個々人はそれぞれ最善をつくすが、一方で、人間としての親切心や協調性も併せ持ち、情報を蓄えたり処理したりする能力には限界がある」とされているはずだ。

# 第2章　協調戦略

COOPERATION

## 人はいつどんな理由から協力するようになるか

イギリスのコメディユニット、モンティ・パイソンの、どこまでいっても噛み合わない会話が印象的なシーンが、折にふれ甦ってくる。二人の登場人物の一人は（ジョン・クリーズ演じる）銀行家（バンカー）、もう一人は（テリー・ジョーンズ演じる）フォード氏である。フォード氏は、ブリキ缶を手にチャリティー資金を集めている……。


（バンカー）いらっしゃい。庶民の銀行をやっておるマーチャント・バンカーじゃ。

（フォード）エーと、はじめまして。どなた様なのか、お名前を……。

（バンカー）ウーん……ちょっと自分の名前がなんだったか忘れちゃったな。ともかく、わしゃマーチャント・バンカーじゃよ。

（フォード）実は、孤児たちの家に何がしかお力添えをいただけないかと思いまして……。

（ここでブリキ缶をガチャガチャゆする）

（バンカー）のっけから手のうちを見せたくはないがの、正直に申し上げよう。実はわしは、当地で何かと不便を感じている人たち、つまり孤児たちだな、彼らのマーケットをぜひ開拓したいと思っておるのじゃよ……。ところで、どれくらいの金額をお考えかな？

（フォード）はぁ……、あのう……、あなたはお金持ちなんですよね。

（バンカー）そのとおり、大の字が一〇コくらいつく大金持ちなんだわサ。

（フォード）そうなんですか。それじゃ、一つ一ポンドでいかがでしょう。

（バンカー）一ポンド。なるほどね、わかりますよ。ところで、このローンの担保になるのは……。

（フォード）いやいや、ローンなんかじゃないんです。

（バンカー）なんですと？

（フォード）ローンじゃない、と申し上げたんです。

（バンカー）というと？

（フォード）これを一つ差し上げます。（小旗を一本、手渡す）

（バンカー）株券にしちゃ、ちょっと小さいんじゃないのかねぇ。そうだ、この件は法務部に回したほうがよさそうだ。金曜日にもう一度、ご足労願えるかな。

(フォード) なかなか面倒なんですね。すんなりと一ポンド出してもらえないんですか。

(バンカー) 出すさ、出しますよ。だけど、何のために出すのか、いまいちよくわからんのじゃよ。

(フォード) 孤児たちのためですよ。

(バンカー) それで?

(フォード) ギフトなんです。

(バンカー) なんだって?

(フォード) ギフトのことですか?

(バンカー) ああ、ギフトとな! つまり、キフということですな。

(フォード) そうですよ。

(バンカー) ふむ、税金逃れの……。

(フォード) いやいや、そうじゃなくて……。

(バンカー) 違うと? はて、ますますわからなくなってきた。申し訳ないが、何をお望みなのか、はっきり言ってもらえまいか?

(フォード) つまりですね。私に一ポンド手渡してほしいんです。もらったら、おいとまして、そのお金を孤児たちに届けます。

(バンカー) して、それから?

(フォード) それで終わり……。

（バンカー）いやはや、おっしゃることがわからない。なにしろ、バンカーじゃからのー。頭が悪いと思ってもらっちゃ困るけど、どうやらこの話に乗るとわしは結局、一ポンド損するらしい……。

（フォード）ええ、確かに損します。

（バンカー）やっぱり、そうか。それなら聞くが、わしが君に一ポンドあげようという気にさせる何か動機でもあるのかな。

（フォード）うーん、何かって言われれば、そう、孤児たちを喜ばせることですよ。

（バンカー）（ポカンとして）喜ばす？　……自信を持ってそう言えるのかね？

（フォード）私にお金をくれる人はいっぱいいますよ。

（バンカー）エー、そんなに大勢いるって？

（フォード）そのとおりです。

（バンカー）連中は頭がおかしいんですな。どんな連中なのか、名前と住所のリストを見せてはもらえんのだろうな。

（フォード）そんなもの、ありませんよ。街頭で見かけて頼むだけなんですから。

（バンカー）エー、そいつはすごい！　久しぶりで聞いたよ、目のさめるようなニュー・アイデアじゃないか！　誰でもすぐやれる、すぐれたアイデアだ。君のこのアイデアに一ポンド出し惜しんでた日にゃ、ほかに一ポンド出す価値のあるアイデアなんかどこにもありゃせん。（と言って、フォード氏から缶を受け取る）

（フォード）ああ、どうも。おありがとうございます。

（バンカー）ただ、一つだけまずい点がある。わしがお金を出す前に、君はアイデアを出したね。そのやり方がどうにもいただけないんだ。

（フォード）いただけませんか？

（バンカー）そう、いただけない。じゃ、お引き取りいただきましょうか。（と言いながら、銀行家が手元のレバーを引くと、フォード氏が立っている足元の床に仕掛けてある跳ね板が開き、フォード氏は悲鳴とともに穴に落ちる）

（バンカー）お取引、いや、お引き取りいただいて光栄です。

経済分析の多くは、そしてゲーム理論のほとんどは、人びとが合理的かつ自己利益中心的であるとの仮定の上に成り立っている。その一例として、囚人のジレンマに関する有名な分析がある。「囚人のジレンマ・ゲーム」は、次のように構成されている。

プレーヤーは二人の未決囚人で、ある犯罪の共犯者として別々に収監されている。それぞれが（協力して）口をつぐみ通せば、双方とも軽い罪で起訴され、一年の刑を言い渡される。もし片方が自白し、相手に不利な証言をすることに同意すれば（つまり、相手を裏切れば）、自分は自由の身になれるが、相手は一〇年の刑を受ける。また、もし双方とも自白すれば、双方の刑期は五年になる。二人のプレーヤーはそれぞれ相手にわからないように、その戦略を同時に選ぶ。

さて、合理性と自己利益の仮定から言えば、このようなゲームのプレーヤーは相手を裏切ることが予想される。プレーヤーは、自白して相手を裏切る戦略が最も賢明であると判断し、他のプレーヤーがどうなろうといっさい気にしないし、さらに「正しいこと」をし損なってもなんら良心の呵責を感じない、と想定される。

そして同様の分析手法が、経済学者たちが公共財《パブリック・グッズ》と呼ぶものにも適用される。まず、公共財についての二つの特質を定義しておこう。

①誰か一人に提供したら、他の誰にでも追加コストなしで提供できる。
②代価を払わないからといって、利用させないようにはできない。

よく引き合いに出される例は、「国防」である。つまり、税金を払わない人であっても軍隊によって護られる、というものだ。また別の例としては、ラジオとテレビの公共放送が挙げられる。これらは、何の負担をしなくても視聴が可能である。そして、「人びとは公共財を目の前に出されるとタダ乗り《フリーライド》する」と、経済理論は予測する。ラジオ放送を聴いて楽しんでも、なんらかの費用を負担するのは自己利益の原則に反する、したがって負担はしないのである。

しかしながら、こうした合理的でかつ自己利益追求の仮説から導かれる予測は、おなじみの状況において裏切られる。

たとえば、民間有志と政府の寄付だけで運営されているアメリカの公共テレビＰＢＳは、放送を続けるだけの資金を維持会員の視聴者たちから集めることに成功している。また、「ザ・ユナイテッド・ウェイ」などの慈善団体は、市民の大部分とまではいかなくとも、大勢の人びとからの寄付を受け取っている。再び訪れることはまずないような、家から遠く離れたレストランで食事をするときでも、たいていの客はサービス係にチップを渡す。また、自分の投票が結果を変えるほどの重みはなくても、人びとは大統領選で一票を投じる。

ジャック・ハーシュライファーは、こう言っている。

「(人間には満足できるのだが) 分析上はしっくりしない事実が残る。きわめて原始的な社会から最も進んだ社会まで、すべての社会において自己中心的な人間の実利的な戦略というだけでは説明がつかない高度な協力が成立している」

これは何ゆえだろうか。

本章と次の第3章では、実験室で行われた調査から得られた証拠を吟味し、「人はいつどんな理由から協力するようになるか」を検討する。まずこの章では、公共財 (共同利益) の計量が可能な条件の下で、協力するかタダ乗りするかの行動がどう現れるか、とくに重要な実証例を取りあげて考察してみよう。

## 一回かぎりの公共財ゲーム

人びとはなぜ協力するのか。その理由を調べるには、一回かぎりの公共財ゲームと、繰り返される公共財ゲームの両方における行動をくわしく検討する必要がある。たとえば、「個人が繰り返し影響を与え合う場合にのみ、協力することは自分たちの利益にかなう」と人びとは考えるのかもしれないからだ。

公共財ゲームの典型的な実験は、次のような手順で進められる。

まず、実験の対象となるグループ（たいてい大学生）に実験室に来てもらう。対象人数は決まっていないが、普通、四人から一〇人程度。それぞれに、ある金額、たとえば五ドルが与えられるとしよう。このお金は、自分のポケットにしまって持ち帰ってもいいし、一部あるいは全部を「共同運用」と呼ばれる仕組みに投資してもいい。さて、n人が参加するグループの共同運用に投資されたお金は、定数kを乗ぜられる。ただし、kは一よりも大きく、nよりも小さい。投資された資金は、配当とともに参加者全員に均等に分配される。このようにしてグループの総資金は、拠出があるたびに増える（kは一より大きいから）。一方、拠出者の取り分は、最初の金額より少なくなる（kはnより小さいから）。

具体例で見てみよう。

k＝二、n＝四のとき、全員が五ドル全部を公共財に拠出した場合、各自は一〇ドル受け取れる。これはまさに、一意的に決まるパレート最適な資源配分の好例である。ほかのどんな金額でも、全員がこれほどは儲からない。その一方、個人としての立場からすれば、いっさいなんらの拠出もしないほうがつねに得をする。なぜなら、一人のプレーヤーだけが五ドルを拠出したとき、受け取るのはわずか二ドル五〇セントにすぎず、その残り（七ドル五〇セント）は他のプレーヤーに回されるからだ。

このゲームにおいて合理的かつ利己的な戦略は、「自分は何も拠出しないで、他のプレーヤーたちが公共財に拠出してくれるよう期待を寄せる」ということになろう。一人のプレーヤーが自らの拠出はゼロ、他のプレーヤー全員が五ドル拠出したなら、無拠出者の最終受け取り金は一二ドル五〇セントになるのに、他のプレーヤーたちは七ドル五〇セントずつしか受け取れないで終わる。こうした状況こそ、しばしば「社会的ジレンマ」と呼ばれる悩みの本質である。

このようなゲームにおいて、経済学が予測するとおりのことがはたして起こるのだろうか。経済学で「強いフリーライダー仮説」と呼ばれる理論では、優位にある戦略を全員が選ぶ、つまり公共財には誰も拠出しない、と予測される。確かにこれは、合理的かつ自己利益モデルが予測する結果である。これほど極端でなく、「弱いフリーライダー仮説」と呼ばれる理論では、何人かはタダ乗りし、ほかはタダ乗りしないと予測しており、その結果、ゼロではないにしても最適水準以下の公共財しか得られないことになる。したがって明らかに、弱いフリーライダー仮説では、厳密な予測はできないことになる。

一回かぎりの公共財ゲームの結果は、強いフリーライダー仮説をほとんど支持していない。全員が拠出することはないにしても、拠出者の数は多く、最適資金量の四〇～六〇%が集まるケースが代表的といえる。ということは、被験者たちは平均して四〇～六〇%の元金を公共財に拠出していることになる。

マーウェル＝エイムズによる研究では、このような結果は多くの条件下で成立した。このゲームが、初めての者にも当てはまり、以前にプレーしたことがある者にも当てはまり、四人だけのグループでプレーしていると思う者にも、八〇人のグループに参加していると思う者にも当てはまり、元金の額もさまざまな実験グループに当てはまった。ただ、元金の額が最も大きかったグループの拠出率はいくらか低かった。マーウェル＝エイムズが調べたなかでは、四〇〜六〇％の拠出率から外れた顕著な例外は一例しかなかった。

## 複数回繰り返しの公共財ゲーム

マーウェル＝エイムズの観察結果から、意外なほど高い協力が見られることがわかったのだが、ここで、もし同じプレーヤーの組合せで何回もゲームを繰り返したらどうなるか、という疑問が自然にわいてくるだろう。この問題を調査したのは、キム＝ウォーカー、アイザック＝ウォーカー＝トマス、アイザック＝マッキュー＝プロットの各チームで、用いられた実験デザインは、マーウェル＝エイムズのそれとほぼ同じであり、同じゲームを一〇回繰り返した点だけが異なる。

さて、これらの実験から、二つの重要な結論が読み取れる。

第一に、実験の一回目では、一回かぎりの実験結果とほぼ同じ率の協力が見られた。たとえば、アイザック＝マッキュー＝プロットの調査では、内容を替えながら行った九度の実験すべてを通じて、公共財への拠出率は五三％だった。

第二に、二、三回繰り返すと、協力度は急激に下がる。六回目以降、公共財への拠出率は（理論的に可能だと考えられる）最大値のわずか一六％にしかならなかった。回数を重ねるとともに拠出率は低下する実験もあった。ただ、低下はそれほど急激ではなかった。

繰り返すに従って拠出率が下がるのはなぜだろうか。一つの合理的な推測は、「被験者たちは実験を重ねるうちに、タダ乗りが最も有利な戦略になることを学び取っている」ということだ。参加者たちは一回目の実験ではまだゲームをよく理解しておらず、実験を重ねるうちにタダ乗りの有利さに気付く。だが、この可能性は他の証拠に照らせば、成立しない。たとえば、一回目の実験での協力率はおよそ五〇%と観察されるが、これは以前に同じ実験を経験したことのある被験者たちについても同じなのである。

また、アンドレオーニも学習仮説について調査しているが、彼がとった手順はずばり、ゲームをさらに繰り返すという単純明快なものだった。被験者たちは、一〇回に分けて公共財の実験を行うと告げられる。それが終わったところで、もう一〇回同じゲームを同じメンバーで繰り返す、と告げられたのである。最初の一〇回の繰り返しでアンドレオーニは、それ以前の研究者たちと同様の拠出率の低下を示す結果を得た。ところが、もう一ラウンドの追加ゲームを始めてみると、拠出率は最初のラウンドの第一回目の実験で観察されたのと実質的に同じ率へと再上昇した（第二ラウンドの第一ゲームが四四%、第一ラウンドの第一ゲームは四八%だった）。

このような結果を見ると、被験者たちの協力はゲームを誤解しているため、とする説明は成り立たないのである。

## 互酬主義が働いている

実験室のなかだけでなく、協力や好意というものは盛んに観察される。その説明としては、互酬主義が働いているとする考えが主流である。この説明は、アクセルロッドによって明示されている。その理論の土台になっているのは、「人びとは自分にされたように相手にする傾向がある——親切には親切を返し、協力には協力、敵意には敵意、裏切りには裏切りをもって遇する」という考えである。そうであるなら、タダ乗りを決め込むのは成果に乏しい戦略といえるかもしれない。自分がとった協調あるいは裏切りは、将来、相手から同様の反応となってわが身にはね返ってくる。協力的な行為そのもの、あるいは協調的な人物だという評判があれば、相手からも協力をもって遇される可能性が高く、これは協力者の最終的利益となる。

互酬主義の原則に基づいた最も組織的な戦略は、アナトール・ラパポートが最初に言いだした「しっぺ返し」戦略、つまり、まね手戦略である。それによると、プレーヤーは最初の手では協調的な態度を示し、次からは相手の前回の反応と同じ手をプレーする。この仮説は、分析によってもコンピュータによるシミュレーションによっても実証されている。コンピュータを使った繰り返し型の社会的ジレンマについての実験では、この互酬主義を行う者は、行わない者より「長期的に見れば」高い配当を受ける。これは、統計的傾向にはっきり表れている。

事実、しっぺ返し戦略はアクセルロッドが実験した二つのコンピュータ・トーナメントで「勝利」

している。このトーナメントでは、ゲーム理論の研究者たちがさまざまな戦略を用意し、それらを一対一のトーナメント方式で繰り返し競わせた。進化はこのような長期的な確率事象に深く関わっているので、相手の反応に合わせた手を返す者のほうが、そうでない者より「本質的な適性」を備えていると推論できる。したがって、このような性向を遺伝的に持ち合わせていることは、社会的適応としての進化に有利なはずだ。

互酬主義の立場からすると、互いに相手が特定されない、あるいは将来相手からの見返りを受ける可能性がない、その場かぎりの「一発勝負」のような状況におかれた個々のプレーヤーは、協力し合わないことになるはずだ。だが、一回かぎりの単発実験でさえも五〇%の協調率が見られるのだから、これまで述べてきた実験結果を互酬主義のみを用いて説明することはとうていできない。また当然ながら、三人以上のプレーヤーが絡む繰り返しゲームにおいては、互酬主義に基づくしっぺ返し戦略、あるいはその他のいかなる戦略をプレーすることも困難である。ある回数を行うゲームにおいて、グループ内の数人は協調しほかは裏切ったとしたら、しっぺ返し戦略を実行しようとしているプレーヤーは次回のゲームでどちらの手をまねすればいいのだろうか。

これに関連して、連続ゲームの回数が重なるにつれて拠出率が逓減していく現象に矛盾しないと思われる仮説が、クレプス＝ミルグロム＝ロバーツ＝ウイルソンによって示されている。彼らが調査したのは、「実験回数があらかじめ決められている囚人のジレンマ型繰り返しゲームにおける最適戦略は何か」である。

もし二人のプレーヤーが双方とも合理的に考えるなら、すべてのゲームにおいて裏切るのが、両者にとって最も有利な戦略ということになる。しっぺ返し戦略は、延々と繰り返される囚人のジレンマのゲームでは有効な戦略だと証明されているのだが、あらかじめ終了点が知らされているゲームにおいては、話が違ってくる。終わりが決まっているときは、双方のプレーヤーは最終回には相手を裏切って当然であることを承知している。したがって、最終ゲームの一回前のゲームでも、協調する意味はないし、得られた結論を逆にたどって帰納法的に推論すれば、協調が自己利益の最大化になることはけっしてない。

クレプスたちの研究が明らかにしているのは、合理的ではないかもしれない相手（つまりは、回数が決まっているゲームでもしっぺ返しの手を使うようなプレーヤー）がいる場合には、初期段階で協調する（合理的でない思考の相手の協調を誘いだすために）ことは理にかなう、ということだ。公共財ゲームも同様な構成になっているので、プレーヤーたちはクレプスたちの言う意味で合理的に振る舞っていると言えるだろう。

しかし、この仮説もデータによって否定される。協調は、けっしてゼロにはならないからだ。一回かぎりのゲーム、あるいは多数回連続ゲームの最終ゲームという、協調が利己的合理性に明らかに反する局面においても、協調者はいる。

互酬主義仮説に不利な別の証拠が、アンドレオーニが設計した別の実験からも出ている。まず、一五人の被験者が五つのグループに分かれて、先に述べた手順に従って繰り返しゲームを行った。また別に、二〇人の被験者が五つのグループに分かれて同じゲームを行ったが、これらのグループ構成はゲームごとに変えられた。被験者は、どのラウンドでどの四人がグループになるのかいっさい知らされなかった。

したがって、このような状況では協調しても戦略的メリットはない。というのは、次のゲームで手合わせする相手は原則として新しい相手ということになるからだ。早いラウンドで仮に協調が見受けられたとしても、それは戦略的協調ではないとみなしてよい。実際には、グループのメンバーを入れ替えなかった場合に比べて、入れ替えたときのほうがわずかに協調する度合いが高いことを、アンドレオーニは発見した（この結果は小さいながら、統計的にも有意である）。

これらの実験から、一つの結論が浮かび上がってくる。すなわち、人びとは相手方が自分たちを利用していることに気付くまで協調し続ける傾向がある。この協調ありきの行動は、回数を決めないで繰り返されるゲームにおける互酬主義に似ている。しかしこのような行動は、すでに検証したとおり、互酬主義が適切ではない場合においても観察されている。

このタイプの行動を説明する理論の一つが、ロバート・フランクによって出されている。フランクの主張は、「協調ありきの者は他人からの協調をうまく引き出すほか、他の協調者たちにやりとりしてみようという気を起こさせて、いい結果を得る」という点である。ここで重要なことは、協調するそ振りだけではいつまでも人をだまし通すことはできないということ。それはちょうど、あまりに多くのウソをつけば人に信用してもらえなくなるのと同じことである。さらに、協調者たちは手応えによって互いに相手を確認できるので、相手によって応じる手を変え、裏切り者を協調プレーの仲間に入れずにすむのである。

## 純粋な利他主義、間接的利他主義

これ以外にも、人はなぜ協調するかについて説明する理論がある。「人は『他人の喜びに自らも喜びを覚える』よう動機付けられている」というのも、その一つである。この動機は、アンドレオーニによって「純粋な利他主義」と名付けられた。これについては、アダム・スミスが『道徳感情論』のなかで次のように述べている。

「人はどんなに利己的であるとしても、他の人びとの運命に関心を抱き、彼らが幸せであることを必要とする生まれついての性質があるのは明白である。他人の幸せな姿を見る喜び以外、それによってなんら利を得ることはないにもかかわらず、そうなのだ」

他人の幸せを見る喜びは「利己的」なのだと考えることもできようが（人は自分が「欲する」ことをするのであるから、利己主義などというものは定義そのものからして成り立たない、という生意気な言い分に従えばの話だが……）、アダム・スミスの文章には、人びとは自分だけでなく他人が報われることにも動機付けられているという考え方が表れている。

ここで一つ、困った問題がある。それは、このような純粋な利他主義を公共財へ拠出する理由だと仮定しても、その純然たる効用・結果だけからではそれを説明しきれない、ということである。もし説明できるのであれば、たとえば同じ目的で政府が拠出すれば、その分だけ同じ額の民間拠出を「閉め出し」てしまうはずである。なぜなら、結果は資金の出所とは関係ないからである。

ところが、このような閉め出しはなかなか実現しそうにない。実際、計量的研究の結果によれば、政府拠出金の増加は、民間の拠出をわずかに五～二八%減少させるにすぎない。

協調を説明する理論として、もう一つ別のタイプの利他主義がある。それは、結果ではなく、協調するという行為そのものに含まれる利他主義である。「正しい（良い、立派な）ことをすること」は、多くの人にとって明らかに動機となる。ときには「間接的利他主義」と呼ばれることもあるこの動機は、良心を満足させる、あるいは倫理的な義務感を満足させるものと説明される。

純粋な利他主義と間接的利他主義の役割、および協調の原因（あるいは、その欠如）に関する調査が、過去一〇年にわたってドーズ＝オーベル＝バンデクラートのチームによって行われた。そのなかのある一連の実験で、タダ乗りの動機がくわしく調査された。

実験ゲームのルールは、次のように定められた。七人の互いに見知らぬ者にそれぞれ五ドルが与えられる。そのなかから一定の人数（三人または五人）を超える人びとが最初にもらった金額を公共財に拠出すれば、グループの全員が拠出したか否かに関係なく、一〇ドルのボーナスを受け取れる。つまり、拠出者が一定人数に達すれば、拠出者はそれぞれ一〇ドル、非拠出者は一五ドルを持って帰ることになる。一定人数に達しなかった場合は、非拠出者は五ドルをもらいっぱなしなのに対して、拠出者の手元には何も残らないことになる。参加者は互いに口をきくことは許されない（このルールは、後続の実験では緩和されることになった）。

ここまでの条件下で、拠出しない理由が二つ明らかにできるだろう。

第一は、自分が拠出し、ほかに十分な拠出者がいなければ、出した金が無駄になることを恐れる可能性である。この裏切りの動機は「危惧」と名付けられた。第二は、他の拠出者で一定人数に達するだろうから、自分は一五ドル持って帰りたいと考えることである。こちらの動機は「欲張り」と名付けられた。

危惧と欲張りのどちらがより重要かについて、ゲームのルールを変更してくわしく調べた。「欲張りなし」では、所定の拠出者数がそろえば参加者全員が一〇ドル受け取れるように配分方式を変えた。「危惧なし」では、拠出者に「返金保証」が与えられた。つまり、ある者が拠出したのにほかに十分な拠出者が現れなかったときは、拠出金を返してもらえる（ただし、拠出者が一定人数以上に達して公共財の配分が成立すれば、拠出者が受け取るのは一〇ドルだけなのに対して、非拠出者は一五ドルを手にする）。

そして実験結果によれば、タダ乗りする気を起こさせるのは危惧よりも欲気のほうらしい。標準のゲームにおいては、拠出率は平均五一％である。「危惧なし」ゲームになると、拠出率は五八％に高まった。そして、「欲張りなし」ゲームでは八七％の拠出率が見られた。

可能なもう一つの解釈は、「欲張りなし」の条件下では安定した均衡が成立しうるのに対して、「危惧なし」ではそうならないということである。欲気の起きない条件の下で被験者たちが、受け取る金額の上限が決められているために他のプレーヤーたちも拠出する気を起こすと考えるなら、自分たちもそうしたいと思う気持ちが高まる、というものである。その理由は、拠出金が無駄になる唯一のケースは、十分な数の拠出者が出ないときだけだからである。

これとは対照的に危惧のない条件下では、他のプレーヤーたちの拠出心を高めるに違いないから、自分はタダ乗りしたいと思う。だが、よく考えてみると、ほかの人たちも自分と同じように思うだろうから、やっぱり自分は拠出すべきだろう……、などなどと堂々巡りの輪にはまり込んでしまう。

実験対象の人たちの間で協力を誘発する有力な方法の一つは、互いの間での話し合いを許可することである。バンデクラートほかは、先に述べたのと同じ支給条件で一二のグループを対象に、改めて話し合ってもよいという条件を付けて実験を行った。話し合いを認めた効果は著しかった。どのグループも話し合いの時間を使って、誰と誰を協調者に指名するか相談した。一般的な決め方はクジ引きによるものだったが、自発的な申し出も見られた。あるグループは、個人別の「必要度」を見極めるため、一人ひとりの効用を比較しようと試みた。

方法はさまざまだったが、すべて効果があった。一二グループすべてが公共財への拠出者数を満たし、三つのグループでは一定人数を上回った。結果は、前の実験と一致している。拠出者に指名された者は、欲張ってタダ乗りに回ることはできない。なぜなら、ボーナスをもらうためには彼らの拠出が不可欠である（そう信じられていたし、実際、三グループ以外ではそのとおりだった）。おまけにこう考えれば、拠出者をあらかじめ指名しておく仕組み上、指名を受けた者たちの一人ひとりの拠出への動機は減るどころかますます強まる。

話し合いが有効なことを説明する考え方は、それが「正しい」ことをなす（すなわち、間接的利他主義）という効用を生じさせる論理的発想の「引き金」となる、と考えることである。たとえば、エルスターはこう主張する。

「このような状況下でグループ討議をすれば、グループ本位の行動を求める発言を引き出すし（手前勝手な発言はしにくい)、こうした討議は聴き手だけでなく発言者にも影響を及ぼす」

この仮説を検証するため、バンデクラートほかによって、新たに一連の実験が行われた。この実験では、参加者七人全員に六ドルずつが与えられた。そのお金は、持っていても公共財に拠出してもどちらでもよいのだが、拠出すれば、グループの他の六人に計一二ドルが与えられる。このケースでは、六ドルを持ち続けておくのが有利な戦略となる。拠出しない六ドルに加えて、他の六人のメンバーが拠出すれば一人につき二ドルずつもらえるからである。

参加者一四人は、待合室で初めて一堂に会したが、そこでの会話は禁止されており、まったくの無作為に二つのグループに分けられた。そして、一つのグループは決定のための話し合いを許され、もう一つのグループは許されなかった。また、一方のグループは「一二ドルが分配支給されるのは自分のグループ内の六人である」と告げられ、もう一方のグループには「その金は他のグループの六人に分配される」と告げられた。つまり、存在する条件は四つ。討議を許されるグループと、許されないグループ、加えて、お金が自分のグループ内の他のメンバーに渡る場合と、他のグループのメンバーに渡る場合、という条件である。

もし、話し合いによって個々人が利己的に資金を出していることが明確になれば、タダ乗りが有利な戦略である以上、協調度はいずれのケースでも高まらないはずだ。しかし、話し合いで協調行為の有用性が増すならば、与えられる金の分配先が自己のグループのメンバーであるかどうかに関係なく、どちらにとっても同じように有効なはずである。というのは、両グループとも似たような人びとの集まりであり、無作為にグループ分けする以外に分別はできなかったからだ。

実験の結果は、明確に出た。討議なしの場合、わずか三〇％程度の拠出者しかなく、そうした人たちの動機はお金の分配とは関係なく、「正しいことをする」だった。話し合いによって協調率は七〇％にまで高まるが、それは被験者たちがお金は自分たちのグループのメンバーに分配されると考えていたときだけである。そうでない場合、普通は三〇％以下である。実際、このようなグループからは、「最も好ましい」結果は自分たちの金は拠出せず、他のグループの人たちが拠出することだ、という発言を聞くのが普通である（被験者は、この実験のほんの一〇分前に無作為で選ばれたことをもう一度断っておこう）。

したがって、グループへの帰属意識が、有力な戦略を捨てるうえでの決定的要因になっているように思われる。この結果は、社会心理学における「ミニマム・グループ」パラダイムに関する研究と矛盾しない。それは、「分配の決定は、一〇分間の話し合い程度のことでも大きく変えることができる」ということである。

たとえば、「運命共同体である」というグループ帰属意識によって（たとえ分配金額がコイン投げで決められたとしても）、協調率を高めることでグループ内の非協調者の「埋合せ」をしようとするし、非協調者がほかのグループにいると思われている場合には、たとえそれがどのグループにいるかわからないときでも、協調率を低めようとする。

話し合いが許されたグループでは、拠出の約束はきわめて普通に見られる。二回目の一連の実験で、オーベル＝ドーズ＝バンデクラートは、このような約束が協調を生じさせるうえで重要かどうかを調査した。たぶん、人びとは約束に縛られると思っているし、他の人びとが約束すれば彼らもそれに縛られるから、拠出すれば自分たちは「満足すべき」分配を受け取れると思っているのだろう。

実験の結果は、グループ内の全員が協調を約束する場合にのみ、約束が協調の関係を生むというものだった。全員が約束するグループの協調率は、他のグループより際立って高かった。全員がかならずしも約束しないグループにおいては、メンバーが協調するか裏切るかの選択に、約束の有無はまったく関係がなかった。そして、①被験者が協調の約束をしたかどうか、②自分のほかに協調を約束した者の人数、ともに無関係だった。したがって、グループの協調率との関係は認められなかった。

これらのデータは、全員一致の約束がグループへの帰属意識を生み出す、あるいはグループとしての一体感の重要性を認める仮説と矛盾しない（それは当然だと思われる）。

## 解説　協調の供給曲線は右肩上がりのカーブを示す

私が教鞭をとるコーネル大学があるニューヨーク州の田舎町、イサカ周辺の農村地帯では、農民たちが新鮮な野菜を道端の台の上に並べて無人販売している。台には現金投入用の箱が置いてあり、客は野菜の代金をそこに入れる決まりになっている。箱には細長い切れ目があり、お金を入れることはできるが取り出せない。箱は台にしっかり固定されているので、箱ごと持ち去ろうとしても簡単ではない。このような方法をとっている農民たちは、人間の本性を正しくモデル化している、と私たちは考える。もぎたてのトウモロコシの代金をきちんと払ってくれる人が十分にいれば、無人販売台を出しておく価値はあると考えているのだ。だが彼らはまた、簡単にお金を取り出せるならきっと誰かに持っていかれる、ということも知っている。

こんな農民たちとは対照的に経済学者は、人間性を裁いたりしないか、厳しすぎると思われる仮説を立てるか、のどちらかである。

確かに「タダ乗り問題」は存在する。大義のためだからといってすべての人が自発的にお金を出すと思ってはいけないし、自発性に基づく制度は公共の利益をほんの少ししか生み出しそうにない。だからといって、強いフリーライダー仮説が正しいわけではない。いつでもかならず、みんながタダ乗りを決め込むわけではないからである。

全員タダ乗りと、全員が最大限の拠出をするという両説の間には、広大な中間帯が横たわっている。公共財のジレンマやその他のジレンマに代表されるさまざまな問題を理解するには、通常、経済学では無視されるいくつかの問題を探し出すことから手をつけたい。

たとえば、どんな要素が協調率を決定するのか。注目すべきは、協調が公共財への投資のリターンと深く結びついていることである。協調すればするほど得るものが多くなるのであれば、グループのメンバーたちはますます協調するようになる。つまり、協調の供給曲線は右肩上がりのカーブを示すのだ。

しかし、話し合いの役割や帰属意識をつくり出すといった実験結果を、伝統的な経済分析に織り込むのは、実験以上に難しい（ある経済学者は、グループで話し合うといたずらに被験者たちを混乱させてしまい、裏切りが彼らの一番の利益になることまでも理解できなくさせる、という仮説を立てた)。

経済学の諸モデルのなかでも自己中心の合理性の役割を、注意深く再吟味しなくてはいけない。アマーティヤ・センは、つねに利己的合理性を追い求める人びとは「合理的な愚か者」であると説明している。自己利益だけに基づいて互いが選択するなら、つねに関係者すべてにとって最適には達しない結果をもたらすことになるからだ。したがって、ここで私たちは「分別ある協調者」にもっと注目すべきであろう。

(共同執筆/ロビン・ドーズ)

# 第3章　最終提案ゲーム

THE ULTIMATUM GAME

## 「不公平なら断ってしまえ」という意思

ある晩遅く、親元を離れて大学に行っている娘のマギーから電話がかかってきて、人生経験豊かなお父さんの知恵を貸してほしい、と言う。マギーが相談を求めてくるのは、いつも決まってぎりぎりになってからだ。

今回の相談は、なかなかおもしろそうだ。経済学部が主催する実験に参加するのだという。ルールは前もって説明されていて、参加者はどんな選択をするのかを十分に考えることができる。実験では、参加者二人の間で交渉が行われる。マギーはプレーヤー1の役を演じることになっている。一〇ドルが渡され、もう一人の学生（プレーヤー2）とそのお金を分けるよう指示される。相手の学生は、マギーの身元を知らされていない。ゲームの決まりでは、マギーがプレーヤー2に（いくら渡すか）金額を提示しなければならない。プレーヤー2は、その提示を受け入れてもいいし断ってもいい。OKの場合は申し出どおりの金額をもらい、断れば二人とも一銭ももらえない。マギーが賢明な経済学者の父親に教えてもらいたいのは、「いくら提示すればいいか」である。

とっさに返答できないあなたは、とりあえず文献を調べてから返事をする、とマギーに伝える。翌朝、あなたはさっそく図書館へ足を運ぶ。関連理論が、アリエル・ルビンスタインの研究論文に見つかった。読み始めるなり、まっ先にこう断っているくだりに出合った。

「両当事者がともに合理的に振る舞うとすれば、交渉の場面ではどのようなことが起きるかを理論化しようとしたにすぎない」

ルビンスタインは、この問題を他の二つの問題と明確に区別している。すなわち、①実際的な問題――現実にどんな合意が成立したか、②規範的な問題――論理的に正しい合意とはどんな内容か、である。

この言い訳も含めルビンスタインの論文を読めば、マギーが参加するゲームの進め方は明らかである。つまり、プレーヤー１の提示額は一セントだ。プレーヤー２は、一セントといえどもゼロよりましだから、当然、提示を受け入れるはずである。

だがここで、ルビンスタインが慎重だった理由が読めてくる。たったの一セントを提示するのは危険な戦略なのだ。つまり、プレーヤー２が、そんなスズメの涙よりも少ない金額の提示を「バカらしい」と受け取れば、仮に拒んだところでたった一セントもらい損なうだけのことだ。

だとすれば、マギーはもっと多くの金額を提示すべきなのだろう。ではいったい、いくらに増やすべきか。さて、どうする？

思案中のあなたに、地元の商人から経営相談に乗ってほしいと電話がかかってくる。こんな相談の仕事はめったにくるものではない、マギーの相談電話よりもまれなことだ。

この商人は、あなたが住んでいる大学町にモーテルを一軒持っている。彼の悩みは、大学の卒業式のほかにも、校友たちが母校に集う行事のある週末が年に二、三度あり、そのときだけ宿泊申し込みが収容能力をはるかに上回ってしまうことだ。卒業式のある週末などは、八〇キロも離れたホテルに宿をとらざるをえない親たちも出る始末だ。モーテルの宿泊料は通常一泊六五ドル。町の慣行で超繁忙期でもこの通常料金は変えないが、最低三泊はしてもらうよう客に了解を求めている。

彼の胸算用では、三泊の義務はそのまま付けておき、一泊一五〇ドルにしても卒業式の週末はすぐ満室になるはず、と踏んでいる。だが、そうするには少し不安が残る。「ぼったくり屋」の評判が立ちはしないか心配なのだ。そんなレッテルを貼られたら、ふだんの商売も上がったりだ。

「あなたは経済学者なのだから、どうすればいいかをぜひ教えてくださいよ」と彼は懇願する。考えているうちにあなたは、この問題はマギーのジレンマと何だか共通点があることに気付く。

この二人の新しい「お得意さん」に助言しようと思えば、単なる経済理論以上のものが要求されるだろう。だが、それはどんなことだろうか？

## 単純な「最終提案ゲーム」

マギーが参加するゲームは「最終提案ゲーム」として知られるものだ。このゲームを使った最初の実験は、ドイツの三人の経済学者、ギュート＝シュミットベルガー＝シュバルツェ（以下、GSS）の手によって行われた。

彼らは実験対象となった経済学部の学生四二名を二つのグループに分け、その一方に「配分者」すなわち「プレーヤー1」の役割を与え、もう一方に「受け手」すなわち「プレーヤー2」を演じさせた。そして配分者は、cドイツ・マルクを自分と受け手でそれぞれいくらずつに分けるか、提示するよう求められた。提示額xマルクが受け入れられたら、配分者は「cマイナスx」マルク、受け手はxマルクをもらうことになる。提案が拒否されたら、両者とも一マルクももらえない。二人の間で分けられる元金cは、四～一〇マルクまでの範囲で変化させた。さらに、なか一週間おいて同じメンバーに集まってもらい、再度ゲームをしてもらった

ルビンスタインのモデルが（彼の断り書きにもかかわらず）実証モデルとして有効であるならば、次の二つの結論が認められるはずである。

①配分者は、かぎりなくゼロに近い額を提示をする。
②受け手は、ゼロでなければ提示をすべて受け入れる。

ところが実験データは、どちらの理論的予測とも異なる。

最初の実験（対象者はすべて未経験者）で最も多かった提案は、半分［五〇対五〇に分ける］（二一例中七例）、平均提示額は〇・三七cだった。二人の学生は全額独り占めする提案（そのときのcは四マルク）をし、一人は受け入れられ、もう一人は拒否された。それ以外の提示は、すべて一マルク以上であった。そのうち、一・二〇マルクの提案が一件、拒否された。

一週間おいてから行われた再実験では、気前のいい提示額はやや減ったものの、最小単位の金額よりはずっと多い額だった。平均提示額は〇・三二cで、均等に分けようと提案した者は二名だけだった。しかし一マルクを切る提案は一件だけで、これは拒否された。ほかに、ちょうど一マルクの提案が三件拒否され、三マルクの提案が一件拒否された。このように、二一件の提示のうち、五件が断られた。

配分者と受け手の双方ともに、理論に反する行動をとっている。とはいえ、受け手の行動のほうが理解しやすいだろう。受け手がある金額の提示を断る場合、受け手にとっての効用は金銭以外のものにある。つまり、「侮辱された」ということを伝えようとしているのだ。「不公平に思える賞金の分配案を受け入れるくらいなら、受け取らなくても惜しくない」と言っているのである。

このようにある金額を提示されても、それが不公平なら断ろうという意思が働くことについては、次のように分析された。

配分者の行動は、二つの動機のいずれか（または、両者の取り合わせ）によって説明できる。高額の提示をする配分者は、公平意識があるか、あるいは、不公平な提案は拒否されかねないと不安であるかのいずれか、またはその両方だと考えられる。そしてさらなる実験で、この分析はある程度当てはまることが判明した。

ＧＳＳは、実験の第二弾として三七人の新しい被験者を使って、受け手の行動を調べた。この実験ではゲームを二回行い、一回は配分者、もう一回は受け手の役を交代で演じさせる。すべてのゲームにおいて、元金ｃは七マルクである。参加者たちは配分者として金額を提示し、次いで、受け手に回ったとき最低限いくらなら受け入れるつもりか、この額を示すよう指示された。配分者の対応は、前回の実験よりもさらに気前がよかった。その平均提示額は〇・四五ｃだった。そしてより興味深いのは、受け手としての反応である。二人を除く全員が最低限一マルクを要求するとあらかじめ決めており、平均の予定要求額は二・五〇マルクだった（これらは、実際にゲームの進行のなかで出た反応であることに注目されたい）。

これに関連する二つの実験が、カーネマン＝クネッチ＝セイラー（以下、ＫＫＴ）によって行われた。まず、カナダのブリティッシュ・コロンビア大学で、ＧＳＳの実験がそっくり再現された。これは、「参加者が役回りを十分理解しないことが結果を左右していないか」を調べるためである。

行われたのは、ｃ＝一〇カナダ・ドルの単純な最終提案ゲーム。この実験でも被験者たちは、二つの役割のそれぞれにおいての金額を答えるよう求められた。参加者たちが役回りを理解していることは、二段階で検証された。まず二つの予備診断用の質問で、参加した一三七人中、二問そろって正解できなかった二二人がゲームから外された。次に、被験者たちに予定要求額を直接告げさせるのではなく、全員にイエスかノーで答えてもらう一連の質問を行った。「相手方から五〇セントを提示されたら、その申し出を受け入れるか拒むかのどちら?」というような質問が、五〇セント刻みで増額しながら繰り返された。三回の異なる実験で、受け入れられる最低提示額の平均は二〜二・五九ドルの範囲内に収まり、GSSが得た数値と類似した結果が得られた。

KKTによる二回目の実験では、二つの疑問点を調査した。第一は、「配分者は、たとえその提示額が拒否されえないとわかっている場合でも公平に振る舞うか」という問題、第二は、「別の誰かに不公平な仕打ちをした配分者に対して、参加者は自分の受け取るべき賞金を犠牲にしてでも罰を与えるだろうか」であった。

この実験の最初の部分に参加したのはコーネル大学の心理学クラスの学生たちで、二〇ドルをクラス内の不特定の誰かと分けるよう指示された。配分案の選択肢は二つのみ、「一八ドルを手元に残して、二ドルを相手に渡すか」「等分して、それぞれ一〇ドルずつ分けるか」のどちらかである(賞金額がこれだけ高くなると、標本数を増やしてしかも全員に支払うほど予算がない。そこで無作為に八組を選び出して賞金を支払うことにし、参加者たちにその旨、告げられた)。

これまでの実験とは異なり、配分者の提示が受け手に拒否されることはない。にもかかわらず、提示額はきわめて気前がよかった。一六一人の参加者たちのうち、一二二人(七六%)が二〇ドルを等分した。したがって、気前のよさのある部分は、配分者に公平志向があることで、確かに説明できるだろう。

前半の実験を終えてから、同じ被験者にもう一つ課題が与えられた。彼らは、前半のゲームで賞金をもらえなかった二人の学生を相手にプレーするように告げられた。二人のうちの一方は、一八ドルを手元に残す提案をした（以下、不等分を意味するUと略記）。もう一方の学生は、一〇ドルを手元に残す提案をした（等分のEと略記）。次に被験者に、次に述べる(a)(b)二案のうち、どちらを選ぶかを聞いた。

(a)案　Uの学生に対して六ドル与え、自分も六ドルとる。
(b)案　Eの学生に五ドル与え、自分も五ドルとる。

つまりこの実験では、被験者は、「強欲を張り続けてきた者と山分けするのか」「一ドル少なくても、気前のいい実績を示してきた者と山分けするのか」、どちらかを選ぶことになる。結果、明らかに多数の七四％が、Eの学生とより少額の賞金を等分する案を選択したのである。

## 二段階交渉ゲーム

GSSの結論では、「ゲーム理論は、交渉付きの最終提案ゲームにおける行動を説明するのにはほとんど役立たない」だった。ゲーム理論の名声（少なくともその記述の妥当性）に疑問が投げかけられたとあって、ゲーム理論の研究者であるビンモア＝シェイキッド＝サットン（ＢＳＳ）らも一連の実験を行った。

ＢＳＳは、ＧＳＳの交渉付きゲームに第二段階を加えるという改良をほどこし、さらにプレーヤー同士はコンピュータを通じてオンラインで交渉させた。二段階ゲームは最初の設定どおり、プレーヤー1が配分者、プレーヤー2が受け手となって始まる。賞金cは一〇〇ペンス。まず配分者はxペンスを提示するが、この提案が拒否されたら、ゲームは第二ラウンドに移行する。その際、プレーヤーの役割が入れ替わり、賞金はc×δペンスに減額される。ちなみに、この実験の減額率（δ）は〇・二五だった。つまり第二ラウンドは、cは二五ペンス、プレーヤー2が配分者になる単純な最終提案ゲームである。

このゲームの（第二ラウンドを考慮した場合の）均衡は、結果から逆に考えればすぐに見つかる。第二ラウンドでプレーヤー2は、プレーヤー1に一ペニーを提示すれば、残る二四ペンスが自分の懐に入る。ということは、プレーヤー2は第一ラウンドでの提示額が二四ペンス以上ならば、すべて受け入れるはずである。したがって、プレーヤー1は第一ラウンドで二五ペンスを提示すべきなのである。

このゲームは二度行われた。最初のゲームでは、配分者たちの提示額は先の実験と似たり寄ったりだった。最多提示額は五〇ペンス、わずか一〇％が二四～二六ペンスを提示した。また、第一ラウンドでの一五％が拒否にあった（ちなみに理論上では、このゲームはけっして第二ラウンドにもつれ込むことはないとされている）。第二回目のゲームは、第一回目にプレーヤー2の役を務めた被験者に、今度はプレーヤー1の役でもう一度ゲームをしてもらった。このゲームでは、参加者たちはゲーム理論により近い行動を示した。最多提案は、均衡値二五ペンスをわずかに下回った。

結論は、「参加者たちがゲームの仕組みを完全に理解してしまえば、（公平さへの配慮は）戦略的優位を狙う計算に容易にとって代わられる」と言うことだ。しかし、BSSの実験は、その結果をどう解釈するかに関して、三つの問題を提起している。

第一は、参加者たちは、最初のゲームが終わった後で初めて、再プレーがあることを知らされたこと。もし彼らが、プレーヤー1の役を順番で交替するゲームを行うことを知っていたなら、代わりばんこに均衡値である〇・七五cをとるほうが結果的には公平な分配に落ち着くだろう、と考えたかもしれない。

第二は、実験を行うにあたってBSSは、実験対象者たちにどのように行動すべきか指示を与えるという、あまり例を見ない方法をとったこと。具体的には指示文に、「みなさんにどうプレーしてほしいか、私たちの考えを言うと、**自分の勝ち取る賞金額を最大化することに専心し、頑張ってくれることが、とりもなおさず私たちの研究にも役立つのです**（強調は原文のママ）」とあった。このような指示が結果にどう影響するかについては、指示を与えない実験がないのでなんともいえない（ただ、第一ラウンドの結果が、GSSのデータとよく似た結果に終わったことには、ひとまず安心だ）。

しかし、これとは別の実験では、同じような指示が強力に影響したことを証明している。ホフマン＝シュピッツァーは、最終提案ゲームにきわめてよく似た次の実験を行った。

（コイン投げで決められた）配分者は、「自分が一二ドルを手に入れ相手に何も与えない」という結果を選ぶか、それとも「双方のプレーヤーの同意のもと一四ドルを分けるか」、どちらを選んでもよい。もちろん、理論上の予測では、「配分者が一二ドル以上を手にすることを条件に、両プレーヤーは一四ドルを分け合うことで合意する」となる。ところが、実際はそうではなかった。すべての組が一四ドルを均等に分ける、つまり各自が七ドルずつ手にすることで合意したのである。

ホフマン＝シュピッツァーは、なぜこのような現象が起きたのか、原因解明を試みた。二種類の設定を組み合わせて、四つの異なる条件を設定している。

①配分者役を決めるのにコイン投げか、もしくはごく簡単なゲームを行う。

②コイン投げ、あるいはゲームの勝者は、配分者になる権利を「自力でものにした」、あるいは「指名された」と告げられる。

二つの設定のうち、②の演出がよく効いた。簡単なゲームでもコイン投げでもあまり差は認められなかったが、資金の所有権を「自力でものにした」と告げられた者は、目立って多くの金額を自分に配分した。この種の要求の特質については、さらなる研究調査が必要となろう。

第三に、BSSが改良を加えた二段階ゲームは、ある重要な点で単純な最終提案ゲームと異なっている。二五ペンスという均衡値の提示は、すぐれた実効性を持っている。つまり、単純な最終提案ゲームに比べると、受け手がこの提案を拒否すればそれは損がより大きくなることを意味し、均衡値の提示額はより公平でもある。

これらの要素が重要かどうかを調べるため、ギュート＝ティーツは二段階ゲームを試み、減額率（δ）を〇・一と〇・九に設定した。δ＝〇・一のとき、提示すべき均衡値はやや不公平な〇・一〇cとなり、δ＝〇・九ならば、提示すべき均衡値は〇・九cの満額となる（配分者にとっては、公平ではないが）。ゲームは役割を交代して二回行われた。金額は　五マルク、一五マルク、三五マルクのいずれかだった。

この実験の結果は、ＢＳＳの結論、すなわち「プレーヤーたちにゲームについて考えるチャンスが与えられれば合理性が支配する」という結論を裏付けなかった。実験では、δ＝〇・一のとき、試行一から試行二に移るにつれて提示額は増加した（〇・三七cが〇・四七cに均衡値から遠ざかる）。δ＝〇・九についても、提示額の平均値は試行二で増加し（〇・三七cから〇・四九cへと）、こちらは均衡値に近づいた。二種類の試行と三種類のcすべての平均をとると、平均の提示額はδ＝〇・一で〇・二八c、δ＝〇・九では〇・四三cだった。どちらも〇・一〇c、〇・九〇cの均衡値に近いとは言えない。cの変化によっても、研究対象とされている現象が多く起こることを裏付ける証拠が得られる。c＝五マルクをc＝三五マルクのゲームと比較すると、δ＝〇・一のときには提示額が均衡点に向かって移動する（〇・三三cから〇・二四cへ）のが認められ、またδ＝〇・九のときにはわずかに均衡点から遠ざかる（〇・三六cから〇・三四cへ）ことがわかった。このような結果からすると、たとえ賞金額を上げたとしても、ゲーム理論の記述理論としての価値を向上させることにはほとんどならない。

## 多段階ゲーム

次に最終提案ゲームの分析に貢献をしたのは、ニーリン＝ゾネンシャイン＝シュピーゲル（NSS）である。実験対象は、プリンストン大学のマクロ経済学中級クラスの学部学生たち。学生たちは二〜五回にわたる（あらかじめ知らされていた）回数のゲームを行った。c＝五ドルだった。プレーヤー1は奇数回、プレーヤー2は偶数回で提案を行う。最終ラウンドの提案が拒否された場合は、双方とも何ももらえない。減額率は、第一ステージの均衡提示額がつねに一・二五ドルプラス最小単位金額（すなわち一・二六ドル）になるように調整された。三段階ゲームでは、まず二・五〇ドルに落とされ、さらに一・二五ドルに下げられる。五段階ゲームでは、最初の五・〇〇ドルから、順次一・七〇ドル、〇・五八ドル、〇・二〇ドル、最後は〇・〇七ドルに下がる。被験者たちは練習ラウンドを四回行った後、二、三、五ラウンドの順で、それぞれ毎回相手を替え、不特定のパートナーを相手にプレーした。役回りは毎回同じだった。

NSSがこのようなゲーム設定にしようと考えたのは、さまざまなラウンド数のゲームの結果を比較対照することができれば、ある特定のゲームにだけ現れる特徴的な結論を除外できるのではないか、と考えたからである。この真価は、ゲームの結果を検討するとすぐさま発揮された。二ラウンドのゲームにおいては、ゲーム理論の予測はよく適中した。五〇人の配分者中、三三人が一・二五〜一・五〇ドルの間の額を提示した（均衡値は一・二六ドル）。これらの結果は、BSSによる二回目の実験から得られた結果とほぼ一致する。

しかし三ラウンド・ゲームでは、結果は完全に食い違っている。五〇人のプレーヤーのうち二八人が、二・五〇ドルずつ等分する提案を行い、ほかに九人が二・五〇ドルプラスマイナス〇・五〇ドルの範囲内で上下する額を提示した。ここで忘れてならないのは、このゲームの均衡値は依然一・二六ドルであるということだ。

五ラウンド・ゲームの結果は、さらに別のパターンを示した。第一ラウンドの最多頻度の提示額は一・七〇ドルで（一四人）、五〇人中三三人が一・五〇〜二・〇〇ドルの範囲内に収まった。NSSの見るところ、参加者たちは第二ラウンドで提示してほしい金額をプレーヤー2に提示しているように思われる。これこそ、二段階ゲームでの均衡提案にほかならない。ただし、他のゲームではそうではない。そのような戦略が採用されるのは、プレーヤーたちがただ次の手だけを考えているか、あるいはまた、プレーの相手が合理的であるなしにかかわらず提案を拒否されるリスクを最小限にするために、保守的になっているからかもしれない。

NSSは二回目の実験を行い、五ラウンド・ゲームを四回繰り返した。資金はすべて三倍（＝一五ドル）に増やされたが、本質的には、結果は変わらなかった。提案の七〇％は五〜五・一〇ドルの範囲に集中した（第二ラウンドの賞金額は五・一〇ドル）。均衡値の三・七六ドルに近い提示額は一つもなかった。また、学習効果を示す証拠は何もなかった。つまりは、四回の試行のすべてを通して、明確に認められる提案傾向はなかったということである。

飛び抜けて野心的な実験が、オックス＝ロスの手で行われている。彼らが行ったのは、次のような革新的な実験である。

まず、被験者たちには交渉ゲームを連続して一〇回やってもらう。その際、諸条件はすべて一定に保たれる(ただ、ゲームの相手はそのつど替わった)。このやり方だと、実験参加者たちが練習を重ねることで立派な経済学者になるだけの知識と経験を身につける素質があるかどうか、をテストできる。次に、減額率を個々のプレーヤーごとに変えた。実際には、各人に一〇〇枚の「チップ」を競わせた。

第一ラウンドのゲームでは、チップ一枚は〇・三〇ドルに相当した(c=三〇ドル)。第二ラウンドになるとチップの価値は、プレーヤー1にとっては、$\delta_1$×〇・三〇ドル、プレーヤー2には$\delta_2$×〇・三〇ドルである。三段階ゲームの第三ラウンドでは、減額率を二乗する。減額率が二種類あることは二人とも知らされてはいたが、数値はかならずしも同じではなかった。($\delta_1$、$\delta_2$)をどんな組合せにするかは、実験的に、(〇・四、〇・四)、(〇・六、〇・四)、(〇・六、〇・六)(〇・四、〇・六)と変化させた。これら四つの条件はゲームのラウンド数(二ないしは三)と掛け合わされ、四×二回行うように設計された。

オックス=ロスがこのように複雑な実験を設計した目的は、交渉理論の二つの含意を検証するためだった。

①プレーヤー1の減額率は、三ラウンド・ゲームにかぎって重要になるはずである(理由は、逆から帰納法的にたどれば明らかになる)。

②減額率を定数化すると、プレーヤー2は三ラウンド・ゲームにおいては、二ラウンド・ゲームより受け取る金額が少なくなる（三ラウンド・ゲームでは、プレーヤー1は第一ラウンドと第三ラウンドで提示するのだから、当然だ）。

またこの理論は、全二八組の被験者チームごとに、単位実験ゲーム間の比較について予測を立てている。

これらの実験結果は、ゲーム理論の記述理論としての価値を、最終ラウンドの試行においてもほとんど支持していない。八例中わずか一例のみが、理論どおりの結果を示した。残りの七例においては、提示額の理論上の平均値は、実際のどのゲームの平均値の二標準偏差の範囲内にも入っていなかった。前段で述べた追加予測も、双方ともに外れた。プレーヤー1の減額率は、それが重要でないはずのゲームで大きく影響し、重要であるはずのゲームの影響を与えるだろうと予測されている回に何の影響も与えなかった。ゲーム理論がデータをどれだけ説明できるかの簡単な目安として、オックス＝ロスは、実際に一セットの実験の最終ゲームについて観察された提示額の平均値を理論上の提示額で説明する回帰分析を試みた。その結果の決定係数は〇・〇六五となり、理論上の提示額の係数はゼロの一標準偏差以内の値になった。

またオックス＝ロスは、彼らに先立つＧＳＳ、ＫＫＴが得たのと同じ結果、すなわち、受け手はゼロではないが不公平な提案ならば断固として断るという結果も再現している。実験ゲームにおいて、参加者たちがただお金をもらうことだけにしか興味がないのであれば、プレーヤー1の最初の提案を拒まない。つまり、続いて彼が逆提案する際に、自分の取り分が少なくなるからである。にもかかわらず、オックス＝ロスの調査では、八一％の逆提案で、プレーヤー2はプレーヤー1が当初示した額より少ない提示をしている。つまり、実験参加者たちが満足するにはお金以外の要素もかかわっている、という結論が確認されたことになる。

以上により、ゲーム理論は行動モデルとしては不十分であることが理解できるだろう。それはまた、規範としての役割を果たすにも不十分である。オックス＝ロス実験の参加者たちは誰一人として、ゲーム理論に基づく戦略を採用するには至らず、さらに、この戦略に一番近かった者でさえ最大の稼ぎ手ではなかった。実際、八組中の四組において、要求額の平均値が（一〇回の試行を通して）最も高かった者は、平均的獲得額は最も低かった。

## 市場の「最終提案ゲーム」

「不公平だと考えられる分配に対して抵抗感がある」ことは、交渉理論を飛び越えて、経済学にとってさまざまな意味を持つ。（売り手側であれ買い手側であれ）独占的市場参加者が価格（あるいは賃金）を決定するとき、それはつねに最終提案の性質を帯びている。最終提案ゲームにおいて、ゼロではないが少額の配分提案が拒否されたように、買い手も、消費者への分け前が少なすぎて不公平だと思われる価格なら、購入を差し控えるかもしれない。

そこで、次の問題を考えていただこう。これは、幹部教育プログラムに参加した二つのグループに出された問題である。両者にはほぼ同じ文章が示されるが、一部分だけ異なっている。一方のグループは次の文の（　）で表されたほうが見せられ、他のグループは［　］で表示したほうが示された。

ある暑い日、あなたは浜辺で寝そべっている。飲みものは冷たい水だけ。この一時間、頭に浮かぶのは冷えたビールのことばかりだ。いつものお気に入りのブランドが一本あれば、どんなに幸せだろう……。そのとき、連れが立ち上がり、電話をかけに行くついでに、近くでただ一軒しかない売店（高級リゾートホテルのバー・カウンター）［いかにもしょぼくれた食料品店］でビールを買ってきてくれるという。ビールの売り値は高いかもしれないが、いくらなら払うつもりか、上限を聞かれる。あなたが払うと言った価格かそれ以下ならビールを買ってきてくれるが、それ以上なら買わないつもりらしい。あなたは友人を信頼して任せるほかない。なお、（バーテンダー）［店主］と値段の交渉はできない。さて、あなたの買い値はいくら？

このシナリオは、回答者が受け手の役をする単純な最終提案ゲームであることに注目してもらいたい。高級ホテル版の回答者の中央値は二・六五ドル、食料品店版のそれは一・五〇ドルだった。認知コストの違いからリゾートホテルであれば、二・六五ドルでも適正に思えるが、ショボくれた酒店がその値段だと「ぼったくり過ぎ」と思われるのだ。普通、消費者は、相手が儲けの大半を手にしてしまう交換には応じたくないかもしれない。

ある特定の市場（たとえばスーパーボウルのチケット、町一番のレストランで土曜の晩の予約、ブルース・スプリングスティーンのコンサート・チケットなど）では、売り手が決めた定価ではなかなか手に入らない理由が、これで説明できるかもしれない。売り手から見て、買い手との関係が今後も続く場合、販売価格が不当に高いと思われそうなとき、売り手としては将来も買ってもらうためには「市場で決まる均衡点より安い値を付けたい」というインセンティブがつねに働くのである。

## 解説　「公平な人間」と「かけひき屋」の間にあるもの

ベル＝レイファ＝トバスキーは、不確実な状況の下で意思決定を下すとき、三種類の理論を識別することが有益ではないか、と述べている。

すなわち、「規範的理論」は私たちに合理的な振る舞い方を教えるものであり、「記述的理論」は人間の行動を具体的に解説する。この二つに加えて、「指針的理論」というものがあって、それは、私たちが自分自身の認知その他の条件による限界や制約に直面したときどう振る舞えばいいか、その指針となる助言を与えてくれるものだ。

ゲーム理論に関しても同様な三種類の理論が必要になる。現在のゲーム理論は言うなれば、規範的理論である。それは、利己的合理性を前提とするときの最適行動の特性を記述する。人びとが実際にどんな行動をとるかを正確に記述するために必要な証拠は、実験を用いた研究がようやく提供し始めている。

しかし、指針的ゲーム理論の開発に役立つ研究はまだほとんど行われていない。冒頭のマギーの問題は、私たちが知っている理論と、現実の問題解決との間にギャップが残っていることを物語っている。「取り分」を最大化する提案という問題を解くためには、受け手側が提案を受け入れるに当たってどんな関係があるか、明確にすることが要求されるだろう。つまり、いかなる額の提示であれば、受け手が拒否する確率はどの程度なのか、ということだ。

多段階ゲームでは、最適戦略はさらに不透明になる。資金一五ドルでNSSが行った五回戦ゲームを考えてみよう。第二ゲーム以後最終の第五ゲームに至る各ゲームの資金額は、順に五・一〇ドル、一・七四ドル、〇・六〇ドル、〇・二一ドルである。では、第一ゲームの最適提示額はいくらになるか。

指針的ゲーム理論として、考慮すべき重要な点が二つある。

①プレーヤー2（受け手）はどんな提案ならフェアと考えるか。
②プレーヤー2はゲームを理解しているか。

二つの要素ともに重要である可能性がある。そこで、②の役割の可能性についてどの程度理解されているのかを把握するため、コーネル大学のMBAレベルの「価格設定と戦略」コースの最終試験に一題、問題を課してみた。このコースの学生たちはミクロ経済学の中級コースを終了していなければならず、授業でゲーム理論、逆帰納法、単純（一発勝負の）最終提案ゲームを学んできていた。試験問題は八問出題し、うち五問を選んで答えさせた。肝心の設問は、NSSの実験で行われた五回戦ゲームの説明から始めた。学生たちには、プレーヤーの双方が合理的に考え、二人ともゲームで稼げる賞金を最大化したいと思っている、と告げた。次に、いよいよ質問に入った。プレーヤー1が第一ラウンドで提示すべき、プレーヤー2に受け入れられる最小提示額はいくらか？

クラスの学生三〇人中一三人がこの問題を選択し、正解したのはたった九人のみ。つまり、半数以上の学生は回答する自信がなかったということになる。しかも、答えを知っているつもりだった学生の約三〇％が間違っていた。明らかに、これは平凡な設問ではないし、逆帰納法にいたっては、日常的な直感ですぐ理解できる思考法ではない。

この問題の重要性を考えてみるために、受け手に四ドルの提案をしようと考えている配分者の例を見てみよう。プレーヤー1の側では、プレーヤー2がこの四ドルの提案を拒否してしまうと、それがその後の入手可能な額を上回っていることを知っているかもしれない。ところが、プレーヤー2は五・〇九ドル入手可能と考えて、この提案を誤って拒否するかもしれないのだ。

というわけで、マギーがこの五回戦ゲームの実験に参加したとすると、相手がどの程度頭いいのかは、彼女にアドバイスする前に知りたいところである。相手はゲーム理論を学習しているのだろうか？　逆帰納法はともかく、引き算のできる相手だろうか？

指針的ゲーム理論を開発しようと思えば、合理的思考と富の極大化を常識だとする仮説は修正しないといけないだろう。合理的で富の極大化を図ろうとするプレーヤーは、相手はそのどちらも考えていないか、または、方針を適当に変えるかもしれないことに考えを及ばせなくてはならない。指針的ゲーム理論を開発する際には、理論と実証の両面の研究が必要なことに留意してほしい。理論だけでは、相手プレーヤーの効用計算にどんな要素が入り込むのか知ることはできないし、相手側の合理的思考をどんな範囲で有効と考えればいいかもわからない。

この研究によって浮かび上がった結論は、公平（フェアネス）という考えが交渉の結果を決定するうえで重要な役割を果たしていることである。しかし、フェアネスへのこだわりがあるからといって、それで貪欲さまで含めた他の要素が行動に影響を与えないことにはならない。BSSは論文のなかでこの問題を、二つの対極的な立場の間で繰り広げられる激しい競り合いとしてとらえている。人びとはすべてを等分する「公平な人間（フェアマン）」であるか、さもなくば経済学説上の理論的モデルにふさわしい利己的で合理的思考をする「かけひき屋（ゲームズマン）」であるかのどちらかであると考えられている。

しかし私の考えでは、大部分の人びとを両極端なタイプのいずれかに決め付けるのでは、ほんとうの姿を記述しえない。人はほぼ間違いなく、お金は少ないより多くを望み、他人に対しては公平な扱いをしたいと思っているのだ。そして、これらの目的は二律背反《トレードオフ》である。

行動は、状況など環境の微妙な特質に大きく左右される。配分者のほとんどが均等分割を選んだ実験もあれば、ゲーム理論に従った配分を選んだ実験結果もあった。今後の研究に待たれるのは、あらゆる種類の行動を生み出す要因を研究することであり、ある特定の支配的行動を調べることではない。

被験者たちの行動をフェアマンとゲームズマンのどちらかに分類してしまうことがバカげているよ

うに、ハード／ソフトで分けるのも単純すぎてお話にならない。経済学者には、自分たち自身と理論に忠実な経済主体《エージェント》を前提にしたモデルを信じ込む頑固さ《ハード》を貫く性格がある。経済人《ホモ・エコノミクス》は一般にフェアネスや正義の問題よりも、富に関心があると想定されている。対して、多くの経済学者は、他の社会科学者（とそのモデル）を「頭が弱い《ソフト》」と考えている。

だが、最終提案ゲームに関する研究は、そのような安直な決め付けは間違いであることを示している。配分者には五〇対五〇の分配を選択する「ソフト（甘い）」な傾向が見られ、それは拒否される恐れが消し去られたとしても同じである。一方受け手には、経済理論のモデルとは一致せず、鼻っ柱の強さが目立つ。彼らの本音は、「はした金の提案をとり下げて、とっとと失せろ」と言っているのだ。

第4章　産業間賃金格差

# 同じ職種なのになぜ給料に差が出るのか

INTERINDUSTRY WAGE DIFFERENTIALS

数年前、私たちの学部に新しい秘書が入ってきた。頭の回転が速く、てきぱき仕事を片付ける彼女が来てくれたことに、みな満足していた。ところが、残念なことに何カ月もたたないうちに、近くの市にあるＩＢＭの事務所から彼女に採用のオファーがあり、転職してしまった。一年ほど前から同社のウエイティング・リストに登録してあったし、ＩＢＭはこのあたりでは一番の高給企業なので断る理由はない、ということだったらしい。

この話を聞いて私は、「大学で原稿やレポートの講評をタイプするより、ＩＢＭの社内文書をタイプするほうが価値が高いのだろうか」、そして「ＩＢＭが、彼女に高給を払ってもペイすると考えたのはどういうわけか」、不思議に思ったものだった。

ミクロ経済学の重要な原理の一つは、「一物一価」の法則である。市場が十分に機能していて、なおかつ取引コストや輸送コストがそれほどかからなければ、同じ商品に二種類の違う価格が付くことはありえない。もしそうでなければ、買い手は一番安い市場で買おうとするだろうし、売り手はより高値がつく市場で売りたいと思うだろう。したがって、価格差があってもすぐさま解消するはずである。

金融市場のような特定の市場では、この法則がぴったり当てはまる。金の価格は一日二四時間どの時刻でも、世界中のさまざまな金取引所で数セント以内の差しかない。だが商品市場においては、価格の相違はこれよりは大きくなる。

もっとも、価格のバラツキの一部は提供されるサービスの差、とも言える。高級百貨店のブルーミングデールズで台所用フードプロセッサーを買うときは、スーパー・マーケットのKマートでよりも、豪華な店内で買い物するという雰囲気代をより多く払うことになるだろう。消費者が、店の雰囲気の分や、商品知識に通じている販売員に親切丁寧に対応してもらった分を喜んで払うなら、商品の価格に差があってもなんら不思議ではない。

とはいえ、私たちの秘書のケースからもわかるように、労働市場においては「一物一価」の法則は損なわれているのかもしれない。実際に、新聞の求人広告や職業紹介所の求人票を眺めるだけで、わが秘書嬢の話はそれほど例外的ではないとわかる。企業の募集広告は、秘書やデータ入力係、はては「電話によるセールス」といった、よく似通っていると思われる職種なのに、ずいぶん差のある給料額を広告している。

コーネル大学MBAコースを卒業する私の学生たちも、同一都市のいくつかの企業から、相当な差がある給料で就職案内を受け取ることがよくある。最近卒業したある学生は、似たような金融関係の仕事でニューヨークの二社から採用の通知があったが、年俸で四万五〇〇〇ドルもの差があったそうだ。このように大きな格差は、「同一職種同一賃金」の法則に明らかに反している。

さらにもっとよく調べてみると、これは一般的な事実であることがわかる。おそらく同一の労働内容だろうと思われても、ある種の産業ではほかより高い給料が支払われていることがある。このような産業間の賃金格差は、さまざまな職種の違いを超え、また時代を超えて当てはまる（ある産業である職種が高給ならば、他の職種もすべてそうなる傾向がある）。なぜだろうか？

## 賃金格差の事実

産業間に存在しているこの賃金格差について、ことの重大さを測るのに手っとり早い方法がある。CPS（人口動態調査）などにある労働者の特性や収入に関する情報を含むデータを取り上げ、その一覧表の各個人別の賃金率（またはその対数）を、年齢、教育程度、職種、性別、人種、労働組合の有無、健康状態、地域などの変数によって回帰分析を行う。また、この回帰式に、属する産業に関する変数も加えて分析してみる。そうすると、どんな結果が現れるか。

CPSを使ったこの種の研究では、大きな産業別効果（賃金の平均値から乖離する産業が存在すること）が確認されている。そしてその効果は、統計的にも有意であった。

たとえば一九八四年における産業別の対平均値乖離率は鉱業・プラス二四%、皮革・マイナス八%、石油・プラス三八%、教育サービス・マイナス一九%(身にしみる!)。また、雇用者数の加重計算による産業別効果の標準偏差は一五%だった。組合加盟労働者と非加盟労働者のサンプル調査では両者間に差はほとんどなかった。これらの結果は、その他の変数を制御した上での結論なのである。

産業間の賃金格差は何も、最近の現象でもなければ一時的な現象でもない。一九二三年と一九四六年を比較した研究でも産業間の違いは安定していた。この間における産業間賃金格差の順位相関係数は〇・七三だった。一九二三年のパターンを一九八四年のデータで比較してみると、一九二三年に比較的高賃金だった産業は、一九八四年においても同じく高賃金産業で、製靴業のような低賃金産業は、相変わらず低賃金であった。なお、一九八四年と一九二三年との産業における賃金の相関係数は〇・五六であるが、この係数は産業の定義が変わってきているのとサンプル抽出上の誤差のせいで、たぶん少なめに出ていると考えられる。したがってこの結果は、賃金構造が長期にわたって比較的安定していることの証拠だと考えられる。

産業間賃金格差は、国際的にも広く見られる。一九八二年の世界一四カ国における製造業賃金を分析したところ、国際的な相関は顕著に高く、とくに先進諸国で著しい。たとえば、米国の産業間賃金パターンと、カナダ、フランス、日本、ドイツ、韓国、スウェーデン、英国のそれはすべて、相関係数が〇・八〇を超えている。米国の賃金とポーランド、旧ユーゴスラビアの相関係数はそれぞれ、〇・七〇、〇・七九であった。

産業間賃金格差は、さまざまな職業を通して広く見られる現象である。カッツ＝サマーズは、秘書、清掃員、経営者に関する産業間賃金格差を計算したが、それによると、かなり大きな産業間格差があり、すべての労働者にとってもそれとほぼ同じ程度に大きな格差がある。たとえば、鉱業における秘書は、平均値より二三％高い給料をもらっており、皮革産業の秘書は一五％低い。

同じ職種なのに給料に差が出る理由を説明することは、産業界の賃金構造の理論化にとってきわめて重要である。

## 証拠はあるのか、ないのか

産業間の賃金格差を「理にかなった例外だ」と考える前に、二つの単純すぎる仮説を排除しておかなければならない。第一は、「高賃金はそれを支払う産業における労働条件のうち、計測不能な、望ましくないなんらかの側面への補償にすぎない」というものである。確かに、たとえば鉱業が高賃金なのは、鉱山の快適とはいえない職場環境から、ある程度の説明はつくかもしれない。第二は、「高賃金産業は、質の高い労働者を雇っている」というものだ。しかし、CPSの分析に使われた労働者の質に関するデータからすると、「どちらかというとこの根拠は薄弱」である。

指摘しておくべきは、賃金格差がすべての職種にわたって等しく見受けられる傾向があるということで、これにより前述の二つの仮説はくつがえされる。ある産業内にあって、技術を要する一部の職種に質の高い労働者を求めるのはわかるとしても、すべての職種がそうだと言えるだろうか。同様に、高賃金産業内の一部の職種の労働条件が過酷だからといって、秘書や管理者たちにまで高給を支払わなければならない理由があるのだろうか。

ローセンが言うように、「仕事の質の差を報酬で埋め合わせることは、産業賃金の重要な決定因子であることに疑いはない」のだが、その半面、前述した産業間格差のパターンをこの前提によって説明することはできないのである。

これらの要因の有効性を検証するためクルーガー＝サマーズは、一九七七年度のＱＥＳ（雇用条件調査）のデータを基に、一〇個の変数を追加した回帰分析を行った。追加されたのは、週間労働時間、勤務時間帯、危険の有無、基本的労働条件などを採用した。しかし、これらの変数によっても、産業間賃金格差の実態を大きく塗り替える結果は得られなかった。

補償賃金説の信憑性を突き崩す、より説得力ある仮説が、離職率のデータから導き出されている。仮に、高賃金産業が不快な条件に対してその代償を労働者に払っているにすぎないのであれば、雇用者側は労働者の確保に必要以上の金額を支払っていることにはならない。このことは、離職率から証明できる。もし、みかけ上の高賃金産業が真に高賃金を支払っているのであれば、そこに雇われている者たちは仕事をやめる気にはならないはずである。実際、調査してみるとそのとおりで、高賃金産業では確かに離職率が低い。つまり、高賃金産業の労働者は、「自分たちは高給を受け取っている」と思っているのである。

測定できない仕事の質の評価については、さらに困難である。クルーガー＝サマーズは、この問題を二つの方法を用いて調べた。まず、前出の賃金推定回帰式に仕事の質を考慮に入れた場合と、入れない場合を比較する。彼らは「正確に測定しえない労働者の特質はおそらく、正確に測定されうる労働者の特質と相関性があるだろう」と、産業間賃金格差の原因は測定しえない特質の差にあるとするならば、それらの特質を代替する変数を賃金推定式に加えれば、産業の違いによる賃金への影響はかなり減るはずである、と考えた。

しかし、賃金推定式に（人的資本の代替として）教育、在職期間、年齢の変数を加えても、産業による賃金格差の標準偏差は、わずか一％低下するのみであった。彼らの結論は、こうである。「年齢、勤続年数、教育の差以外にも、測定されない特質を想定しないかぎり、前記の結果から、産業間賃金格差を労働者の特質の差に帰するのは無理がある」

見えない能力モデルを提唱するマーフィー＝トーペルなどは、右の引用で非難されている見解を信じている。彼らは、「賃金（算出）式は賃金差のごく小さな部分しか説明せず、説明のつかない部分の大半は測定されない能力に起因する」と主張する。何の根拠も提示してはいないが、彼らは「産業間の賃金格差は測定された能力尺度（指標）と強く相関しているし、測定されない能力もまた測定されうる特質に強い相関性がある」と指摘している。

もう一つのアプローチは、離職して別の産業に就職した労働者を調べてみることである（労働者の特質は不変だからだ）。この作業は、案外と難しい。測定誤差や選択バイアスという、複雑な問題がつきまとうからだ。測定誤差が発生するのは、就労産業を変えたと見える労働者でも調査者によっては誤って一つの産業（二つのときもある）に入れられることがあるからだ。

クルーガー＝サマーズはこうした誤分類を正すための試みとして、他の情報源からの一次データを使用している。低賃金産業から高賃金産業へと移動する労働者はより良質な労働者であろうという選択バイアスの問題も存在する。選択バイアスによって、推定賃金格差は拡大される。その理由は、他産業へ転じた者たちは、おそらく業界格差に正に相関する測定されない特質差を持っているからだ。

潜在する問題をすべて考慮に入れたうえでクルーガー＝サマーズは、一九八四年のCPS調査の中にある解雇された労働者のデータを使って、長期的な賃金格差を計測した。用いるデータを非自発的離職者だけに絞っているため、選択バイアスによる誤差は小さくなり、産業分類ミスを可能なかぎり排除できる。こうして二人が見いだしたのは、前出の産業間横断調査による回帰式に見られるのとほぼ同程度に強い産業別効果である。よって彼らは、「産業間賃金格差は、測定されない労働の特質によっては説明できそうにない」と結論した。

しかし、マーフィー＝トーペルは、CPSの別のサンプルを、分類ミスを避ける方法を用いて調べた結果、他の産業に移った労働者に当初影響するのは産業間賃金格差の三分の一にすぎないと推定している。彼らはこの結果を、「産業別効果は基本的に、測定されない労働の特質に起因する」という見解の根拠にしている。

このように真っ向から対立する研究結果が出されているため、見えない能力説はその評価が難しい。しかし、賃金パターンが見えない能力を本当に反映しているとするならば、産業間の賃金格差はたとえば知能などの他の能力尺度に正の相関がある、と考えるのは理にかなっている。

調査対象者の多くにＩＱテストの得点が示されている「全国青年コーホート長期調査報告書」を使って、この関連をくわしく調べた研究がある。それによると、教育を含めて通常の測定項目による労働者の特質を一定とすると、ある産業の賃金と労働者のＩＱとの間に直接の関連性は認められなかった。もちろん、高賃金産業がＩＱに相関しない資質を高く評価している可能性は否定できないが、見えない能力説は深刻な打撃を受けざるをえないだろう。

## 賃金レベルと関連する産業の特徴は何か

このような産業間賃金格差の謎を解明する突破口として、研究者たちは賃金レベルに関連があると見られる四つの産業的特徴を突き止めた。企業規模、収益と独占力、資本集約度、労組組織率である。「同一産業でも、大企業のほうが小企業より多くの賃金を払う」ことは、産業間賃金格差に劣らず明快な例外である。工場規模と企業規模の両方は、労働者の特質と労働条件を一定とすると、重要な影響力を及ぼしている。したがって、工場規模が平均して大きい産業が高賃金なのも驚くにはあたらない。しかし、企業規模の要素は、全産業横断パターンよりも一産業内での賃金格差を強力に説明する。実際、企業規模は産業別効果を強めているようだった。

二つ目は、企業の市場支配力や収益力で測定される「支払い能力」である。市場支配力を示す一つの指標は、上位四社への集中度（業界上位四社の販売シェア）である。集中度が高い産業はそれだけ収益性も高く、ゆえにより高賃金を支払えるのだろうと考えられる。ところが、集中度と賃金の関係を調べた結果は、関係ありとなしとが半々だった。集中によって賃金が上昇するところもあれば、両者の相関がとくに認められないケースもあった。

支払い能力を測る直接的なモノサシは、収益性である。しかし、この変数も欠点がないわけではない。公表されて入手可能な利益は、企業が決算書に記載した利益額でしかない。したがってこのような決算データは、企業による操作を受ける可能性がある。さらに収益率は、賃金と明らかに負の相関関係にある。なぜなら、他の条件が一定ならば、賃金を一ドル増やせば利益は確実に一ドル減るからである。それでもなお収益率は、産業賃金、とくに労働組合に加盟していない労働者の賃金の信頼しうる指標である。

資本集約度と賃金の関連性を最初に調べたのは、スリクターだったが、彼は、賃金と経費中に人件費が占める比率が関連しているかを調べた。結果は、高賃金が労務コストを押し上げるのは当然だとしても、関連はなかった。同様に、ローレンス＝ローレンスとディケンズ＝カッツの調査によると、対資本労務費比率の高い産業は高賃金を支払う傾向がある。いつものことながら、因果関係の解釈には注意が必要である。資本集約度の高い企業が、社員により多くの賃金を支払おうとするのか。それとも、高賃金の支払いを余儀なくされるために、企業としては資本に労働力の代わりをさせるのであろうか。

最後に四番目の要因として、相関性が指摘されているのが労働組合の組織率である。ほとんどの研究結果は、労働者の組織率が上がれば賃金も上がることを見いだしており、それは組合員と非組合員の双方に見られる（ただし、非組合員への影響を否定する調査結果もある）。ここでも、解釈が難しい。つまり、労組があるから賃上げがあるのか、それとも、高賃金産業では組合活動が盛んになるのか。これについては、後にまた触れることにしよう。

## 理論的説明

産業間に賃金格差が認められることの「謎」は、一部の産業は他産業に比べて、ある質の労働に対して賃金をより多く支払っているように見えることだ。どうしてだろうか？　クルーガー＝サマーズは、二種類の理論を指摘する。すなわち「企業が利益の最大化をあえて避けているか」、さもなければ「なんらかの理由で、企業は賃金を下げると利益が減ると考えて高給を支払っているか」のどちらかである。

最初の前提に基づいたモデルは、利益を最大にする賃金よりも多くの賃金を経営者が払おうとする理由を説明できなければいけない。機会費用を超える高賃金が利益最大化と両立するモデルが想定しているのは、高賃金によってアウトプットを増やせる（効率賃金モデル）、あるいは労働者の団結共同行動の恐れに対する合理的な対策、のいずれかである。

「企業は、かならずしも利益を極大化しないのではないか」という説は、かつては異説と考えられていた。しかし、「経営者の自由裁量」と呼ばれていた古典的概念にも、「エージェンシー理論」という立派な名称が付けられるようになっている。「経営者は、株主の資産をかならずしも極大化するわけではない」と遠回しに発言しても、それがただちに解任の理由にはならない。それどころか、経済学者の間ではエージェンシー理論が好まれているようで、彼らは「経営者たちが自分自身の富を増やすために株主の財産を犠牲にする」と考える。しかし、経営者が企業利益を減らしてまでも、従業員、ことに経営者とはかけ離れた境遇にあるブルーカラーの収入を増やすと考えるには、飛躍がありすぎる。おそらくは、エージェンシー・モデルを使って産業間の賃金格差を説明しようとした試みがまったくなされていないのもそのためだ。ここに述べた事実は、この仮説が真理を含んでいると思わせる。高賃金は、高い利益を計上しながら人件費率の低い産業において認められる。

もっぱら注目を集めてきたのは、競争力のある賃金よりも高い賃金がより多くの利益を生むと考える「効率賃金モデル」である。効率賃金モデルの基本的な考え方を簡単に説明すれば、「結果は労働者の努力にかかっており、彼らの努力は賃金の多寡に直接影響を受ける」ということ。賃金が多ければ、それだけ励むというわけだ。これに関連したモデルがいくつか提示されているが、モデル間の相違点は、努力と賃金の間の密接な関連性において、想定される因果関係の違いである。

モデルは、次の四タイプに分類できるだろう。

## 1 怠業回避モデル

たいていの仕事は、労働者が熱心に働いているかどうか観察できない。努力の程度を測定するのは難しく、モニタリングにはコストがかかりすぎるため、往々にして実行不可能である。

怠業回避型の効率賃金モデルでは、企業は市場賃金より高く払い、なんらかの監視をし、怠けているのが見つかった労働者をクビにする。市場相場より高い賃金を支払うことで、企業は従業員のサボり心を押さえる効果が得られる。なぜなら、見つかれば世間相場より高い給料をフイにしてしまうからだ。怠業回避モデルによれば、高賃金を支払う産業は、監視コストがかさむ業態であるほかに、あるいは、従業員の怠けが比較的高コストになる産業ということになる。

## 2　雇用安定モデル

企業としては、労働者の移動を減らすために相場より高い賃金を支払う気になることもあるだろう。この前提に立ったモデルは、怠業回避モデルによく似ている（実際、構造は同じである）。こちらは、「離職者を減らすために高賃金を支払おう」という考え方である。このモデルでは、高賃金を支払う産業は労働者の移動によって高いコストが生じるからということになる。

## 3　逆選別モデル

このモデルでは、雇用者は労働者の能力を、採用段階あるいは就職した後、コストをかけずに知ることができず、賃金レベルが高いほど、就職希望者たちの労働特性の平均も高くなると仮定されている。このモデルでは、労働者の質の差に敏感な産業、あるいは特質の把握によりコストがかかる産業がより高賃金を提示するということになる。

## 4　公正な賃金モデル

この賃金モデルの前提は、「労働者が自分たちに公正な賃金が支払われていると考えるなら、いっそうの努力をするはずだ」というものである。この仮説によると、従業員たちが公正だと考える賃金が平均的な賃金レベルより高ければ、企業が平均を上回る賃金を支払うインセンティブになる。労働者が、企業がその超過利潤を従業員たちにも分配することが公正だと考えているなら、公正な賃金モデルでは、高収益産業は高い賃金を支払うことになる。このモデルはまた、チームワークや労働者の協力がとくに重要な産業も高賃金を支払うと予測している。

右のように分類した各モデルは、互いを排他的に解釈すべきではない。企業が市場水準を超えて高い賃金を支払うのは、怠け者や離職者を減らしたり、より高い資質の労働力を集めたり、従業員の勤労意欲を高めたりと、さまざまな動機があるだろう。こうした考えはすべて、なるほどと思わせるし、実際にそのような効果もあるのだろう。ここで問題になるのは、これらのモデルの一つひとつがどこまで産業別効果の説明に使えるかである。そのカギをにぎっているのは、「一産業内ではあらゆる職種に共通の均一的体系が見られる」という事実である。

怠業回避、雇用安定、逆選別の各モデルでは、高い賃金を支払う産業においてなぜ秘書や清掃員まで高給をもらえるのかを、ほとんど説明することができない。この点は、公正な賃金モデルのほうがいくらかましな説明ができる。つまり、ある産業では外部に起因する理由から労働者の一部に高い賃金を支払わざるをえない（たとえば、鉱夫たちに差額を補償するため）とすれば、企業は「社内の平等性」を保つために他の労働者にも高賃金を支払うからだ。公正な賃金モデルは、産業賃金と収益間の相関性（超過利潤を公正に分配するため）と、長期的に続く賃金格差の問題（高賃金が規範化する）もうまく説明する。しかし、東欧諸国に見られる強い国際的な相関性については、ほとんど何も説明できない。

水準以上の高賃金を支払っている企業の賃金施策を論理的に説明するもう一つの根拠は、「労働組合への恐れ」である。雇用者側が団体行動を阻止するために賃金を引き上げるならば、非組合労働者も組合化の脅威のおかげで利益を受けることが可能になる。このモデルが高賃金を支払うだろうと予測する産業は、労働組合活動の脅威が最も高い産業である。つまり、労働者の側に組合活動を受け入れようとする気風が強い産業であり、法律も労組結成を支援する産業であり、そして企業側に分配できる超過利潤がある産業である。

産業間賃金格差に関する論証のいくつかは、労組脅威論モデルと整合する。米国における高賃金は、モデルの予測どおり労働組合組織率と業界の収益に相関している。しかしこれとは別の見解、つまり、次に示すクルーガー＝サマーズの引用も聴くに値する。

「歴史的に、高賃金産業は、労働組合が大規模かつ広範に結成される以前から、すでに比較的高い賃金を支払っていたことがうかがえる。たとえば、米国三大自動車メーカーは労働組合が誕生する以前からリーダーであった。ちなみにGMとクライスラーでは一九三七年、フォードでは一九四一年に組合結成に成功している。さらに言うならば、労働組合側は、労働者組織化への努力を高賃金を支払う能力がある産業に集中してきた。いずれにせよ、こうした産業は未組織労働者にも超過利潤を分配していると見受けられる。最後にもう一つ付け加えると、国際比較でも、産業間賃金構造は、労組の脅威がない国においても、また団体交渉が広範に行われている国においても、類似している。以上述べたすべてが示唆しているのは、労組組織率は産業間賃金格差に影響を与えるものではあるが、おそらく、産業間賃金構造を決定する要因ではないことである」

## 解説　市場の失敗としての賃金格差

1．以上に記述された内容には、どの程度の意外性があるだろうか。この章の冒頭の草稿に目を通した私の知人は、学会という労働市場を例にあげ、「このマーケットでは『産業』賃金格差は、変則的とは考えられない」と言う。

ここで大学を、ユニバーシティとカレッジという二つの「産業」におおまかに分けるとしよう。研究専門のユニバーシティ業、学問を教えることが専門のカレッジ業という見立てである。両産業とも、教授陣のほとんどがPh．D．の保持者で占められている。そのため、通常データベース化されている類の資料のうえでは両者の区別はできない。そこで、全教授の賃金を、「産業変数」を説明変数に含めて回帰分析を行ってみる。この産業変数によって賃金偏差のかなりの部分が説明できるということに、誰も驚く者はいないだろう。であるならば、ほかの産業変数が労働市場の効率性に反する証拠なのではないだろうか。

このアナロジーはこじつけではない。まず、学者たちの労働市場をこのように「二つの産業」に分けるのは、別に恣意的ではない。この市場とて、働き手を能力によって分類していると考えられるからだ（少なくとも、調査研究職についてはそう言える。教育職については、また別の話である）。

自動車産業の労働者のほうが皮革産業の労働者より高い能力があるとする、似たような前提条件はない。また、こうした類推は、あらゆる職種を通して産業間賃金格差が見られるという事実に解答を示すものでもない。もっぱら研究を行う大学で働く清掃用務員に、もっと多くの賃金が支払われて当然だと私たちは考えるだろうか。もし、そう考えるなら、それは用務員の質がいいためなのか。

最後に、産業間賃金パターンに対応する、より真実味のある類推だと私が考えているパターンが、学者たちの労働市場のなかに存在する。経済学を専門とする学者たちの給与を考えてもらいたいのだが、経済学部の経済学者と、商学部・法学部に属する経済学者を比べてみよう。すると商学部と法学部では、近年になって増額されたと思われるプレミアム、それも研究の質を考慮すればかなり多額のプレミアムが支払われているように見受けられる。

これも格差補償のせいだと論じることもできようが、その一方で、経済学部への転籍を申請する商学部・法学部の経済学者はほとんどいないという事実がある。私としてはむしろ、学部内の均等性への配慮で高給の理由が説明できると考えたい。商学部だからといって、経済学の正教授に、会計学の新任助教授より少ない給料しか支払わないのでは、いかにも不公正だと思われるではないか！

もちろん、高給は質のよい人材を魅きつける。ゆえに時間の経過につれて、商学部・法学部など実務専門職養成学部の経済学教授陣の平均的特性は向上するだろう。しかし忘れてならないのは、まず事実として高給が存在していたことだ。私の知るかぎり、商学部や法学部が、経済学部より高い素質を持った経済学者を欲しがる（あるいは実際に雇い入れる）理由は何もない。

産業間の賃金パターンは能力の差によって説明できるかどうかに関する議論は、このパターンが「例外」であるのか、それとも永遠に答えの出ない「謎」なのかを議論するのと同じことのように、私には思える。仮に、高賃金産業がより質の高い清掃員や秘書を獲得するという説が正しいとしても、それでは労働市場の効率性を認めていることになる。それはそれとしても、依然として謎のまま残されるのは、「自動車産業の重役たちが、皮革産業の重役たちよりもこぎれいな執務室で、より優秀なタイピストを集めることが、どうして利益の最大化につながるのか」という疑問である。

2．産業間賃金格差を説明するさまざまな理論を評価するに当たって、「サイモンの嘆き」とでも呼ぶべき鋭い指摘に、私は心を突き動かされた。長年にわたってハーバート・サイモンは、経済学を天職とする者たちが経済の意思決定プロセスを直視せず避けてきたことを、批判し続けてきた。こうした直視的観察の欠如は、多くの経済理論の評価を困難にさせていると言っていい。

怠業回避モデルを考えてみよう。従業員は、高給の職を失いそうだと考えたとき、より一生懸命働くだろうか。もっと言えば、彼らは高給を正当化するに足るだけ、熱心な働きをしていると言えるのだろうか。高給を支払う企業は、労働者の熱意が高まれば最大の利得が上がるのだろうか。私の知るかぎり、怠業回避モデルを評価するために必要な基礎としての実証的研究は見当たらない。

雇用安定モデルに関しては、わずかにましな状況にある。離職率は公表されているので、高賃金を支払えば離職者を減らせるかどうかの調査は可能である（実際に減る）。しかし、観察された賃金パターンと離職率が利益の最大化に一致するかを知るには、労働移動のコストが産業によってどのように変動するかも知る必要がある。高賃金を支払う産業は、労働移動のコストが最も高い産業だろうか。それは、誰にもわからない。

どうやらデータに一番よく適合するのは公正な賃金モデルらしいのだが、これも実証で裏付けられているわけではない。モラールが高ければ、労働生産性も上がるのだろうか。常識と「エクイティ理論」についての社会心理学の研究からは、このモデルの正しさが示唆されている。しかし、ここでもまた私たちは、高められたモラールから得られる限界利益が限界コストに等しくなるよう設定された真の効率賃金を企業は見いだしているのか、実証できるまでにはまだ至っていない。

これらの問題のどれ一つをとっても、それに取り組もうとすれば、ミクロのまたミクロ経済学（ナノ経済学と名付けるべきか？）とでも呼ぶべき分野の研究がさらに必要になってくる。経済学者たちは、手がまっ黒になるくらいに、企業経済の現場における生データを集める仕事をしなくてはならない。経済学という専門職にある者が、この種の時間のかかる研究活動の意義を認めそれに報いようとしなければ、多くの興味深い問題が未解決のまま放置されることになるだろう。

3．公正な賃金モデルと、第2章と第3章で扱ったテーマの関連性は興味深い。

協調を扱った第2章で検討した「例外」は、「人びとは、本来は利己的に行動するはずの公共財＝囚人のジレンマ型の状況下において、しばしば協調する」という事実であった。それにもまして、参加者相互間で話し合いが許された場合と、あるいはグループへの帰属意識が生まれた場合は、より高い頻度で協調行動が見られる。

第3章では、最終提案ゲームに関する実証例を提示した。ゲームを通して、経済理論から逸脱する行動が二種類、観察された。一つ目は、配分者がしばしば五〇対五〇に近い、気前のいい配分を提案したこと。二つ目は、受け手から見て、ゼロではないが人を小バカにしていると思われる提示額はしばしば拒否されることである。

この二つの実証研究を結びつけると、どういうことになるのだろう。二人の被験者にまず最終提案ゲームをプレーさせ、次に、一回かぎりの公共財ゲームをやってもらう。最終提案ゲームで不公正だと考える額を提示された受け手は、次の公共財ゲームにおいてあまり協力しそうにないと想定するのは、理にかなっている。一般的には、最終提案ゲームで受け手に一セントしか提示しないでおいて相手に協力を求めるのは、あまりいい戦略ではないだろう。

次に、同じ地域社会内に工場を持つ二つの大企業のケースを考えてみる。両者とも、企業内で実質的に同じ職務を行う事務系社員がいる。高賃金産業に入るH社は、事務系社員に賃金$W_H$を支給している。低賃金産業に入るL社は、事務系社員に$W_L$（$< W_H$）を支給している。ここで、H社が社員の賃金をL社の水準にまで切り下げるコスト削減をすると仮定する。この行為は利益になるだろうか。その答えは、事務系社員の反応次第で決まる。彼らが旧賃金（同社の他の工場で働く事務系労働者に支払う金額に等しい）が公正であると考えるなら（たぶん、そう考えるだろう）、賃金カットにさまざまなやり方で抵抗し、要するに非協力的になると言えるだろう。労働者の協力の低下は、賃金カットで浮いた利益のすべてを簡単に減殺しかねない。

要約すれば、企業は賃金を設定する際に、明らかに認識される均等性に配慮すると仮定しないかぎり（そして、経済学者のみがこの仮定に問題ありと考えるのであるが）、産業間賃金格差を理解することはできない、と私は見る。

# 第5章　オークション

THE WINNER'S CURSE

# 勝者は「敗者」となる呪いをかけられている

ちょっと羽根を伸ばしに町へくり出そうと思ったあなた。行くのはいいが財布の中身が少々気になる。なら、趣味と実益をかねた次の実験を、行きつけのバーでしてみてはいかがだろう。

小さな広口瓶を一つ持っていって、その中に小銭をいっぱいになるまで入れる。もちろん、全部でいくらの金額になるか数えながらいっぱいにする。さて、用意ができたら、いよいよ、バーの止まり木にたむろしている常連客たちに呼びかけて、小銭が詰まった広口瓶をいくらで買うか、セリにかけよう（賞金がじゃらつくコインでは嫌だろうから、勝者にはお札で払うと前もって約束しておこう）。これで細工は上々、あとは仕上げをご覧じろ。次のような結果が得られること請け合いである。

**①セリ値の平均は、硬貨の総計額をかなり下回る（セリ手はリスクを避ける。つまり、損したくない）。**
**②セリに勝った者の言い値は、広口瓶の中身の価値を上回る。**

**たったこれだけのことをやって見せるだけであなたには、その晩を愉快に過ごせる資金が手に入る。それだけでなく、バーの常連客に「勝者の呪い」を身をもって味わってもらえる、という一石二鳥の効果があるのだ。**

「勝者の呪い」という考えを最初に言い出したのは、米国の大手石油会社アトランティック・リッチフィールドのエンジニア三人組、ケーペン＝クラップ＝キャンベルである。彼らの考え方は、きわめて単純なものだ。具体例で考えてみよう。

ある鉱区の原油採掘権を、多くの石油会社が取得したいと思っているとしよう。そして、採掘権の価値はすべての入札者にとって同じであると仮定する。つまり、これは「共通価格入札」と呼ばれる類のオークションであり、各企業はそれぞれ専門家から鉱区利権の価値がどの程度のものか、あらかじめ推定評価見額を得ているものとする。また、その評価は客観性のあるものであり、すべての見積もり評価額の平均が、その鉱区の共通価格と等しくなるとする。

さて、この入札では実際にどんなことが起こるのだろうか。

セリにかけられた鉱区の石油埋蔵量を見積もることはきわめて難しいことから、専門家たちの推定埋蔵量は、かなりのバラツキが生じる。会社の入札額は自社の専門家による推定評価額をいくらか下回るとしても、評価額の高い企業の入札価格は、低いと想定した企業のそれを上回るはずである。したがってセリ勝つ企業は、社内の評価額が一番高かった企業ということになるだろう。

そして、もしこのとおりのことが起これば、競売の勝者は「敗者」となる可能性が高い。つまり勝者は、次の二つの理由のどちらかによって「呪いをかけられる」と言える。

①落札価格が鉱区の価値を上回るので、企業は損をする。
②鉱区の価値が社内の専門家の評価額を下回っているので、落札企業は期待が外れて落胆する。

さて、この二種類の勝者の呪いを、それぞれタイプ1、タイプ2と呼ぶことにする。呪いがゆるやかとはいえタイプ2には、落札者すなわち勝者が利益を上げる場合でも、その利益幅が入札した時点で予想していた利益額を下回るケースが含まれる。そしてどちらの場合も勝者は結果に不満なわけだから、タイプ1、タイプ2ともに勝者の呪いなのである。

入札者がすべて合理的であれば、「勝者の呪い」は起こりえないはずである。だから現実にそれが発生するのは、ここに非合理性が存在している証拠である。しかし、共通価格を持つ物件の競売で合理的に振る舞い続けるのは難しい場合もある。合理的に入札しようと思えば、事前に入札可能な情報によってのみ制約を受ける予想価格と、もう一つの予想価格、すなわち競売にセリ勝つためだけの条件によって決まる予想価格を、区別しなければならない。しかし、この基本的な考え方を入札者がわかっているとしても、タイプ2の勝者の呪いが発生しうる。それは、他の競合入札者に対応する調整の重要性を軽く見るときに発生するのである。

一番高い値段を付けた者が落札者となってその代金を支払うという、通常の競売で考えるべき要素は二つあり、それらはまったく正反対の方向に働く。応札者の数が増えれば、セリ落とすためにはより攻撃的な価格付けが必要になる。だがそのことは一方において、セリに勝ったときは競争者のせいで物件の価値を高く見積もりすぎてしまうことである。これは逆に言えば、「もっと保守的に入札価格を決めろ」と言っていることになる。最適な入札価格を決めることは、なんとも難しいことなのだ。

というわけでこの問題は、入札者が適正な値を付けられるか、あるいは呪うべき結果を招くか、に分かれる実践的な問題となる。ここで私は、「勝者の呪いはごく普通の現象なのかもしれない」ことを示す証拠を、実験結果と実証研究の両面から提供しようと思う。

## 実験結果のデータ

先ほど紹介した瓶詰めコインの実験は、ベイザーマン＝サミュエルソンが実際に行った。実験に参加したのは、ボストン大学でミクロ経済学を専攻しているMBAコースの大学生たち。セリにかけられた品物は、コインを詰めた瓶、一個四セントのペーパークリップの入った瓶などなど。参加者には知らされていなかったが、瓶に入っていたものの価値は八ドルだった。入札は価格を書いた紙を封筒に入れた秘密投票とし、最高額の入札者は、品物の正規の価格から入札価格を減じた差額をもらえる。セリは一二あるクラスで四回ずつ、計四八回行われた。すべての実験が終了するまで、個々の結果はいっさい知らされなかった。加えて実験参加者たちには、それぞれの瓶の価値を推定するよう指示があった。また、クラス内で最も近い推定値を出した者に二ドルの賞金が与えられることになっていた。

実際の価格がいくらであるかを推定する予想は、下値に偏っていた。推定価格の平均値は、五・一三ドルだったから、これは実際の価格八ドルをかなり下回っている。こうした低めの価格推定にリスク回避が重なると、勝者の呪いは発生しにくい方向に働く。にもかかわらず、落札価格の平均は一〇・〇一ドルに達し、その結果、セリの勝者は平均二・〇一ドルの損をしたことになる。こうした実験をやっていれば、全米科学財団による研究助成金もそれほど多額でなくてもすむだろう。

サミュエルソン＝ベイザーマンは、これとは異なる条件の下で別の実験も試みている。先へ進む前に、次の設問を読者のみなさんも試してみてほしい。

この練習問題では、あなたはA社（買収する企業）を代表しているとする。同社は現在、TOB（公開市場買い付け）方式によるT社（買収される企業）の取得を考えている。具体的には、T社の全株式を現金で買い取る計画だが、買い付け価格をいくらにすべきか迷っている。T社が現在取り組んでいる大がかりな石油資源探査プロジェクトの結果が不確かなために同社の評価額が定まらないからだ。

T社が事業会社としてやっていけるかどうかは、探査の結果次第である。最悪のケース（探査が完全な失敗）なら、現経営陣の下での同社の価値はゼロ、したがって同社株の価値も〇ドルということになる。最も好ましいケース（探査が大成功）なら、同社株式は一株一〇〇ドルにも跳ね上がる可能性がある。探査結果がどう出るか可能性の幅が大きいことから、株価のほうも〇～一〇〇ドルまで、すべての可能性は同等と考えられる。

あらゆる想定を総合すると、同社は現在の経営陣に託すよりもA社の傘下に入ったほうが価値がかなり上がるだろう。実際、現経営陣の指揮下での同社の評価はどうであれ、A社の管理下に入ることで五〇％はその価値が増すだろう。

A社の取締役会から依頼を受けたあなたは、T社株のTOB価格を決定しなければならない。TOB価格は、試掘プロジェクトの結果がわかる前に今、発表する必要があるのだ。

こうした次第なので、あなた（A社）はTOBを申し出る段階では、探査プロジェクトの結果を知ることはできない。しかしT社の株主は、あなたの申し出を受諾するかどうか決めるとき、結果を知っているはずである。加えてT社の株主は、現経営陣による株価（一株当たり）と同額、あるいはそれ以上のTOB価格ならば、すぐにも受け入れると思われる。

A社を代表する立場に立ったつもりで、あなたは一株当たり〇～一五〇ドルの範囲内でTOB価格を決めなければならない。さて、一株いくらで公開買い付けするだろうか？

この設問に対する典型的な考え方は、次のようになるだろう。

「この企業の一株はT社にとって五〇ドルの期待価値があり、A社にとってのそれは七五ドルになる。したがって、五〇～七五ドルの間で価格提示すれば、A社にとっては利益が出るはず」

だが、以上の分析は、この問題に初めから組み込まれている、売り手と買い手の間の情報（量）の非対称性を考慮していない。正しく分析するには、ＴＯＢ価格が受け入れられるという条件で、その企業の期待価格を算出しなければならない。このことを理解してもらうために、実例に即して考えてみることにしよう。

さて、あなたの提示額を六〇ドルと仮定しよう。もしこの提案が受け入れられるなら、現経営陣の経営するＴ社はせいぜいが六〇ドルの価値しかない、ということになる。六〇ドル以下の価値である可能性も同等にあるのだから、現経営陣にとってその価値は平均三〇ドルであり、あなたにとっての価値は四五ドルである。ゆえに、六〇ドルを提示すれば、一五ドル損すると考えられる。つまり、ゼロより大きいどんなＴＯＢ価格でも、あなたは提示額×〇・二五を失うことになるのである。

このようにこの問題では、ゼロ以外のいかなる有額提案もすべて勝者の呪いが生じるという極端な例で、提案者はかならず損をするように設計されている。

表5-1

| 提示額（ドル） | 金銭的インセンティブ なし（N=123） | 金銭的インセンティブ あり（N=66） |
|---|---|---|
| 0 | 9% | 8% |
| 1〜49 | 16 | 29 |
| 50〜59 | 37 | 26 |
| 60〜69 | 15 | 13 |
| 70〜79 | 22 | 20 |
| 80+ | 1 | 4 |

この実験は、参加者に現金で賞金を払うという金銭的インセンティブが「あり」と「なし」の二つの条件を設定して行われた。その結果は表５－１に示してあるが、両条件とも結果はきわめて似通っている。ただ、金銭のインセンティブがあるほうの提示額がやや低めに出た。どちらの

条件下でも九〇％を超える回答者が有額提案をし、最多回答は五〇～七五ドルの範囲であった。

このような事例に対する経済学者たちの反応は、しばしばこう決めてかかる。

「人は一度か二度、この種の問題にだまされることはあっても、経験によってワナを見抜くようになるはずだ」

はたして実際に経済学者たちの言うとおりになるのかを調査した実験もある。対象は、ノースウェスタン大学ＭＢＡコースの学生六九人。コンピュータを通じて彼らに「企業買収」問題を与え、仮説の真偽を判定した。参加者全員が金銭インセンティブ付きで、毎回フィードバックを受けながら価格提示を二〇回繰り返した。フィードバックされるのは、その会社の「本当の」時価や、買収提案額が受諾されたかどうか、いくら儲けたか、それとも損したか、という情報である。

実験対象者六九人中五人が、一ドルかそれ以下で提示すればいいことを実験が終わるまでに気付いた。この五人が、一ドルかそれ以下で提示し始めたのは、平均で八回目の試行のときである。他の者たちは、何かを学んでいるという素振りはまったく見られなかった。彼らの提示額の平均は、最後の数回の試行で理由もなく上昇している。

この問題において、勝者の呪いを回避できるようになるのは可能だろうが、逃れる術を身につけるのはそう容易ではないし、早くもないことがわかる。

別の実験が、ヒューストン大学のジョン・カーゲルと同僚たちによって実施された。実験の多くは、次のように構成されている。

オークションは、入札額を公開しない秘密投票方式で行う。物件の価格$X^*$は毎回異なるが、$X_L$と$X_H$

の間につねに収まる。入札の前に参加者は、その回オークションされる物品の価格に関する手がかりを与えられる。手がかり$X_i$は、一枚のカードを引くともらえる。$X_i$は、$X^*$を挟む一定の幅の中にある。参加者はこのようにして$X^*$の取りうる範囲を知ることができる。一回だけ引いて得た値$X_i$とは、石油採掘権入札における専門家の見積もりに対応している。

ついでオークションが行われ、入札され、勝者は利益または損失を自分の口座に記帳される（参加者たちはあらかじめ、たいてい一〇ドル程度の資金を与えられるが、口座の残高がゼロに達すると、以後入札できなくなる）。実験の操作には、$X_i$の取りうる価格幅と入札者数の変更およびオークションのタイプ（最高値が落札する方式か、二番札落札か、あるいは最安値が落札するか）を変えてみる。典型的な実験パターンは、最初三〜五人の少人数グループで行い、ついで六人か七人の「大」グループに加わる。この実験の長所は、入札者一人ひとりが合理的に提示すると仮定したモデルに依拠した結果を、主催者側が実験ごとに計算できる点である。研究者は、この方式をリスク中立型のナッシュ均衡モデル、またはRNNEモデルと呼んだ。

一番札を勝者とするオークション実験の結果はグループの大きさによって変化した。小グループでは利益が出るのが典型的であり、利益の平均はRNNE予測利益の六五・一％であった。しかし、大グループではオークションごとに〇・八〇ドルの損失が見られた。これは、RNNE予測による利益四・六八ドルとはきわめて対照的である。より大きなグループにおいて勝者の呪いが現れたのは、競合相手が増えるにしたがって参加者たちが積極的になったからである。RNNEモデルでは、より慎重な値決めが要求されるのだ。

これらの結果は、二番札入札方式によるオークションでも再現されている。ここでもまた、利益が出たのは小さなグループである。ＲＮＮＥの予測利益の五二・八％を稼ぎ出している。大グループでは一回当たりＲＮＮＥの予測では三・九五ドルの利益が見込まれていたにもかかわらず、二・一五ドルの損失を出した。

最安値落札方式の実験では小グループと大グループ両方に損が発生した。しかし、この実験の革新的なところは、建設業の経営者たちを参加させたことである。実験経済学への批判、とくに実験結果が経済理論に一致しない場合の批判によくあるのは、「実験対象になった学生さんたちがままごと遊びのような問題に取り組んでいるにすぎない。現実世界の専門家たちなら、こんな愚かな間違いはまず起こさないだろう」である。

では、本物の建設業者の出来はどうだったか。実験の主催者は、研究予算がすべてプロに巻き上げられてしまい、すってんてんになりはしないかと心配だったのだが、経営者たちは学生たちに比べ良くもなければ悪くもない成績を残したにすぎなかった。これは実に驚きである。建設企業がつね日頃、低価格を競う入札に参加していることを考えたら、これほど容易に勝者の呪いのえじきになるようなら、たちどころに破産してしまうだろう。こうした結果が生じるのは、建設企業の経営者たちが理論ではなく特有の経験則を身につけているからだ、と考えられる。

研究者は次のように指摘している。

「そのような実践の場で経営者たちは、一連の状況に特有の具体的なルールを経験的に身につけているがゆえに、彼らは現場において勝者の呪いを回避できるのであるが、実験室ではできないのだ、と私たちは考える。……しかしこの経験則は、仕組みは同じであっても異なる環境の下であったり、いつも慣れ親しんでいる実例を欠く場では使いものにならない。いつもの刺激が得られない初めての環境下に置かれると、学習プロセスを一からやり直さないといけない。過去の経験も理論化されていなければ、受け継ぐことはできないのである」

## 実証例

実験室で得られた証拠から、勝者の呪いを回避するのは容易でないとわかる。学習の機会を十分に与えられて経験を積んだ実験参加者ですら、企業買収の問題を解き損ない、入札者が増えるに従ってより控えめにならなければいけないことを見逃している。「現実世界」の高額なオークションでも、競売参加者たちは同じ間違いを犯しているのだろうか。

現実の市場という条件のなかで勝者の呪いが存在する証拠を発見したと主張する研究は数えきれない。たとえば、書籍の出版分野について、デサウワーはこう述べている。「要するに、オークション（出版権争奪競争）の対象になった著作のほとんどは、契約金として支払った前払い印税分すら回収できない。実際、こうした本は実際の価値以上に評価されるので、現実に出版してみると惨めな失敗に終わるケースがしばしばである」

野球のフリー・エージェント（FA）市場を調べた研究では、FAの権利を行使する選手たちにお金を払い過ぎていると結論している。大リーグのチーム・オーナーたちも同じ結論に達していると見られ、彼らは協力して対策を講じた。

ここで私は、海洋上の石油と天然ガス田の採掘権と、企業買収についての証拠を検討してみることにする。最初は、石油と天然ガスの採掘権の入札に関する証拠から入るのがいいだろう。というのは、この分野こそが、ケーペンたちが最初に勝者の呪いという考えを論文にまとめることになったからである。ケーペンたちの検討は、次のように始まっている。

「近年、五、六社を数える業界の大手企業は、他の応札者の言い値が伏せられた競争入札制がとられる鉱区権の取得に際して、自社および同業他社の実績を重視するようになってきた。こうした地域で最も注目され、そして興味深いのは、メキシコ湾岸一帯の大陸棚である。意外な分析結果に、アナリストたちは一様にがっくりする。この地域には豊かな石油と天然ガスがあると見られているのに、石油業界の投資はもくろんだほどの利益を上げていない。事実、地権料がぐっと安かった一九五〇年代以前の時代を別にすれば、メキシコ湾岸への投資は地元の信用組合より低い配当しか生み出していないのである」

ケーペンたちは、その主張を裏付けるために五、六例の研究を引用しているほか、彼ら自身が経験した、入札価格のバラツキを示す興味あるデータを報告している。それによると、「本気の競争入札者」による入札額の最高値と最安値の比は五〜一〇倍、ときには一〇〇倍にも達する。こうした結果については、「競売区画に入札する者はほかにいないだろうと都合のよい願望を頼りに低額で入札する企業があるから」という説明が成り立つかもしれない（ケーペンたちが分析した事例のうち、一五区画はそうだった）。

その一方で、ケーペンたちは別の興味あるデータを報告している。一九六九年のアラスカは、ノース・スロープ鉱区の売り立てで落札価格の合計は九億ドルに達した。しかし、二番札の合計は三億七〇〇〇万ドルにしかならなかった。競売された全区画の二六％において、落札価格は二番札の四倍以上であり、全体の七七％の区画で二倍以上の開きがあった。もちろん、これらの数字があるからといって、ただちに非合理的な考えで行動する者がいたという証明にはならない。とはいえ、これらのケースには勝者の呪いが確実に該当すると思われる。

ケーペン＝クラップ＝キャンベルの論文が発表されたのは一九七一年。彼らが検討したメキシコ湾岸の鉱区権リース関係の情報がすべて公表されるより前のことだった。しかし、後に、これらのリースがどんな結果を生んだかがくわしく調べられている。一九五四年から一九六九年までにメキシコ湾岸地域で発行された鉱区権リース一二二三区画についての税引前収益率が調べられた。調査対象期間はケーペンたちの論文が発表される直前に相当する。報告によると、次のとおりだ。

「企業は、一二二三の鉱区権リースすべてについて一区画当たり現在価値にして平均一九万二二二八ドルの損失をこうむった。ただし、割引率は一二・五％とする……われわれのデータベースに入っている全リース区画のうち、六二％は「ドライ」、つまり資源は見つからなかった。したがって、これらの土地からは、契約金や借地代、探査費をまかなう収入は一セントも上げられなかった。一六％については、産出はあったものの採算割れ（税引き後）だった。残る二二％のみが利益を出したが、税引き後の利益率はわずか一八・七四％にとどまった」

これらの結果は、少なくとも勝者の呪いの第二バージョンが当てはまる。すなわち、収益実績が、入札者たちがこれらの売り出し物件に入札したときに見込んでいたより低かったことである。おまけに、この投資利益の実績は、原油の名目価格が一九七九年の一バレル三ドルから一九八一年には三五ドルへ高騰したという、リース競売時には誰にも予測もできなかった事実によって助けられたものだ。投資利益がなぜこれほど低いのか、研究者の思い切った分析を聞いてみよう。

「落札した最初の五区画（一九五四年一〇月一三日から一九五九年八月一一日にかけての間）の低収益や赤字の理由は、発見可能な埋蔵資源量への過剰な期待があったからだと思われる」

鉱区権リース取引を対象にした別の分析は、五％の割引率に基づいた実際の価格を調査している。この分析では、石油会社がOPECによる石油価格の値上げを折り込んだという想定を外している。ほかにもいくつか、前提が変えられている。この分析結果によると、前述の結論とは対照的に、石油価格が一定水準にとどまっていたと仮定しても、石油会社は利益を上げることができたとしている。石油にもかかわらず、このデータからも、勝者の呪いが成立することを裏付けるいくつかの証拠が読み取れる。

かなりの頻度で入札した一八の個別企業あるいは共同事業体について（平均二二五回）、競合他社が入札価格を変えなかったとすると、利益を出せていたはずの入札価格（実際の入札価格×$\theta$）を事後的に計算した。ただし、仮にすべての企業が、リスク中立なナッシュ均衡行動に従って入札値を選んだとするならば、利益を最大化する$\theta$（$\theta^*$）は一に等しくなるはずだ。

しかし、一八社中一二社で平均〇・六八と$\theta^*$は一を切っていた。とりわけ勝者の呪いに見舞われたテキサコの$\theta^*$は〇・一五だった。ということは、同社の入札価格は、七分の一近くまで下げるべきだったのだ！（七倍に近い高値で入札したことになる）。多くの企業が実際に手にした利益と、最適入札価格によって得られたはずの利益との差は、数億ドルに達する。

分析の結論はこうだ。

「結果が示唆しているのは、一部企業は鉱区すべてについて過大評価したか、あるいは勝者の呪いの恐ろしさを十分予見しえなかったか、もしくはその両者であろう」

リチャード・ロールは、勝者の呪いという概念を、謎だらけの現象である企業買収に当てはめた。ここで説明すべき謎とは、「ある企業を買収する際、なぜ市場価格より高いプレミアムを支払うことになるのか」である。実績が示しているのは、買収の目標にされた企業の株主たちは企業が買収されると相当の利益を得るのに対し、買い手側の利益はごくわずか、あるいはゼロというものである。ではなぜ、買収をするのか。

ロールは、ありそうな答えの一つとして「うぬぼれ仮説」と呼ぶ仮説を提示している。この見方によれば、買収を仕掛ける企業はたいてい現金をちらつかせて威勢のいいところを見せつけながら、買収できそうな目標企業を物色する。そうして狙いを定め、相手企業の適正価値を見積もる。そして、推定額が市場価格を上回っているときだけ、買収に乗り出すのである。ロールは、「効率的市場仮説を本気で信じているがゆえに（シナジーやインサイダー情報がない）市場よりも適正価値を計算できると確信する買い手は間違いやすい」と考えている。ロールは指摘する。

「企業買収について他のほとんどの説明は、市場に強力な非効率が少なくとも一時的に起きているという前提に立っている。つまり、金融市場は、買収を宣言した企業が所有している重要情報を知らないか、あるいは製品のシナジー効果や独占力、節税効果が十分に（少なくとも一時的には）有効に活用されていないか、または、労働市場が十分に機能していないために、能力の劣る経営陣を入れ替えれば利益が得られるということか、いずれかを前提にしているのである」

「うぬぼれ仮説」を検証するため、ロールは株価を調べてみた。つまり、買収を仕掛けた企業と仕掛けられた企業の株価を、買収計画の発表前と後でそれぞれ比較してみたのである。「うぬぼれ仮説」の予測では、買収を仕掛けた企業の株価と目標にされた企業の株価の合計は取引コストを反映してわずかに低下するはずであり、被買収企業の株価は上昇し、買収を仕掛けた企業の株価は下落する。ロールは、予測に一致する証拠があると解釈し、次のような結論を下している。

「現在手に入るかぎりの結果から見て、どうしても引き出さざるをえない総合的な印象は、市場はすべて完璧に効率的に機能しているという、極端な（うぬぼれ）仮説を覆すほどの、真に説得力のある証拠は得られない、かつまた個々の買収者はときどき誤りを犯すということだ。買収側は自らの行動を通して、買収によって利益があがるという信念を示せるかもしれないが、系統だった諸研究からは、こうした信じ込みに十分な根拠があることを示す証拠はほとんどない」

　ロールは、これらの研究成果は評価が難しいと説明しているが、明らかなのは、買い手企業は買収から（あったとしても）ごくごくわずかの利益しか得ていないことである。ここでもまた、勝者の呪いの第二バージョンが該当するようだ。

## 解説

### 相手が間違いを犯していることに気付いたとき、どうすればいいか

石油鉱区権リースや企業買収に関する私の読み方が正しいのなら、すなわち「勝者の呪い」がこれらの市場に存在するということになれば、経済学者たちの驚きはどれほどだろうか。勝者の呪いの存在は、経済学のパラダイムにどんな課題を突きつけることになるのか。マカフィー＝マクミランは、彼らのオークションと入札についての研究でこう述べている。

「勝者の呪いについての明らかな事実［前述のデサウワーによる出版の事例のような］は、参加者たちはオークションの結果に繰り返し驚かされている、と言っているのにほぼ近い。これは、合理性の基礎概念を踏みにじっている」

彼らが言わんとしていることは、次のように言い換えてもよい。

「勝者の呪いが存在するということは、競争入札者たちが系統的な誤りを犯していることを示している。経済理論は、これらの誤りを初めから除外している。したがって、この事態が間違っているに相違ない」

だが、こうした立場に立つ論法は疑わしい。合理性の概念は経済学の仮定であって、立証された事実ではない。実験結果にも注目すれば、オークションにおいて入札者たちが間違いを犯している可能

性はあるのではないだろうか。

多くの理論経済学者に特異な傾向が見られることも、興味深い。理論家というものは、ある問題に長期間取り組み、ついにそれまで経済学者に知られていなかった新しい洞察にたどりつく。彼は次に、理論的モデルのなかのエージェントたちは、あたかもこの新しい洞察を理解しているかのように振舞うと想定する。発見するまでに長い労苦を伴った洞察を、経済のなかでこれらのエージェントは本能的に把握していると当然のように想定する理論経済学者は、おしなべて控えめであるか寛大であるか、あるいは、過剰に合理的なエージェントを設定するという罪を犯しているかのどちらかである。

ケネス・アローもこう述べている。

「科学的分析には、科学的（合理的）行動をその行為者のせいにするというおかしな状況がある。これを矛盾とまでは言わずとも、際限のない再帰的定義であることは確かであろう」

オークションの他の参加者たちが最適レベルに達しない行動をとる可能性は、経済理論ではあまり議論されない問題を提起している。つまり、「競合相手が間違いを犯していることにあなたが気付いたとき、どうすればいいか」ということである。

入札に関しても経済理論は、入札者は合理的に行動すると前提しており、他の競争入札者たちもまた合理的であると認識していることを前提にしている。仮に、あなたが勝者の呪いに気付いているとしよう。あなたはそれだけ、他の石油会社より有利な立場にあるわけだ。さて、ではこの競争優位をどう活用するか。もし入札価格を最適水準にまで下げてオークションに臨むならば、鉱区権リースに払いすぎることは回避できるが、リース権はほとんど落札できないだろう。いっさい入札はしないという結論になるかもしれない！　しかし、この解決ではあなたには明らかに不満が残り、商売替えでもするしかない。

オークション物件をすべて競争相手に落札させておき、それら企業の株式をカラ売りして儲ける手を試みることもできるが、この戦略にはリスクがある。実際に原油採掘のケースでは、石油価格が急騰し、オークションで高値の入札をした企業の株式も含めて石油株が値上がりした。よりよい解決法は、あなたの新しい知識を競争相手の企業にも分かち与えて、彼らの入札額を下げるよう促すことかもしれない。彼らがあなたの分析を信じれば、オークションは参加者たちの利益になりうるだろう。もちろん、これはずばり、ケーペン＝クラップ＝キャンベルが実行したことである。一般的にオークションの競争相手が十分に合理的でないゲームにおける最適戦略の研究について、経済学者たちはもっと注目するべきだ。

勝者の呪いを知った後でも、呪いが表れる微妙な仕組みを十分とらえきれない場合も、ままある。たとえば、意思決定者たちは想定よりも悪い事態の出来に執拗につきまとわれるという勝者の呪いの第二バージョンに該当する状況を分析した研究では、不確定要素の大きい、なおかつ選択肢の多い決断にはすべて、決定後に意外な事態が起こりうるということが指摘されている。さらに、次のような真実もある。

「新規に人を雇い入れる組織は、面接する採用候補者の数を増やせばそれだけ質のいい候補者が集まるだろうが、候補者たちが雇用主の期待に応えられないケースも増える」

また、企業内における設備投資については、多数のプロジェクトを考慮したうえで二、三のプロジェクトを選んだ場合、現実の純収益は計画より少なくなりがちだという。これは考慮の対象になった全プロジェクトの将来展望になんらバイアスがない場合でもそうなるらしい。

勝者の呪いこそ、認知心理学とミクロ経済学を組み合わせた、最新の行動経済学を用いて修正されるべき問題の基本型である。カギをにぎる重要なポイントは、認知上の錯覚の存在である。錯覚は、実質的に大多数の対象者に系統的な間違いを起こさせる心理作用であり、こうした心理作用の存在はケーペンたちが発見し、その後の研究によっても例証されている。そして、このような錯覚が具体的に出現するところならどこでも、市場の結果が経済理論の予測と異なる可能性はつねにある。

この章を終えるにあたって、ケーペンたちが用意したお告げをここに掲げておこう。

「山カンをたよりに土地でひと山当てようとする者は、結局すべてを失う」

## 第6章 損失回避

THE ENDOWMENT EFFECT, LOSS AVERSION, AND STATUS QUO BIAS

# 手放すものは得るものより価値がある

ワインをこよなく愛する例の経済学者は、以前、おいしいボルドー産ワインを安値で手に入れた。その後、そのワインは評価がぐんと高まり、当時一本一〇ドル以下で買ったものがオークションに出せばいまや二〇〇ドルの値が付くという。くだんの経済学者はこのワインをときどき、ちびりちびり味わって飲んでいるそうだが、競売価格で手放す気はまったくなく、ましてやそんな高値で買い足そうなどとは思ってもいない。

人はしばしば、あるものを手放す代価として、それを手に入れるためになら喜んで支払う額より以上の金額を要求する――こうした思考のパターンは、「保有効果」と呼ばれている。この経済学者の例はまた、サミュエルソン＝ゼックハウザーが言う「現状維持バイアス」の具体例であり、この例では「自分の持っているワインの売り買いはどちらも好まず、現状のままでいたいと思っている」ことを示している。これらの非合理性には、カーネマン＝トバスキーが「損失回避」（ある品物を手放すことから受ける効用損失のほうが、それを取得する効用より大きい）と呼ぶ、価値の非対称性が表れている。

本章では、保有効果と現状維持バイアスの証拠を実例をあげて示し、ついでそれらと損失回避との関係を検討する。

## 保有効果

保有効果の存在を最初に示した実験は次のようなものだった。実験の参加者は、宝クジ一枚か、二ドルの現金のいずれかが渡される。しばらくしてから、被験者一人ひとりに宝クジをおカネと交換する機会、あるいは逆に、おカネを宝クジに交換する機会が与えられた。だが、交換を選んだ者はごくわずかしかいなかった。また、宝クジを渡された者のほうが現金を渡された者よりも、この「保有物」を気に入ったようだ。

この結果は確かに印象的なものではあったが、問題の解決には至らなかった。一部の経済学者は、もし被験者たちが十分に学習機会が得られる市場環境にあれば、そうした行動はとらないのではないかと考え、次のように反論した。

「売り値と買い値の間に乖離が生じた原因は、ふだんならば十分に通用する交渉術を使ったこと、すなわち、買い手は自分が支払ってもよいと思っている『本音の額』より低い金額なら払うと言い、売り手は受け入れ可能な『最低額』より高い額を言うという駆け引きを深い考えもなしに使っていることにある」

その後、「本音の額」と「最低額」の間に見られる乖離は市場環境での経験が増すとともに減少していった、という実験結果も出てきた（ただし、乖離が完全に消滅したわけではない）。問題を明確にするために、私は、ダニエル・カーネマンらとともに、新たに一連の実験を行っている。それは、「保有効果は被験者たちが厳しい市場の波にもまれ、市場原理に直面して学習機会を持てたとき、なおも生き残り続けるものかどうか」に決着をつけようとしたからである。そのなかから、二つの実験結果を次に報告しよう。

最初の実験は、コーネル大学の経済学後期課程を専攻する学生たちに参加してもらい、一連の取引をしてもらった。最初の三種類の取引では、商品引換券のような「価格付きトークン」が取引された。これらの市場においては、被験者たち全員にトークンの価格は教えられるが、金額は一人ひとり異なる。実験参加者の半数がトークンの所有者になり、残りの半数は何も所有しないと設定した。これで、トークンに対する需要曲線と供給曲線が描ける。

参加者たちは、三回連続で開かれた取引市場において、買い手と売り手の役割を交互に演じ、市場ごとに各自の希望する価格を書き留めるよう指示された。実験主催者は、各市場の終了後、参加者全員から記入用紙を回収してただちに、成立した市場決済価格と取引件数を発表した。一連の市場実験が終了するたびに、売り手と買い手のなかからそれぞれ三人を無作為に選びだし、買い手が用紙に記入した価格と成立した取引価格に従って、実験参加の謝礼として現金が支給された。

これらの市場実験には、非合理的な儲けのタネはどこにも含まれていなかった。試行のいずれにおいても、市場で成立した価格は、そこに生じた需要曲線と供給曲線の交点とぴったり一致し、取引の量は理論的に予測された範囲内に収まった。これらの結果が示しているのは「実験参加者たちはその役割についてよく理解していたこと」、そして「ここで用いられた市場メカニズムの取引コストが高くないこと」である。

価格付けが行われた市場が三回繰り返された直後、参加者たちには、コーネル大学のロゴ入りのマグ・カップが与えられた。このマグ・カップは、大学の売店で一個六ドルで売られている。まず、実験主催者から参加者全員に、自分のか隣人のかどちらでもかまわないからマグをじっくり調べるよう指示された。次に主催者は、これからマグを使って市場取引の実験を四回、同じ手順で行うと告げた。ただし、例外を二つ設ける。

①四つの市場実験のうち、事後に無作為で一つの市場を選びだし、そこで行われた取引のみを謝礼の対象として実際に決済する。

②決済義務が生じた市場での取引はすべて決済される。

価格付け市場のときには、市場価格で成立した取引のみが決済の対象になったのとは、ここが異なる。売り手、買い手の役回りは、初めに決めた役割が四回続けられ、交代は行われなかった。決済価格と取引量は、各市場終了後にそのつど発表された。「どの回の市場が実際に取引されるか」は、四回目の市場終了後に指示され、取引はただちに実行された。市場で成立した価格でマグを手放してもよいと意思表示した売り手は全員、マグを現金に換え、買い付けに成功した買い手は、同じ価格の代金を支払ってマグを受け取った。

こうした手順が用いられたのは、連続試行による学習を可能にし、なおかつ、どの回の実験結果もすべて実行に移される可能性を持たせることで、「縛り」をかけるためである。

これに続けて、同じ手順でボールペンを使った市場が連続四回、実験された。ボールペンの入った箱には、文具店での売り値三・九八ドルの値札が貼ってあり、ボールペンは、マグの市場で買い手だった被験者たちに分配された。

経済理論は、これらのマグやボールペンの市場でどんなことが起こると予測しているだろうか。価格が導入された市場において、取引コストが重要でなく、所得効果も無視できる場合、次のような明らかな予測が得られる。つまり、「最も高い価格を付けた参加者が品物を所有するように市場が成立する」ということだ。

さてここで、参加者たちの半数を、マグが大好きな「マグ愛好家」、残りの半数を「マグ嫌い」とした。マグは無作為に割り当てられるのだから、マグ愛好家のおおむね半数にマグが与えられ、半数は与えられない。このことの意味はつまり、「市場においてマグの半数がマグ嫌いから売りに出されて、マグ愛好家へとトレードされるはずだ」ということになる。だが、五〇%という取引量の予測は、実現しなかった。

配布されたマグとペンの数はそれぞれ二二個だったから、予想取引量は一一個である。そして、四回行われたマグ市場での取引成立数は順に、四件、一件、二件、二件。ボールペンの場合は、四件か五件のいずれかだった。どちらでも、四回の試行を通して共通する傾向は見いだせなかった。

取引量が低調となったのは、売り手と買い手がともに、自分の言い値にこだわったからである。マグの場合、持ち主がそれ以下の値段では売りたくないとする言い値の中央値は五・二五ドル。それに対して、買い手がそれ以上は払いたくない買い取り価格の中央値は二・二五～二・七五ドルだった。市場価格は、四・二五～四・七五ドルの間であった。またボールペン市場でも、売り値と買い値の比はほぼ二対一だった。実験は数回繰り返されたが、つねに同じような結果に終わった。つまり、売り手の言い値の中央値は買い手の言い値のそれの約二倍であり、取引量は理論的予測の二分の一以下であった。

この一連の実験に含まれていた別の実験から、低調な取引量の原因が買う気のなさや売り気のなさにあるのかを調べることができる。こちらの実験では、サイモン・フレーザー校の学生七七人が無作為に三つのグループに分けられた。一つのグループは「売り手」として、学校名のロゴ入りマグ・カップを与えられ、〇・二五～九・二五ドルの間に設定された価格表のうちのどの値段なら進んで売るか質問された。第二のグループは「買い手」として、どの値段なら進んで買うか聞かれた。第三グループは「選び手」として、マグは与えられず、そのかわり価格表に示されている値段の一つひとつについて、マグと現金のどちらをもらいたいかを選ぶよう指示された。

ここで、売り手と選び手が、価格ごとにマグかそれと同額の現金のどちらかを選択するという、客観的にはまったく同じことをすることに注目してほしい。にもかかわらず、選び手は売り手ではなく、買い手のような動きを見せた。

期待価格の中央値は、売り手七・一二ドル、選び手三・一二ドル、買い手二・八七ドルだった。これは、取引量が少ない原因が、買い手側の「現金を手放したくない気持ち」よりも、主として、持ち主側にある「一度手に入れた物品を手放したくないという気持ち」にあることを示唆している。この実験では、一回目の実験に認められたごくささやかな所得効果も、売り手と選び手は経済状態が同じであるがゆえに、消滅してしまう。

## 交差する無差別曲線

ミクロ経済学で最初に学ぶことに、「二つの無差別曲線はけっして交差しない」というものがある。この結論は、ある個人がxを所有していて、それを保有するかそれともyと交換するかに無差別ならば、その個人がyを所有しているとき、xと交換することにも無差別でなければならない、という不文律を前提にしている。しかし、損失回避の気持ちが働けば、もはやこの逆転は成立しなくなる。このことは、次のような実験で立証された。

実験対象のあるグループには、中くらいの値段のボールペン五本が渡され、別のグループには、現金四・五〇ドルが渡された。次に彼らに、受け入れても拒んでもよい一連のオファーが示された。これらのオファーは、無差別曲線を描けるよう設定されていた。たとえば、ボールペンの保有者には、

**図6-1　交差する2本の無差別曲線**

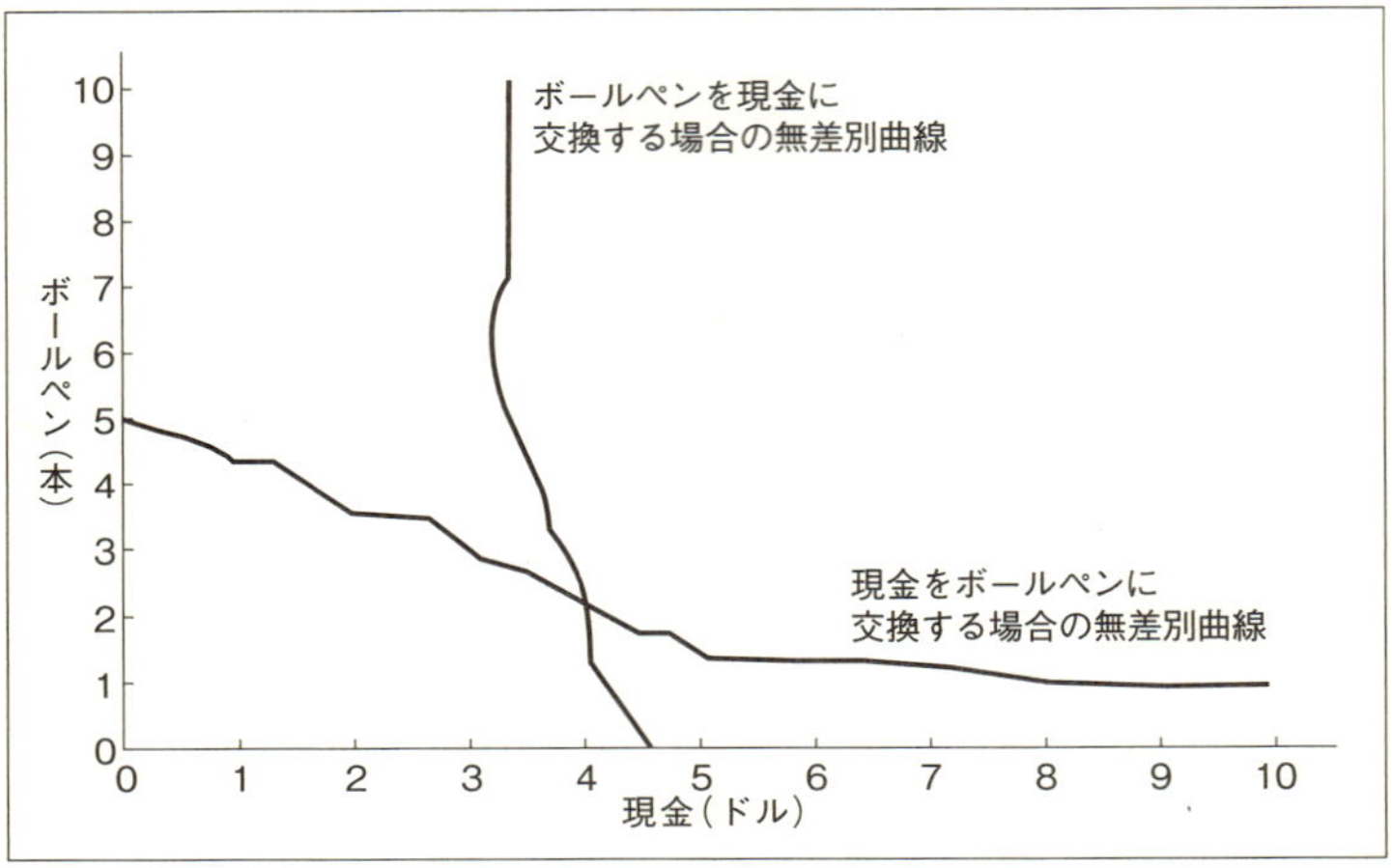


一ドルと交換にボールペンを一本手放すかどうかが尋ねられた。実験が終わったら、受け入れられた提案(最初に渡されたままの状態も含めて)の一つが無作為に選定されて、その者への支払い額を決めた。受け入れられた提案と、拒否された提案の間の交点をプロットすることで、実験参加者一人ひとりについて無差別曲線を推定することができる。

次に、両グループ(最初ボールペン五本を保有するグループと、現金を保有するグループ)それぞれの平均による無差別曲線を描く。図6-1に掲げたグラフがそうだ。二本の曲線は、大きく異なっている。ボールペンの現金価格は、現金でスタートした者たちよりボールペンでスタートした者たちのほうが高かったということである。結果、無差別曲線は交差している。

このような即効の「保有効果」は、どうして生じるのだろうか。持つ者は持たない者より、その物を実際に高く評価するものなのだろうか。

ローウェンスタイン=カーネマンがこの問題を調査

した。あるクラスの学生の半数にはボールペンを与えられ、残りの半数には、六種類のギフトと交換できるトークンが与えられた。次に、参加者全員は、これらの実験の賞品として検討されている六種類のギフトについて、魅力のある順にランク付けするよう指示された。そして最後に、被験者全員に、ボールペン一本とチョコレートバー二枚のどちらを選ぶか答えてもらった。

以前の実験で見られたのと同じように、今回も保有効果がはっきりと認められた。初めにボールペンを与えられた者の五六％がボールペンを選んだのに対し、そうでなかった者ではわずか二六％しかボールペンを選ばなかった。しかし、魅力度ランキングでは、最初にボールペンをもらった者たちもとくにボールペンを欲しがる傾向はなかった。つまり、「保有効果は、所有している品物の魅力よりも、主としてそれを手放す苦痛を強めるほうに働いている」ということである。

## 現状維持バイアス

人は現状のままでいたいという強い願望を持っている。それは、現状を変えることの不利益のほうが利益よりも大きいと思えるからである。サミュエルソン＝ゼックハウザーは、損失回避の一例として、彼らが「現状維持バイアス」と名付けたこのような効果を実証した。ある実験において、被験者たちには次のような「中立的」な、つまり現状維持できない状況設定の下で一つの選択をする課題を与えられた。

あなたはふだんから金融記事を熱心に読んでいるが、つい先頃まで、投資資金はほとんど持っていなかった。先頃までというのは、大叔父から大金を相続することになる以前のことである。さて、あなたはその金の投資先として、さまざまな資産によるポートフォリオを検討している。投資対象として、リスクのまあまあ低い企業（の株・社債）、ハイリスクな企業（の株・社債）、国債、地方債をどう組み合わせるだろうか。

他の被験者たちにも同じ問題が出題されたが、こちらは選択肢の一つとして現状維持を選べるように設定されていた。こちらの課題文は、同じ書き出しの文章の後、次のように続く。

……大叔父から現金と有価証券で組み合わされた資産を相続することになったときのことである。このポートフォリオのかなりの部分は、リスクの低い企業への投資が占めている……（ポートフォリオの内容変更にともなう取引税と手数料は無視する）。

すべて同じ基本設定で、さまざまなシナリオが実験された。異なる設問のすべてを集計することで、現状維持のとき、あるいは現状維持に対する代替案であるときなど、ある選択肢が選ばれる確率（可能性）を予測することができた。それは中立的な設定の下でどれほどの頻度で選択されるかを示す関数である。それによると、現状維持案の選択が明らかに多いことがわかった。また、現状維持の有利性は、代替案の数が増えるにつれて増大することもわかった。

現状維持バイアスについては、米カリフォルニア州の電力消費者調査のデータでも確認された。消費者は、サービスの信頼性と料金に対する選好について質問される。回答者には、彼らの答えは将来、会社が施策を決める際の一助となるだろうと告げられた。回答者は二つのグループに分かれ、一方のグループは、もう一方に比べてより高いサービスを求めるグループであった。両グループともに、サービスへの信頼性と料金の六種類の組合せで示された選択肢の中からどれを選好するかを、その理由とともに述べるよう指示された。六つの選択肢のうち一つは、現状維持と見られる選択肢である。結果は、現状維持バイアスが存在することを証明していた。

高信頼グループでは、六〇・二%が現状維持を第一位に選んだのに対し、現在もう一方のグループの人たちが受けている低信頼オプションを選ぶと答えたのはわずか五・七%だった。この選択には料金を三〇%引き下げるという条件が付いていたにもかかわらずである。しかし、低信頼グループでも、低信頼の現状維持がたいへん気に入られていた。五八・三%が現状維持を第一位に選んでいる。このグループでは、料金率の三〇%引き上げを伴う高信頼条件を選択したのはわずか五・八%にすぎない。

期せずして、ニュージャージーとペンシルベニア両州の州当局によって、現状維持バイアスに関する大がかりな実験が行われた（当局者たちの目的は、実験ではないのだが……）。この二州ではいま、二つのタイプの自動車保険を提示し、そのどちらかを選択させようと試みているところだ。より料率の安い訴訟権制限条項付きの保険と、料率の高い訴訟権を制限しない保険の二種類である。

ニュージャージー州のドライバーたちには、従来、訴訟権を行使しない保険が提供されており、高い料金を払えば訴訟権制限なしの保険を買うこともできる。このオプションが実際に利用され始めた一九八八年以降、ドライバーの八三％がオプション付きを選択するようになった。一方、ペンシルベニア州の一九九〇年法では、基本的に訴訟権制限のない高い料率が設定されており、それより安い料率の保険を買う選択肢も与えられている。

「法制によるこうした巧妙なコントロールは、どのような影響力を持ちうるか」という問題を研究したハーシーたちは、二つのグループを対象にニュージャージー方式とペンシルベニア方式の二種類の保険のうちどちらに加入するかを選択してもらった。一方のグループはニュージャージー方式が、もう一方のグループはペンシルベニア方式が提示された。ニュージャージー・グループでは、わずか二三％の人たちが訴訟権付きを選んだのに対し、ペンシルベニア・グループでは、五三％の人たちが従来どおり訴訟権付きのままとした。ハーシーたちはこの調査結果に基づいて、ニュージャージーの住民たちよりペンシルベニアの住民たちのほうがより多く訴訟権付きの保険に加入することになろう、と予測している。予測どおりになるかどうかは、時間が判定を下すだろう。

最後にもう一つ、現状維持バイアスが存在することを想起させる例が、ジャーナル・オブ・エコノミック・パースペクティブ誌のスタッフから寄せられている。編集者カール・シャピロのコラムのなかに、次のような珠玉のコメントがあった。

「読者もきっと知りたくなると思われる内輪の話をご披露しよう。全米経済学会（ＡＥＡ）が会員たちに送り付けている三種類の学会誌のうち、講読を中止したい一誌を選ばせてその分だけ会費を安くする案を検討していたときのことである。この決定にかかわった著名な経済学者たちの頭の中には、もし三種の学会誌すべての講読を標準設定にしておけば（二誌のみが義務付けで、三誌すべての講読には別料金が課されるわけではない)、一誌の購読中止を選択する者の数は減るはずだ、という考えがあったことは明らかである。いまここで取り上げている対象者は、ほかの誰でもない。その名も高き正真正銘の経済学者たちなのだ」

## 損失回避

前節で検討したいくつかの観察結果をはじめ、多くの事例が損失回避の概念によって説明できる。この概念の核心は何かといえば、次のようなことになろう。

つまり、「この種の選択では、効用の重要な決め手は富の有無や多寡あるいは幸福度にあるのではなく、中立的な参照基準点からの差異(ないしはその変更)にあると仮定すれば、最もうまく説明できる。もう一つの重要な結論は、物事を悪化させる(つまり、損失を生じさせる)ような変更は、物事を良くしたり利得を生む変更に比べてより重大に見える」ということである。

選択についてのデータが示すように、価値関数の傾きは原点において急激な変化を示す。座標平面上の価値関数の傾きは、マネーの利得が小さいかあるいはまずまず妥当であることを表す領域と、損失(資金の流出)を表す領域では、原点を境にほぼ一対二になる。なお、典型的な価値関数は、図6-2に示したようになる。

この考え方をごく自然に拡大して、リスクのない選択にまで適用すると、売り買いその他の取引におけるその選択肢を選んだ理由もまた、中立的参照基準点から見た利得と損失として評価できる。こ

図6-2　典型的な価値関数

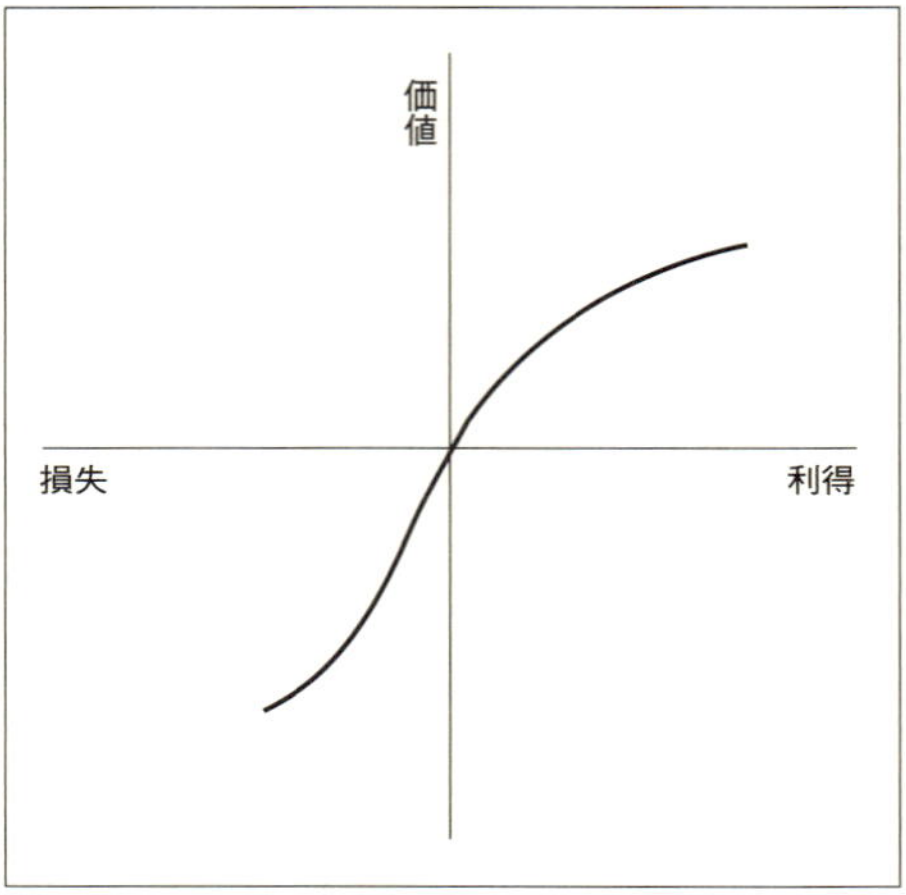


の評価方式を作図したのが、図６－３である。意思決定者は、図のＡ点とＤ点のどちらかを選ぶことができる。点Ａは、保有する財貨Ｙは多く、財貨Ｘは少ない状態を示す。点Ｄは、その逆で財貨Ｘが多く、財貨Ｙは少ない状態である。図には、四つの異なる基準点が示されている。基準点をＣにとると、各人はいずれも利得の大きい二つの点から選ぶことになり、基準点をＢにとれば、いずれも損失をこうむる二つの点から選ぶことになる。そして、基準点がＡまたはＤのときは、利得を増やすか損失を減らすか、どちらにするか選択を迫られることになる。

具体例で見てみよう。いまＹがマグ・カップ、Ｘが現金だとすると、マグ実験における売り手、選び手それぞれの参照基準点は、ＡとＣということになる。損失回避が働けば、マグを所有している状態と所有していない状態の開きは、Ｃ点よりＡ点からのほうが大きくなる。これはとりもなおさず、こうした条件の下で被験者たちがマグに異なった金銭的評

**図6-3　A-D間の選択におけるさまざまな参照基準点**

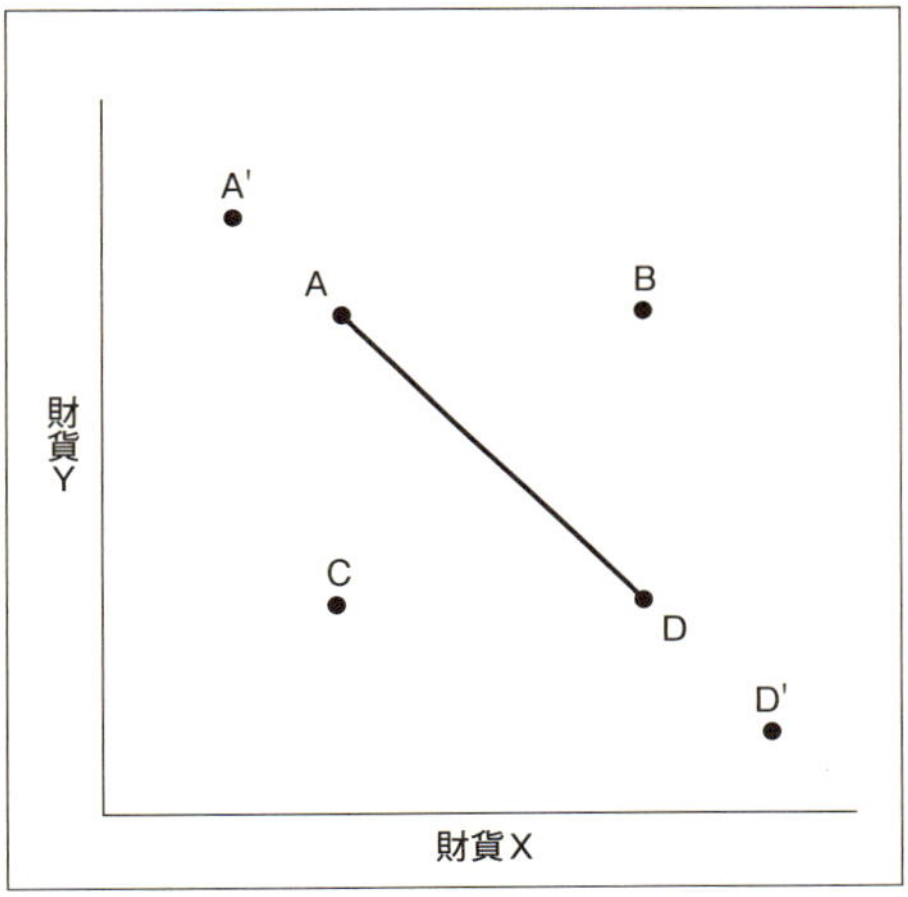


価をする理由を説明していることになる（トバスキー＝カーネマンは、参照基準点と損失回避の概念を導入して、これを包括的な消費者理論にまとめあげた）。

一般に、与えられた二つのオプションの間に生じる評価の差は、二種類の有利さの大小を比較するときよりも、不利の大小を比較したときのほうが、大きな影響を受けるようだ。現状維持バイアスは、こうした非対称性の当然の結果である。すなわち、「現状を変更する不利益は、得られる利益よりも大きく見える」ということである。

しかし、利益と不利益の受け止め方の相違は、現状維持というオプションがないときでも、実証が可能である。その一例として、トバスキー＝カーネマンの次の問題を考えてみることにする。

職業訓練の一部として、あなたはいまパートタイムの仕事に就いて実習していると思ってください。その訓練期間がまもなく終わる予定なので、就職先を探さなくてはなりません。対象となる候補の仕事は二つあります。どちらも、いま実習中の仕事にほぼ似ていますが、人との接触量と通勤の便利さには差があります。二つの仕事を相互に比較するため、また現在の仕事とも比べられるように、左のような表を作ってみました。

| 仕事 | 人との接触 | 通勤時間 |
|---|---|---|
| 現在の仕事 | 長時間隔絶される | 10分 |
| 仕事A | 接触が限定される | 20分 |
| 仕事B | 適度な交流がある | 60分 |

仕事Aと仕事Bの選択は、通勤時間は有利だが人との接触では条件が悪い現在の仕事を基準とし、比較して評価される（図6－3のA'に相当する点）。これとは別の設問では、選択肢AとBは同じだが図中D'点に相当する「人間関係は快適だが、毎日の通勤に八〇分かかる」仕事を、基準とした。仕事Aを選んだ回答者の割合は最初の設問では七〇％に達したが、二番目の設問では三三％だった。実験参加者たちは、それぞれ設定した基準点に対して損失を受ける側により敏感になっている。

## 高額の損失回避コスト

売りたい値段と買いたい値段の開きがあまりに大きすぎる場合には、ありふれたタイプの損失回避では説明しきれないことがある。たとえば、私はある実験で、実験参加者たちに次のような設問をぶつけた。

「あなたは、まれに見る致命的な病気に感染する可能性にさらされており、一〇〇分の一の確率で二週間以内に苦痛を伴わずに急死する危険に直面している。いますぐ必要なワクチンを買うためにいくらなら支払う気があるか、答えなくてはならない」

そして同じ対象者たちに、さらに別の設問に答えてもらった。

「一〇〇分の一の確率で苦痛なく急死するという危険性がある医学実験に参加するとすれば、補償金をいくら要求するか」

大多数の参加者にとって、この二つの金額は何桁もの大差がつくものとなった。

より現実に近い設定でも同様の効果が認められている。

ショッピング・モールと雑貨店に来ていた客から選ばれた人たちに対して、つくりものの殺虫剤のカンを見せ、自分で使ってみるかどうか、よく品物を検討するよう指示を与えた。この殺虫剤の価格は現在一〇ドルで、この殺虫剤はすべて、使い方を誤れば皮膚に炎症を引き起こすという情報が与えられた（幼児のいる家庭向けには、炎症の代わりに子どもが中毒症を起こすとした）。現在の誤用事故発生のリスク水準は、販売本数一万本当たり一五件であると伝えられた。回答者たちは、リスクをゼロにする、ないしは減らすためにいくらなら払う気があるか、「本音の額」を申し出るよう指示された。

幼児のいない家庭の者たちの、危険を二つともなくすために払ってもよいと思う額は、平均で三・七八ドルだった。また、回答者たちは、「一万分の一ずつ高くなるリスクを受け入れる条件として、いくらの値引きを要求するつもりか」を述べるよう要請された。

結果は劇的なものだった。なんと七七％の回答者が、「このような条件であれば、わざわざお金を払ってまでその製品を買うことはいっさいない」と、買うことを拒否したのである。

これらの研究結果に現れた、「最低額」（あるものを手放すときに要求する金額）と「本音の額」（入手したいときに支払おうとする金額）の著しい乖離は、おそらくは、単に現存するリスクを減らすだけかあるいはゼロにし損なうのとは対照的に、追加的リスクを自発的に引き受けるのに伴う大きな責任コストとの差を反映しているのだろう。積極的にかかわったことの責任と、消極的にかかわらなかったことの罪悪感が等しくないという非対称性は、法理論の世界ではよく知られている。そして、責任に対する法的判断の影響は、心理学の研究によって確認されている。この非対称性は、不幸な出来事の後で責任と後悔の両方を生じさせる。そして、責任と後悔への不安が、次の行動に影響を与えることがありうるのである。

さて次のようなケースでは、倫理観が絡んでくる。買い値と売り値の間に大幅な乖離が観察される状況において、費用対効果分析をして環境への配慮をどう評価するか（どこまで環境に優しくできるか）、ということだ。

仮定の話として、米国娯楽産業の大手、ディズニー・コーポレーションがグランドキャニオンを買い取って、ここに世界最大のウオーター・スライドを持つ公園を建設する提案をしているとする。さて、このアイデアの利益はその費用を上回るかどうかを、私たちはどうやって知ることができるか。

現状がどうなっているかによって、質問の仕方は二つある。一つは、現状はテーマ・パークがない場合、新しく建設することに合意するには最小限いくらなら受け入れるか（「最低額」）を、人びとに聞く。もう一つは、ディズニー社が権利をすでに持っている場合で、その権利を買い戻してテーマ・パークの建設を阻止するにはいくらまでなら金を出すつもりがあるか（「本音の額」）を聞くことにする。

すでに、きれいな空気や、公園の維持管理についての一般調査で、この両タイプの質問はよく使われている。調査のほとんどで、「最低額」は「本音の額」を大きく上回っている。そして、この額の差のみが、この話のすべてではない。この論文を綿密に検討した二人の観察者は、こう述べている。「『最低額』を聞く質問を用いた研究調査では、『売るのは、断る』とか、『これに同意するのなら、いくらになるか見当もつかないくらいのきわめて高額の補償が欲しい』といった、抗議の回答がかならず多数寄せられる。（質問を真っ向から否定するような）抗議回答が、五〇％を超えるケースも少なくない。このような極端な反応は、地域社会が原子力発電所やゴミ処理施設の建設受け入れといったような新しいリスクに直面したときにしばしば見受けられる怒りの感情を反映している」

候補地の地域社会への補償提案は一般的には買収と受け止められ、役立たないことが多いのである。

## 公正と正義の裁定

保有効果が意味することの一つとして、「人びとは機会利得の減少を、自分の『ポケットから支払う』費用とは異なる扱いをする」というものがある。実現しそうであったが見送られた利得は、実際にこうむった損失より苦痛は軽い。こうした認識は、公正な行動を判断する際に強く現れる。

カーネマン＝クネッチ＝セイラーは、この説の正しさを裏付ける調査結果を示している。カナダのトロントとバンクーバーの住民から抽出した調査対象者たちに対して電話による聞き取り調査を行い、ある特定の経済行動を「公正」と思うかどうか、に関して一連の質問をした。

いくつかのケースでは、文章表現を変えた同じ内容の質問を、別の回答者グループに答えてもらった。質問ごとに、回答者にはその経済行為が、①申し分なく公正、②まあまあ公正、③やや不公正、④きわめて不公正、のどれに当たるかを判定してもらった。結果を報告書にまとめる段階で、肯定的な最初の二種類の回答を「容認できる」に、後の二種類を「不公正」にそれぞれ分類した。公正さの認識は、質問の文章に「利得の減少」と表現されているか、「現実の損失」と表現されているか、その記述の仕方に強く影響されている。例を見てみよう。

**質問1a**　ある人気車種が品薄になった。注文した車が客に届くまで数カ月待たされる。販売店は、これまで表示価格で売ってきたが、ここへきて表示価格を二〇〇ドル引き上げている。

（人数＝一三〇　容認できる――二九％、不公正――七一％）

**質問1b**　ある人気車種が品薄になった。注文した車が客に届くまで二カ月待たされる。販売店は、これまで表示価格より二〇〇ドル安く売ってきたが、ここへきて表示価格どおりの値段で売っている。

（人数＝一二三　容認できる――五八％、不公正――四二％）

上乗せ価格を課すのは（損失と受け止められがちだ）、値引きの取り消し（利得の減少）より不公正だと思われてしまうのである。一般に、クレジット・カードでの支払いには、現金払いより高い価格を付け、カード価格を割増価格とは言わず、現金価格を割引価格と称する理由は、この差で説明がつく。

「損失には厳しく反応し、見送られた利得に対しては軽い反応を見せる」という、受け止め方の差によって、インフレ期に実質賃金の切り下げが容易な理由も説明できるかもしれない。次の質問を見てもらおう。

**質問2a**　利益を少ししか上げていない企業がある。この企業の属する地域はいま、かなりの失業を伴う景気後退のさなかにあるが、インフレはない。会社は、今年七％の賃下げを決めている。

（人数＝一二五　容認できる――三七％、不公正――六三％）

**質問2b** 利益を少ししか上げていない企業がある。この企業の属する地域はいま、かなりの失業と一二%のインフレを伴う景気後退のさなかにある。会社は、今年五%に限って賃上げを決めている。

(人数=一二九　容認できる——七八%、不公正——二二%)

これは、実質七%の賃金カットを（一二%のインフレ率の下で名目五%の賃上げでは、実質七%の賃金引き下げになる)、「名目賃金の引き上げ」と表現すれば、まあまあ公正である、と判断されるが、「賃下げ」と表現すれば、きわめて不公正、と判断されるケースである。

専門家ではない一般大衆の公正さに対する態度は、ここに示した公正さに関する質問への回答に表れているとおりだ。だが、それはまた、裁判官たちが下す判断にも広くゆきわたっている。かつて、最高裁判事オリヴァー・ウェンデル・ホームズは、この原理について次のように述べている。

「これは、人間精神の本性に由来するものなり。長く自分のものとして享受し用いきたるものは、家産であると意見であるを問わず、あるいはそれを所有するに至った経緯にかかわらず、己の存在に深く根を下ろしているゆえに、無理にもそれを引き離そうとすればかならずやその挙に憤慨し自己防衛せざるなし。法は、人間性の最深淵なる本能に勝る弁護を求めること能わず」

コーエン=クネッチは、「現実占有は九分の勝ち」という古い諺に盛り込まれているこの原理が、多くの裁判官の見解に反映されていることを示した。

たとえば、民事裁判で裁判官たちは、「支払った費用の損害」と「予定していた利益の逸失」を明確に区別する。ある訴訟判例で、被告のトラックから積み荷の梱包物が五、六個落下して電柱に当たり、原告の工場への送電が止められた案件について、原告は「実体ある出費」と考えられる従業員への支払い済み賃金については弁済請求権を認めさせることができたが、単に「収入を得るための機会を奪われた結果にすぎない実体のない損失」である逸失利益については、請求権が棄却された。

同様の識別が、契約法においてもなされる。契約に反する行動をとった者は、それが損失回避ではなく、契約締結時にあらかじめ想定しえなかった利益を得んがためとされて、原契約の遵守を命じられる公算が大きい。

## 解説

## この考え方は私たちに託された「保有物」である

経済における「例外」が標準的な理論に反しているのは、そもそも標準的な仮説に反するがゆえにそれらの現象が例外と呼ばれるという、まさにその定義の本質に根ざしている。さて、次の疑問は、この問題にどう対処するかを問うものである。

多くの場合、事実に適合するように理論を修正するための明確な方法はない。その理由は、知られていることがわずかすぎるか、あるいは変更すれば理論を大幅に複雑化し予測能力が損なわれるか、のどちらかであるからだ。「保有効果」「現状維持バイアス」「損失回避」と名付けられた例外は、理論の修正が必要であることに加えて、どこをどう直せばよいかもハッキリしている、どちらかと言えばまれなケースかもしれない。

ことは、些細な修正ではすまない。選好順位は安定しているという重要な概念は捨てねばならないし、それに代えて、現実的な選好水準を基準とした選好順位をとり入れなければならない。この修正された選好理論は、「現状維持」に特別の役割を持たせることになり、安定性、対称性、可逆性といった、データによって誤りであることが実証された標準仮説は、排除されることになるだろう。

そして、これらの修正作業を行うことは、問題なく可能である。「選好理論を参照基準の水準に見合う無差別曲線に広く一般化する方法は、単純明快である」と、トバスキー＝カーネマンは言っている。結果の評価における参照基準点を決定する要因についての理解は、かなり進んでいる。すなわち、現状維持の役割、そして保証されている権利と期待の役割などのファクターに関しては十分に確立されているので、個別分析のなかでこれらを参照基準の水準設定に利用することができるようになっている。

サミュエルソン＝ゼックハウザーが指摘するように、現状維持バイアスを無視する合理的モデルは、「現実世界で観察されるより大きな不安定性」を予測しがちである。付け加えるべきは損失回避を無視するモデルの例で、この場合、現実世界で見られる以上の対称性と可逆性を予測するために、利得に対する反応の度合いと、損失に対する度合いには大きな差異があることを無視してしまうのだ。

たとえば、価格を上げたときと下げたときの反応は、かならずしも同軸対称ではない。損失回避が働いている可能性が示唆するところをさらに一般化して言うならば、経済的変数の変化に対する反応をどう取り扱うかの問題には、日常的にそれらの変化が望ましい変化であるか、それとも望ましくない変化なのか、を機械的に分けて対処しなくてはいけない。このような区別をとり入れれば、複雑さが増すとは言え、予測の精度を高めることになるという、それなりに許容できる利点が得られるだろう。

この今日的な課題に一〇年以上取り組んできた私たちは、保有効果、現状維持バイアス、損失回避は、どこにでもあり、かつ重要な事象であると確信する。であればこそ私たちは、改めてこの考え方が私たちに託されたものの一部にほかならないことを認め、この考えにこだわり続けその必要性を唱え続けていくべきだ、と考えるのだ。

（共同執筆／ダニエル・カーネマン、ジャック・L・クネッチ）

# 第7章 選好の逆転現象

# 選好の順位付けはプロセスのなかで構築される

PREFERENCE REVERSALS

中東のある国の運輸大臣から、その国の高速道路の安全対策についての助言を依頼されたコンサルタントであるあなたは、依頼の内容にとても興味をそそられている。

現在この国では、年間約六〇〇人が交通事故で命を落としており、犠牲者の数を減らす対策として二つの案が検討されているという。A案なら、犠牲者の数を年間五七〇人に減らせると期待され、年間経費は一二〇〇万ドルと見積もられている。B案だと、犠牲者の数は年間五〇〇人に減るものの、経費は年に五五〇〇万ドルかかる。

そこで、あなたはさっそく、二つの世論調査機関に依頼することにした。まず一つの会社が、市民グループにどちらの案を好むか尋ねた。回答者の約三分の二が、救われる人命当たりのコストは高くてもより多くの命が助かるB案を好んでいることがわかる。

もう一つの世論調査会社は、「マッチング」と呼ばれる手法を用い、回答者にB案のコストに関する情報は伏せておき、その他の情報は両案ともすべて示すことにする。そして、こちらのグループの回答者たちには、両案が等しく魅力的になるようなコストの額を述べてもらう。調査会社の考えでは、回答者がどちらの案を好んでいるかが回答から推定できるはずである。

つまり、コストが五五〇〇万ドル以下であれば、A、Bどちらの案でもかまわないと答える回答者は、実はB案よりA案を好んでいるということになる。これに対し、五五〇〇万ドル以上のコストがかかってもかまわないと答える回答者は、実はA案よりB案を好んでいるということになる。しかしこの調査では、実に九〇パーセント以上の人が五五〇〇万ドル以下のコスト額を示したという。この結果から、彼らはB案よりA案を好んでいたことになる。

このパターンは、確かにとても紛らわしい。人びとは、一対のオプション（選択肢）のどちらかを選ぶよう言われたとき、明らかに圧倒的多数がAではなくBを選ぶ。しかし、これらのオプションに値段を付けろと言われると、圧倒的多数が、BよりAを選好するのと（実質的に）変わらない値段を付ける。実際、最初の調査会社が用いた単純な選択回答方式の結果から引き出される人命の想定価格は、もう一つの調査会社が用いたマッチング方式から引き出される価格の二倍以上になっている。

くだんの運輸大臣にどう答申したらいいものか。あなたは、スタッフ・ミーティングを開くことにするが、会議では調査結果に対するさまざまな解釈が飛び出す。「世論調査会社のどちらかが間違ったかもしれない」、あるいは、「中東では人びとが、人命の値段にまつわる問題を真っ正面から考えることができないのかもしれない」……。しかし、一人のスタッフから、調査は両方とも信頼に足るものだ、という指摘が出る。その根拠は、数名の心理学者の最近の調査研究でも、まったく同じようなパターンの結果が出ているからだという。この調査は、就職希望者や消費者向け製品や預貯金商品などの幅広い問題についてなされていた。

心理学者たちの結論は、こうである。

「現代の意思決定理論の根底をなす選好という概念は、隠れている意識を探ろうとしてさまざまに異なる方法を用いれば、異なる順位付けを系統的に引き起こすことが多く、経済学者たちが通常考えている以上に問題である」

さて、そろそろ、大臣がお待ちかねですよ。

ここ二〇年近く、経済学者と心理学者たちは、リスク予測にまつわる矛盾や不一致にたいへん興味をそそられてきた。

たとえば実験参加者たちにまず、ほぼ同等の期待価値を持つ二種類の賭けのどちらかを選ばせる。Hの賭けは、少額の賞金を獲得できるチャンスが多い（たとえば、四ドル当たる確率が九分の八）。

もう一方のＬの賭けは、多額の賞金を獲得できるが、チャンスは少ない（たとえば、四〇ドル当たる確率が九分の一）としよう。大部分の実験参加者は、Ｈの賭けを選ぶ。そこで次に、彼らは二つの賭けそれぞれに値を付けるよう求められる。具体的には、それぞれの賭け札を自分が所有しているとして、いくらなら売ろうと思うか、その最低価格を述べるよう求められる。驚いたことに、大部分の実験参加者が、Ｌの賭けに高い値を付ける（とくに、この二種類の賭けを使った最近の実験の一つでは、実験参加者の七一パーセントがＨの賭けを選んでおきながら、なおかつ六七パーセントはＨよりもＬに高い値を付けている）。

こうしたパターンは、「選好の逆転現象」と呼ばれる。リキテンスタイン＝スロヴィックは、一連の調査でこの逆転現象を立証した。その調査は、アメリカ西部、賭博で有名な街、ラスベガスのフォー・クィーンズ・カジノの賭場において、実際に現金を賭けてギャンブラーたちを対象に行われた。

リキテンスタイン＝スロヴィックは、偶然にこうした結果に出くわしたのではなかった。二人はすでにそれ以前の調査で、賭け札の売り値買い値ともに、当たる確率よりも払い戻しの賞金額にはるかに高い相関関係があるのに対して、賭けのなかからの選択（および、その魅力度の評価付け）は、賭けの額よりも当たり外れの確率との相関関係のほうがずっと高い、ことを観察していたのである。彼らは、「選好順位を引き出すために用いられた方法が賭けの構成要素の評価に影響を与えるのであれば、二種類のセットになっている賭けの一方を選択した者が、もう一方の賭けに高い評価額を付けることもありうる」と考えた。そして、この推論が当たっていることが実験で証明されたのである。

選好の逆転現象は、経済学がこれまであまり取り上げてこなかった問題を提起している。その問題とは、「選好理論をいかにして現実に利用可能にするか」である。一般に、選択Bが可能なときに選択Aが選ばれる、あるいはBよりAにより高い価格が付けられるときに、BよりもAが選好されているという。選好理論による標準的な分析は、いかなる処理手順でも、同じ順位付けが（必然的に）引き起こされることを前提にしている。この必要条件（手順の不変性、と呼ばれる）が明確な原理として現れることはまずないが、選好関係が十分に定義されていることは確かめる必要がある。

手順の不変性は、何も選好理論の研究のみに限らない。たとえば、ある物質を比較計量するとき、天秤ばかりもしくはバネばかりを用いてどちらが重いかを決定することができる。そして私たちは当然、この二つの計量法はともに同じ結果を示す（同じ順位付けを示す）ものだと考える。ところが重量とか長さのような物理的属性とは違い、選好順位というものは、それを調べるための調査手法が変われば、しばしば系統的に異なる順位付けを引き起こすのである。

経済学者たちに選好の逆転現象を初めて提示したのは、グレザー＝プロットである。彼らは、一連の実験を、いわゆる「経済学に応用された心理学者たちの仕事の信憑性を失墜させようとして」、これを試みたのである。二人は最初に、選好の逆転現象が経済理論には当てはまらないことを示す一三件の事象を一覧表にまとめて示した。そのリストには、弱い動機、所得効果、戦略的対応が入っているが、問題は、実験を行ったのが心理学者たちであるという事実であった（したがって、特異な行動を引き起こすことになったのではないかという疑念を生じさせた）。彼らは、さまざまな方法で選好の逆転現象を取り除こうと試みた（たとえば、特別のインセンティブ・システムを用いるなど）が、その効果はなかった。

実際、選好の逆転は、仮定の問題に純粋に取り組んでいた実験グループよりも、金銭インセンティブを与えられて回答する実験グループのほうで、より頻繁に見られた。その後に、心理学者たちと経済学者たち双方が行った、幅広く手順を変えた実験の結果からも、同じ結論が出た。これらの実験によって、選好の逆転と認められる現象が確実に偏在することは確かめられたのだが、その解釈や説明はその後も不明確なままである。

さて、ここでいくつかの文字記号を用いてこの問題を定式化することにする。$C_H$と$C_L$はそれぞれ、H（勝つチャンスが高い賭け）とL（勝つチャンスが低い賭け）に対する金銭による評価額（つまり最低売却価格）を表し、［$\succ$］は厳密な選好、［$\approx$］は無差別を表すものとする。

LよりもHのほうがより多く選好されるのに、LはHより高い値が付く場合に選好の逆転が起きているということになる。これを式に書き表せば、$H \succ L$、そして$C_L > C_H$になる。ここで、不等号$\succ$が、選択肢の選好度を示しているのに対し、不等号$>$のほうは金額の大小を示している。つまり、選好の逆転が起きるということは、選好順位に一貫性がない（非推移性）か、あるいは手順の不変性が働かないか、もしくはその両方であるということだ。

さて、もし手順の不変性が働くなら、意思決定者がBの賭けとXドルの現金のどちらを選ぶかに無差別であるのは、Bの評価額とXが等しいときだけに限られる。すなわち、$C_B = X$である。したがって、手順の不変性が成立するとすれば、次の式に表されるような選好の非推移性は選好の逆転を示すという意味になる。

$$C_H \approx H \succ L \approx C_L \succ C_H$$

式中の二つの不等号≻は想定される選好の逆転の結果を表しており、同じく二つの波形等号≈は手順の不変性の結果を表している。

手順の不変性は一般に当然のことと考えられているから、多くの論文執筆者は、「選好の逆転は非推移性にある」と解釈してきた。また一部には、この現象を説明するために非推移性を前提にした選好モデルを提案する者もいる。しかし、選好の逆転は、循環的選好を意味するものではない。なぜなら、手順の不変性が成立しなければ、選好の逆転と推移性が矛盾しないケースがあるからだ。

標準的な選好の逆転現象を生じさせるのは、選好と価格付けの両方に見られる二種類の乖離であろう。つまり、Hを選好するもののLに高い値を付けているのは、Lに高値を付けすぎるか、またはHに低い値を付けすぎるか、のいずれかによる。Lに高値を付けすぎているのが明らかになるケースは、意思決定者に別の機会が与えられたとき、賭けそのものよりも賭けに対する評価額のほうを選好するときである（すなわち、$C_L \succ L$）。Hに低い値を付けすぎているのが明らかになるのは、意思決定者が別の機会に直接選択するとき、賭けの価格よりも賭けそのもののほうを選好するケースである（すなわち、$H \succ C_H$）。

高値、あるいは低値を付けすぎるという表現は、価格設定と選好の間の不一致を表現するための単なる言い方にすぎない。したがって、このような表現は、人の選択が「真の」選好を表しているという意味でも、価格付けのなかにバイアスが潜んでいるという意味でもないのだ。

選好の逆転現象の第三番目の説明を実験する手法に、ペイオフ（現金払い戻し）方式がある。これは、実験参加者たちが等価な現金価格を慎重にしかも正直に示すことを狙っている。考案者たちの頭文字をとってBDM方式と呼ばれる方式が使われることが多い。

実験参加者が、ある賭けの評価額を書き留めた後、無作為の手順によって設定された価格が提示される。実験参加者たちは、提示額が自分の書き留めてある売り値を上回ればそれを受け入れ、下回れば賭けを実行する。したがって、書き留めてある価格は、実験参加者たちが賭けを実行するか、現金を受け取るかを決めるだけの役割を果たすにすぎず、実際の現金価格を決定するものではない。実験参加者たちが理論の仮定どおりに効用最大化を図るなら、そのかぎりにおいて、このペイオフ方式は現実的な行動のインセンティブになじむ。つまり、評価額を、当人の望む実際の現金価格からかけ離れたものに設定しようとするインセンティブはまったくない。

しかし、もし意思決定者が、期待効用理論の独立性（あるいは逓減）原理に従わないのであれば、BDM方式ではもはや、書き留めておいた評価額が賭けの現金価格であるとすることはできない。実際、BDM方式の下で観察された選好の逆転は、一般化された非線形確率をとり入れた期待効用理論に矛盾なく整合する結果も示されている。

そんなわけで、いま私たちは選好の逆転について三つの解釈が可能である。選好の逆転が起こるのは、選好の推移性、手順の不変性、独立性原理の三つへの背反が原因していると考えられる。

どの解釈が正しいかを検証するためには、私たちはここで二つの問題を解決しなければならない、第一に、実験を行う際に、選好が非推移であることと、手順の不変性が働かなかったことを明確に区別できる手法が必要である。第二に、期待効用原理に依存せず、しかもインセンティブを損なわないペイオフ方式が必要である。そしてこの二つの必要条件は、最近のトバスキー＝スロヴィック＝カーネマンの研究によって満たされた。

非推移性による説明と手順の不変性による説明を峻別するために、彼らは、標準的な賭けHとLのほかに、これらと対比できる現金価格Xを組み合わせた実験を新しく設計した。それによって、実験参加者たちが三要素（H、L、X）中の二要素の組合せのいずれを選好するかを分析した。実験参加者たちはまた、次に述べる方法を用いて二種の賭けにそれぞれ対応する現金価格$C_L$と$C_H$を示した。

標準的な選好の逆転パターン、すなわち前もって明示された現金価格Xがこの実験参加者たちの申し出た$C_L$と$C_H$の間に収まるように設定されたパターン（H≻Lかつ$C_L > X > C_H$）に実験の条件を絞ることによって、それが非推移性によって生じたのか、Lに高値を付けすぎたために生じたのか、Hに低い値を付けすぎたためなのか、あるいはその両方のせいなのか、選好の逆転現象のパターンの原因を一つひとつ突き止めることができる。

たとえば、実験参加者たちが、L≻XかつX≻Hと意思表示しているなら、彼らの選好は非推移的である。なぜなら、私たちはいま、H≻Lのケースに限って注目しているからだ。反対に、実験参加者たちがLの賭けに高い値を付けすぎているならば、彼らの反応パターンは、X≻LかつX≻Hとなるだろう（実験参加者たちは、Xに付けるよりも高い値をLに付けるだろうが、XとLのどちらかを選べと言われたら、Xを選択する）。このパターンは、確かに選好の逆転ではあるとしても、選好の転移性を示すものである。

この研究の結果はきわめてはっきりしていた。幅広いペイオフ方式を含む、｛H、L、X｝の三要素からなる一八組のフォームを使った実験の結果は、通常見られるような選好の逆転率（四〇～五〇％）を示したが、わずかに一〇％が転移性を示したにすぎず、残りの九〇％は手順不変性の原理を破っていた。観察されたパターンのおよそ三分の二を占める選好の逆転は、Lの賭けへの高値の付けすぎが主な原因だった（実験参加者たちが、もし無作為に選択していた場合は、標準的な選好の逆転が起きる期待値は二五％であることに注目すべきだ）。

非推移性は選好の逆転の主因ではないということになったので、次に私たちは、ペイオフ方式の効果について考えてみよう。

カーニ＝サフラは、「この効果測定のために、期待効用論に拠ることなく、しかもインセンティブを損なわないで現金価格を引き出しうる実験手法を開発することは、不可能ではないがきわめて難しい」と報告している。ただし、選好の逆転を例証するには、現実の売り値を引き出さなくともよい。順位を確定するだけで十分だ。それだけなら、ずっとやさしい条件の下でもデータが取れる。

実験参加者たちに、二つのことをやってもらうと仮定しよう。「賭けの一つひとつに個別価格を付けること」、そして「それらの二つの組合せのなかから一組を選び出すこと」である。そこで、実験に参加する人たちには、「実験の最後に一組を無作為に選び出して、実際に一つの賭けを実行してもらう予定になっている」ことが告げられた。どの賭けを実行するかを決めるのは、まず選好基準として、選択データと値付け価格のどちらにするか、無作為に決める方法が使われる。選択データが使われる場合、実験参加者たちは選ばれた賭けを実行する。値付け価格データが用いられる場合、実験参加者たちは高いほうの値が付いた賭けを実行する。「順位別ペイオフ方式」と呼ばれる後者の手順において、実験参加者たちが申し出た価格は、各組のなかでの賭けの順位付けのためにのみ用いられる。したがって、一貫性から言うと、価格付けの順位と選択の順位は、参加者が期待効用の最大化を図る人間であるか否かを問わず、一致するはずである。

このようにして、先に観察してきたような選好の逆転が期待効用理論の失敗によって引き起こされたというのであれば、通常のペイオフ方式の下では選好の逆転は起きないということになる。この理論的予言は、はっきりと論破されたのである。逆転現象の発生率はおおむね変わらず（四〇～五〇％）、それは実験に用いたのがBDM方式であれ、先ほど述べた順位別ペイオフ方式であれ、またペイオフ方式を用いなくとも、結果は同じであった。この調査でわかったのは、選好の逆転現象がBDM方式の手順によって起こるのではないことであり、それゆえに、期待効用理論の独立性原理あるいは逓減原理に反する現象として選好の逆転を説明することは不可能である。

トバスキー＝スロヴィック＝カーネマンの研究の結論は、次のように要約してもいいだろう。

①非推移性だけで説明できる選好の逆転はごくわずかな割合を占めるにすぎない。

②選好の逆転は、現金と取り替えるペイオフ方式にほとんど影響されない。よって選好の逆転の原因を、期待効用理論が働かなかったことに帰することはできない。

③選好の逆転の主たる原因は、手順の不変性が働かないことにあり、具体的には、Lの賭けに高値を付けすぎることにある。

言い換えれば、Lの賭け（Hの賭けではない）をめぐる最低売却価格が、賭けと現金のどちらをとるかの選択に比べてあまりに高すぎるのだ。これらの結論は、やや異なる設計の実験によっても裏付けられた。

この分析は、また新たな問題を提起している。なぜ、人びとは低確率高配当の賭けに高値を付けすぎるのだろうか。また、たとえば四〇ドル当たる確率が三分の一ある賭けよりも、一〇ドルの確実な現金のほうを選ぶような人が、この賭け札に一〇ドルよりも高い現金価格を付けるのはいったいいかなる理由によるものか。よく調べてみると、こうした直観に反する調査結果は、人間が判断し決定する際に重要な役割を果たしていると見られている「刺激反応適合性」の一般法則が働いていることを示すものであるらしい。

## 適合性仮説

刺激と反応が対応するという「刺激反応適合性」の考え方は、認知行動を研究した基礎的人間工学の研究者たちによって初めて導入されたものだ。たとえば、四個のコンロが方形に配置されている調理用レンジは、火力調整つまみがコンロの面と同じく方形に配置されているほうが、一直線に並んでいるより使い勝手がいいと言う。スロヴィック＝グリフィン＝トバスキーはこの概念を広げて、次のような説を展開した。すなわち、「判断や選択における刺激特性のウエイトは、反応のスケール（基準）との適合性によって高められる」というものである。この適合性仮説の理論的根拠は、二面的である。

①刺激と反応がうまく一致しない場合は、いずれかを相手になんらかの知的操作を加えることが必要になる。これが、努力と間違いを増し、結果的に刺激の作用を弱めかねない。

②ある特定の反応に適合するような刺激特性に注意が集まる傾向がある。

適合性については、きちんとした定義が確立しておらず、純粋にそれだけを計測する手法もないので、この分析は公認されていないないし不完全でもある。とはいえ、適合性の原理が多くの関係で働いていることは、実験で十分に確認できる。

スロヴィック＝グリフィン＝トバスキーによる簡単な実験は、適合性仮説による明確な予測の具体例である。この実験ではまず、実験参加者たちに、ビジネスウィーク誌選定のトップ一〇〇社に入っている一二の大企業について、一九八六年の「株式時価総額」（一〇億ドル単位）と、一九八七年の予想利益の（一〇〇社中に占める）順位の二種類の情報が与えられた。次に、実験参加者の半数に、一九八七年の時価総額を予想してもらい、残りの半数の者たちには、一九八七年の予想時価総額による各企業の順位を予想してもらった。このようにして、参加者たちに、同じスケール（すなわち、金額ないしは順位）によって計測した予想と、別のスケールに基づいた予想（金額から順位）の二種類を予想をしてもらったのである。

適合性が示唆するとおり、それぞれの予想は、予測された変数・予想値が同じスケールに基づいてなされたとき、より重視された。たとえば、一九八六年度時価総額は、同じドル表示の時価総額の予想に対して、これに対応する順位の予想よりも二倍も重視された。この影響は、「ランキングで上位に位置付けられる会社が、時価総額の予想では順位が逆転する」という、逆転現象を多数生み出している。

一枚の賭け札の現金売却価格はドル価格で表されるから、適合性仮説によれば、同じくドルで表示されるペイオフ価格は、賭けの種類を選ぶときよりさらにウエイトが大きくなるということである。さらに、Lの賭けに対するペイオフ価格は、Hの賭けのそれよりずっと多額だから、適合性バイアスの結果は、主にLの賭けに対して高値を付けすぎることになって現れる。それゆえ、適合性仮説は、選好の逆転現象、すなわち低確率高配当の賭けに対して高値を付けすぎること、の主要原因を説明している。この説明は、その後のさまざまな調査結果によって裏付けられている。

スロヴィック＝グリフィン＝トバスキーは、調査対象者たちに、金銭の形でのやりとりを伴わないHとLの賭け、たとえば町のすべての映画館で利用できる週間パス、あるいは高級レストランでの二人用食事券を提示した。もし選好の逆転が起こる第一の原因が、ともにドルで表示される価格とペイオフの現金価格の適合性にあるとするならば、直接金銭にかかわらない問題については、選好の逆転現象の発生率は大きく下がるはずである。そして、まさに、そのとおりになった。選好の逆転の発生率は五〇％近くに減少したのである。

コンピュータ制御で実験参加者たちにいくつかの賭けの内容を一度に一つだけしか見えないように

した実験で、さらなる裏付けが見いだされた。消費時間の割合でいうと、ペイオフ価格をスクリーン上に見ている時間は、選択するときよりも価格付けするときのほうがずっと長かったのだ。

このパターンは、実験参加者たちが選好の逆転を示したときに顕著であったが、順当な反応を示したときには現れなかった。実験参加者たちが、選択するときよりも価格付けするときにペイオフ価格により多く注目するという発見は、人びとは特定の反応モードと適合する刺激要素に対して注意を集中する、という仮説が正しいことを裏付けているものである。

適合性仮説は、賭けの組合せを選択するときに逆転現象が起こりうることを説明しているが、この説明はリスクの存在とは無関係である。実際、金銭に絡むリスクなしのオプション、たとえば一定期間後という条件付きの支払いについての選択と価格付けの間に見られる同様の乖離も説明できる。

いま、(T、X)で、T年後にXドルが支払われる条件を表すとして、長期の案件L(五年後、二五〇〇ドル)と、短期の案件S(一年半後、一六〇〇ドル)があるとしよう。実験参加者たちには、①LかSのどちらかを選ぶ、②一定期間後の支払いという条件付きの両案件を現金に換えるとすれば、いくらなら手放すか、それぞれについて最低価格を述べてもらうとする。適合性仮説によると、金銭要素Xは、選択時より価格付け時に大きく意識されるはずだ。したがって、直接的に選ぶならば、実験参加者たちは選好を逆転して長期案件ではなく短期案件を選ぶだろう。しかし、価格付けは長期案件のほうが短期案件よりも高くなされている(すなわち、S≻Lかつ$C_L$≻$C_S$)。これはとりもなおさず、スロヴィック＝グリフィン＝トバスキーが観察したパターンである。

スロヴィックたちは大グループの実験参加者たちに、SとLのオプション組合せに、それに見合う現在の価格を添えて提示した。参加者たちは、組合せのオプションのどちらかを選び、さらにオプションごとに価格付けをした。参加者たちは予想されたパターンどおりの反応を示した。まとめてみると、実験参加者たちは、全試行回数の七四％において短期案件を選択したが、価格付けでは七五％において長期案件に短期案件より高い値を付け、選好の逆転率は五〇％を超えた。予測にない選好の逆転パターンは、一〇％に満たなかった。

さらに分析から明らかになったのは、リスクを伴うケースと同様に、選好の逆転の主な原因は、（適合性仮説がくわしく説明しているように）長期案件のオプションに高い価格を付けすぎたことである。これらの調査結果が示しているのは、選好の逆転は一般的に見られる現象であって、賭けの選択に特有の現象ではないということである。

選好の逆転現象は、手順の不変性原理が働かない唯一の例ではない。本章の冒頭で取り上げた交通事故死の防止計画案の例でよくおわかりのように、選択とマッチング（価格付け）とでは相関する食い違いが見られる。それは、マッチングのときよりも選択の際に、より顕著な面が現れるようだ。

たとえば、高速道路の安全問題では、人命の価値は、直接的な選択のほうがマッチングより高く評価される。思い出してほしいのだが、この調査において実験参加者たちは直接的に選択したときは、より多くの人命を救う計画案Bを選んでおきながら、値段を付けてもらったら安上がりの計画案Aを選好したのである。その結果は、選択はマッチングに比べてより本質的な観点から行われるということである。すなわち、選択においては最も重要な面がいちばん重く見られているのだ。

リスクを伴う選択という条件の下で手順の不変性が破られた実験の例はほかにもある。実験参加者たちに、たとえば一〇〇ドル当たる確率が五〇％あるような賭けに対する、確実な現金価格を設定するよう求める。回答は四〇ドルだったとする。その後で、実験参加者たちに、一〇〇ドル当たる確率がどのくらいなら、確実な現金四〇ドルに相当するかと聞いてみた。手順の不変性が成立するなら、彼らの答えは二分の一の確率のはずである。ところが、回答者たちは最初に用いた確率に立ち返ることはなかった。したがって、当初の基準からの逸脱は、気まぐれではなく系統的だったのである。

## 解説

## 価値の本質をめぐる それぞれ異なる三つの意見

「選好の逆転を示すデータを額面どおりに受け取るなら、選好理論との矛盾は明らかである。経済学という学問分野における研究の優先順位に広範かつ密接にかかわってくるこの理論的不整合は、ただ単なる推移性、あるいは確率論的推移性そのものの否定よりもっと意味が深い。その意味するところは、人間が行うどんな単純な選択も、そこにはいかなる最適化原理も存在しないし、さらには市場の行動を裏から支える人間の選択行動における画一性は、一般に広く受け入れられているのとはまったく違う種類の原理のなせる結果かもしれない、ということなのである」（グレーザー＝プロット）

選好の逆転現象は、過去二〇年に及ぶ無数の研究によって確立されてきたが、その原因は、最近になってようやく解明されたばかりである。選好の逆転はすべて、非推移性、あるいは期待効用理論の独立性原理からの背反に起因すると決め付けることはできない。というよりむしろ、これを引き起こす原因は何にもまして、選択と価格付けの乖離にあり、それが適合する基準に結びついているように思われる。

この説明は、いくつかの新しい実験によっても確かめられており、期間選好の領域における新しいタイプの逆転現象に日の目を当てている。

選好の逆転は、経済学と意思決定理論にとってどんな意味合いを持つのであろうか。こうした現象群が挑戦しているのは伝統的な「意思決定者は固定的な選好順位を持っていて、それは信頼に足る導出手段を用いて正確にとらえることができる」とする考えである。仮に、オプションAにオプションBより高い価格付けがされていても、直接的選択においてつねにAが選好されるとはかぎらない、と私たちは考えなくてはいけない。さまざまに異なる導出方法によって、属性の相対ウエイトは変わりうるし、順位付けの変更を引き起こしうるのである。

これらの研究でわかったことは、経済学の標準公式とはまるで逆である。標準公式では、完全な情報があれば人びとは、あたかも本の中から自分の好きなところを探し出して選ぶように状況に対応できる、と仮定している。たとえば、最も選好する品物を選び、その品物を入手できるだけのお金を払い、その価格以上の提示があれば売却するというものである。

手順不変性の原則は、二つの条件の下で成立しやすい。①人は前もって選好を確定しておける。あなたがオペラよりフットボールを選好するなら、いずれこの選好は、どの運動をしようかと選択したり、チケットをいくらで欲しいか競り合っているとき、現れてくる。しかし、手順の不変性は、人が前もって何を選好するか決めていない場合でも成立しうる。計算式、7（8＋9）の値を即座に出すことはできなくても、②私たちには演算のアルゴリズムがあるので、掛ける前に足し算をしても、掛け算を先にしてその後足し算をしても、同じ結果が得られる。

この章で紹介した実験結果は、このいずれの条件も成立しないことを示している。①人はありとあらゆる事態に対処できるような、あらかじめ定義された選好一覧表など持っているわけではない。それよりむしろ、選好順位は、選択や判断を下すプロセスのなかで構築されていくものである。②選択や判断をする際の条件と手順は、引き出された反応によって選好の意味付けに影響を与える。

経済学者たちがまったく同一だと考えている状況のすべてにわたって、行動が変わる傾向がある。もし、採用される方式によってオークションの手順そのものが価格付け行動に影響を与えるとなれば、理論のうえでは無差別であるはずの異なるオークション・メカニズムが、異なる結果を生み出すかもしれない。

選好と価格付けの意味をめぐる議論については、三人の野球審判が交わした有名なやりとりがわかりやすいかもしれない。一人目のアンパイアは「私が見たとおり判定を下す」と言い、二人目は「起きたとおりの判定をするだけさ」と言い、三人目は「自分が判定するから、そうなるのだ」と、先の二人とは違う意見を述べる。

価値の本質をめぐるそれぞれ異なる三つの意見は、次のように言い換えることができるだろう。

①価値は存在する、それは体温のようなものであり、人びとはバイアス付きで最善をつくして認知

し、そう告げる（「見たとおり判定を下す」）。

②人びとは、九九を知ってるのと同じように、自分の価値と選好を自ら知っている（「起きたとおりの判定をするだけさ」）。

③価値や選好は、一般に導出の過程において構築される（「自分が判定するから、そうなるのだ」）。だから、判定しないかぎり何でもない）。

本章で取り上げて検討してきた調査研究は、三番目の意見、すなわち状況に依存する過程のなかで選好が構築されていくという考えと適合する可能性が最も高いのである。

（共同執筆／エイモス・トバスキー）

第8章　期間選択

# 金利と割引率についての損得勘定

INTERTEMPORAL CHOICE

今回は趣向を変えて、グッド・ニュースといこう。

地元の信用金庫が主催するクジで、あなたに一〇〇ドルが当たったという、うれしい電話があった。さて、賞金をどうするか、選択しなくてはいけない。いますぐ現金を受け取るか、それともしばらく預けておいた後、より増えた金額を受け取るか。先に延ばす期間は、一カ月か、一年か、それとも一〇年か（ただし、その間のリスクやコストはいっさいないものとする）。金額が五〇〇〇ドルだと、答えはどう変わるか。先に進む前に、あなたの答えを出しておこう。

五〇〇〇ドルの場合でも一〇〇ドルのときと同じ答え、つまり一〇〇ドルでの答えを五〇倍したのと同じだろうか。どちらの額でも、あなたが稼ぐ利息は、ある期間においては

**同じになるだろうか？**
**もしそうでないとしたら、あなたの期間選択は経済理論どおりではないことになる。**

いまか、先かの「時期の選択」、つまりコストをかけてから便益を実際に手にするまでの間に時間差がある問題に意思決定を下すケースは、世の中にざらにある。そのうえ重要なことである。学校教育をどこまで受けるか、誰と結婚し子供をもうけるかどうか、いかに投資するか、家は買うべきか買わざるべきか、買うならどんな家にするか――これらの重要な意思決定を下すとき、時期の選択という要素が強く介在している。時期の選択は、個人的な意思決定の実例として、めずらしくこれにかかわる理論が例外的に検証可能な予測を提供するものであり、その点からも興味深い。

個人の行動に関する経済理論には多くの要素があるために、その予測はあまりにも漠然としており、したがって実証的な検証を行うことはおそらく不可能である。個人がどんなにとっぴな選択をしようとも、それが最適解であるとするなんらかの効用理論を探し出せば、どんな選択でも理論的に説明できるからだ。これとは対照的に、時間の経過のなかでのお金（の受け取りと支払い）に関する個人の選択においては、経済理論は実証可能な精密な予測を提供する。すなわち、（その時点においての）それぞれに対して、（税引後の）市場の金利を当然織り込んだ具体的な予測を提供する。

資本市場の存在は、消費者がサヤ取り（金利差や価格差を利用した裁定取引）をしうる機会をつくり出している。仮に金利が一〇％であり、消費者はこの利率で借り入れと貸し付けができるとしよう。

そのとき、一二％の金利を支払ってくれる投資を提示されたら、消費者は必要な資金を借り入れそれに投資することによって、毎期より多くの消費が可能になる。だが、利回りが一〇％に満たない投資であれば、資本市場の貸出利率（貯蓄などの）に支配されるため、消費者は拒絶するはずである。

ここでの意味合いは、「消費者はその時期選好の限界収益率と利子率が等しくなるように、時期とのトレードオフを行うはずだ」ということにある。さらに、消費者は時期の選択に関して、つねに首尾一貫していなくてはならない。将来の価値を現在の価値に引き戻すために用いられる割引率は、あらゆる状況と時期においてつねに一定でなければならない。ところが調査結果によると、観察された行動が示しているのは、実験に用いられた条件設定に応じて、割引率がゼロないしはマイナスのものから年率数百％までさまざまであった。

よく知られた例で言えば、明らかにマイナスの割引率であるのは、毎年ＩＲＡ（連邦歳入庁）から米国の多くの納税者が受け取る還付金である。この利子の付かない「政府への貸付金」は、これに対する税の前納割合を軽減するよう調整すればすぐにも解消が可能である。同様に、学校の教師は、（九月から翌年五月にかけての）九回の月払いか、（九月から翌年八月の）一二回の月払いのどちらか好きなほうで給料を受け取る選択権を与えられている。そして、この選択が許されている者のほとんどは後者の方式を選ぶ。

ライフサイクルにおける消費選択についての研究が明らかにしているのは、退職に至るまで消費は増え続ける傾向にある、ということである。借り入れを制約する条件がまったくなければ、こうしたパターンは、人びとがマイナスの割引率を受け入れるとした場合にのみライフサイクル理論と整合するにすぎない（これについては、第9章でくわしく述べる）。

きわめて高い割引率の例も、容易に見つかる。一例として、最近ウェストバージニア州で施行された法改正がある。それによると、年齢一八歳未満の学生で中途退学した者は運転免許証を失うことになる。初年度の調査では、この法律が施行されたことで、中途退学率が三分の一減少した。高校中退者の三分の一を占める学生たちについて、「車を運転する特権を一年か二年失うこと（より正確に言うならば、その間の違法運転の予想コスト）が、高校を卒業するという合理的な人的資本投資を促す限界コストであった」とするのは早計である。むしろこのような行動は、きわめて近視眼的な選好であると思われる。

同様に近視眼的であることが明らかな例は、皮膚科医のこんな嘆きからも知ることができる。「皮膚ガンの危険があると警告してもあまり効き目がないが、『太陽光線に当たりすぎるとシミやニキビの原因になりますよ』と言うと、患者たちは私の言いつけをずっとよく守るんです」

高い割引率を示すのは、何もティーンエイジャーや日焼け好きの人たちとはかぎらない。自分の家を買っても、屋根裏や壁に断熱工事を施さず、値が張る省エネタイプの電化製品を買わない人がほとんどである（追加費用なんて一年以内に元が取れるのに……）。エアコンの購入価格とその後に払うランニングコストとのトレードオフの関係を調べた研究では、平均的消費者の割引率は二五％だと推定している。その後の研究で、消費電力量と最初の購入価格のみが違う冷蔵庫について調べた結果、購入価格の安い冷蔵庫を選んだ者たちの暗黙の割引率は信じられないほど高く、電気代一キロワット時当たり三・八セントを想定した場合、四五～一三〇％、同じく一〇セントなら一二〇～三〇〇％にもなった。
また、最近の研究では、室内暖房機、ルーム・エアコン、温水器、冷蔵庫、冷凍庫などのいく種類かの家庭用電化製品（省エネ効果が高いモデルではない、平均的なモデル）の割引率を計算した結果、ルーム・エアコンに対する暗黙の割引率は一七％であることがわかった。これは、先述の予測より若干低い。しかし、それ以外の機器に対する数字はもっとずっと高い。たとえば、ガス湯沸かし器は一〇二％、電気温水器は二四三％、冷凍庫は一三八％であった。経済理論によれば、これらの省エネ効果の低い機器類に関して明確な予測――すなわち、「生産されない」という予測が立つ。それなのに、これらの機器は現実に生産され、そしてちゃんと購入されているのだ。

実証可能な予測があるところに例外事象は存在する。この章では、人びとが将来のマネー・フローを市場の利子率などを基準にして割り引いていない、つまり計算に織り込んでいるとは思えない状況の例について、くわしい検討を加えていくことにする。

実験室でも現実の意思決定の現場でも、両方で観察された割引率は、次のような条件に左右されることがわかっている。

「割引率とメド、時間経過、先延ばしか前倒しかの選択、選択フレームの決め方、将来の便益あるいはコストが楽しみになるかそれとも災いとなるか、に影響される」

## 個々人の割引率はどう変化するか

これらの影響のうちの最初に述べた三つに関する最も初期の実験研究は、私が発表したものだ。実験参加者（主に学生たち）には、取引銀行のクジ引きでなにがしかの賞金が当たったと想定してもらった。彼らは、そのお金をすぐ受け取ってもいいし、後で受け取ることもできる。そこで、「もし受け取りを先に延ばして、なおかつ即金を受け取るのと同じくらい魅力あるものにするには、いくら支払ってほしいか」を答えてもらった。実験参加者にその金額を記入してもらうために、タテ軸に金額の大きさ、ヨコ軸に時間の長さを示し、三コマ×三コマのマス目が印刷してある回答用紙が手渡された。

質問は、内容を変えて四種類を用意した。そのうち、三種類は利得に関するもの、残りの一種類は損失に関するものだった。損失に関する質問は、「交通違反の罰金を支払うとしてその支払い方法は、即金で額面どおりに納付するか、それとも金額は高くなっても後払いにするか」である。先送りしても賞金をもらえなくなるリスク（あるいは罰金を逃れる可能性）はまったくないことを、前提条件にしてある。またお金のやりとりは、すべて郵送でなされる。したがって、実験は三つの変数、すなわち、①期間、②結果の大きさ、③結果の損失、で操作される。

実験参加者の反応から、三つの強いパターンが浮かび上がった。

①割引率は期間が長くなるにつれて著しく低下した。この結果は、それ以前の、動物を使った研究

で発見された知見とも一致している。

②割引率はまた、報酬額の大きさに従って低下した。少額の（一〇〇ドル以下の）場合はとても高かったが、多額の資金の場合はより妥当な水準であった。

③利得に対する割引率は、損失に対するそれよりもはるかに高かった。実験参加者は待つことへの見返りに多くを欲しがったが、遅れて払う罰金を多くすることには気乗り薄だったのである。

**図8-1　時期と金額の相関で見る割引率**

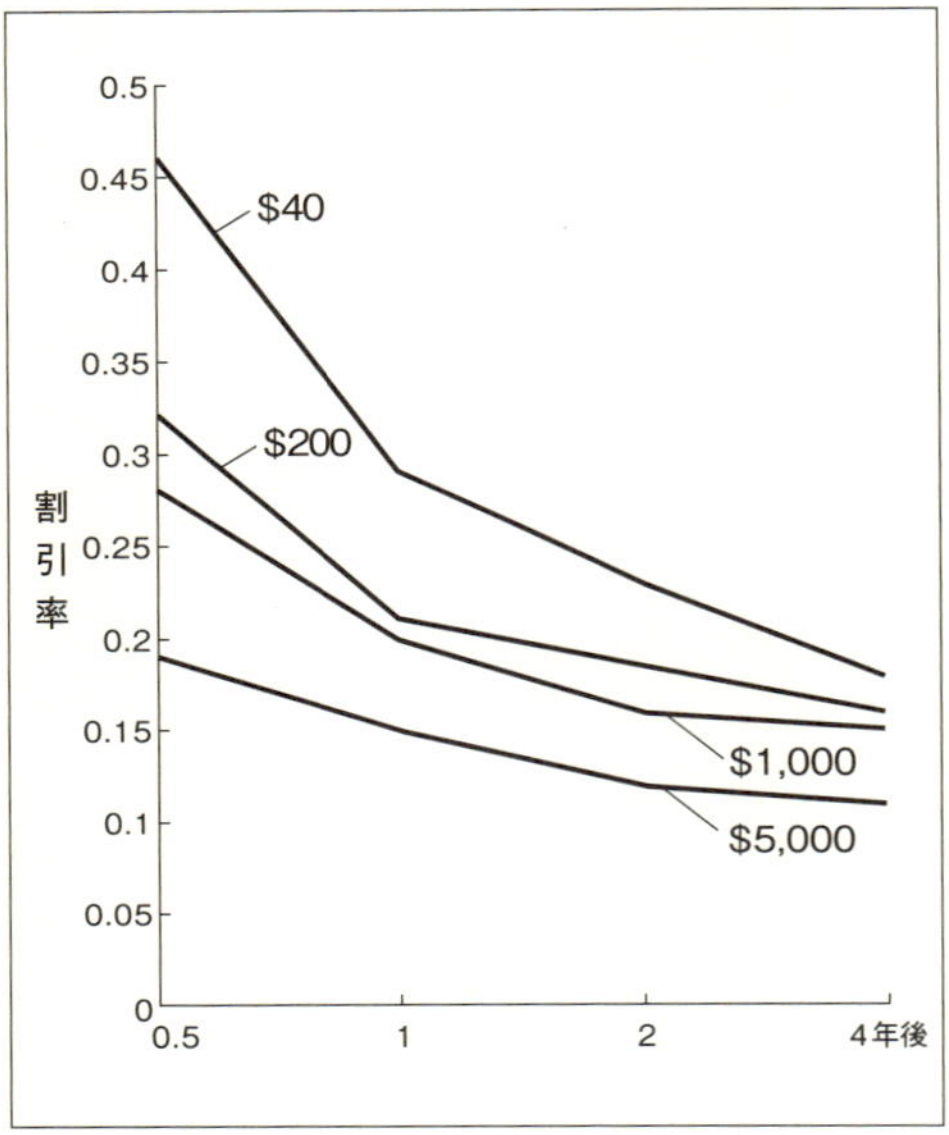


これらの三つの発見は、より大がかりな実験でも再現されている。そこで用いられたのは、四×四×四の組合せで、期間（〇・五年、一年、二年、四年）、金額（四〇ドル、二〇〇ドル、一〇〇〇ドル、五〇〇〇ドル）、シナリオ（利得または損失を、先送りまたは前倒しする）という条件を織り込んだ。実験参加者は、イスラエルの二大学で経済学および金融財政を専攻する学部生と大学院生という専門知識の豊かな集団であった。彼らの反応結果を、図8－1に示す（四つのシナリオすべての平均）。図からハッキ

りわかるように、割引率はここでも期間が長くなるのと、報酬の額が大きくなるに従って急激に落ち込んでいる。

以下、これらの三つの強い変動パターンのそれぞれについて、順を追ってみていく。

## 行動の不一致

図8-2　逆転する効用

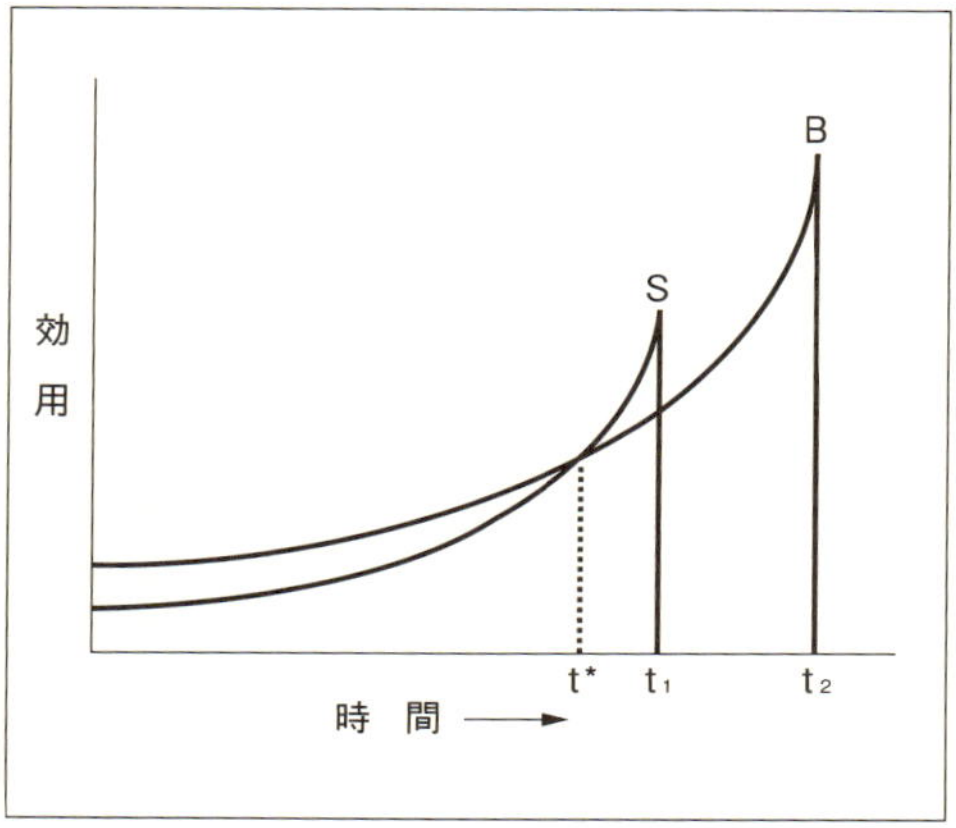


割引率と期間との間のマイナスの相関は、行動の動的整合性に重大な影響を及ぼす。図8－2で示すように、個人は二者択一を迫られる。つまり早い時期（$t_1$）に発生する少額の報酬Sと、時間的に遅れても遠い時期（$t_2$）におけるより大きな報酬Bのどちらかを選択しなくてはならない、と仮定しよう。

二本の曲線は、個人が現時点で認識するさまざまな時点における報酬の効用を表している。個人が将来における割引率を一定とみなすならば（期間が異なっても割引率が一定であるならば）、二本の曲線はけっして交差しないはずである。しかし、実験から得られたのは、割引率は期間の関数であり、時間が長くなるにつれて逓減するため曲線は交差しうることになり、選好の逆転が起こりうる。二種類の報酬Sと報酬Bの間に十分な開きがあれば、個人はBを選ぶが、Sがより近接してくるとその相対価値は増加を続け、ある点（t*）に達した時点でSとBの効用は逆転する。

曲線が交差することの意味は、「人の行動は、時間の経過に関してかならずしもつねに不変ではない」ということである。たとえば私たちは、いろいろな誘惑をあまり感じない朝のうちは、早寝早起きして、過食をつつしみ、飲み過ぎないようにしようと誓う。それなのに、晩になるとガラリと変わり、午前三時まで帰宅せず、外に出かけてノルウェー料理を飲んだり食べたり。チョコレート・デカダンスを二人前たいらげ、アクアビット酒の銘柄をすべて飲み尽くす。

この話を貯蓄に当てはめると、割引率が時間の経過とともに低下すれば、人びとはつねに以前立てた計画以上に現在の消費をしてしまうことになる。

行動の不一致の問題は、消費者の主体性をめぐる疑問を提起する。主体性を持つ自分は、いったいどの自分なのか。早起きしようと目覚まし時計をセットする自分なのか、それとも翌朝目覚ましのベルを止めてまた寝てしまう自分なのだろうか。私たちはふだん、近視眼的な自己の行動に制約を加えたり変えさせるために、大きな視野を持った自己に出番を与えるが、これはなかなか賢明なことである。ダイエットする人たちは、痩せたい一心からわざわざお金を払ってまで、入門者に低カロリーの食事を保証している「減量道場」に泊まり込む。アルコール依存症の人は酒を飲むとむかついたり吐き気を催したりする治療薬を服用し、喫煙者はタバコを（安上がりな一〇箱入りカートンではなくわざわざ一箱ずつ買う。

いまでは少なくなったが、かつて米国ではクリスマスの買い物を目的にした積立貯金を主催する

「クリスマス・クラブ」が長いこと人気を得ていた。この積立貯金は、異様に厳格な約束に縛られ(毎週かならず積み立てる)、途中解約して現金を受け取ることはできない(一一月末まで引き出せない)、おまけに低金利(利息ゼロの例すらある)などの制約があった。もちろん、途中解約できないからこそクリスマス・クラブの存在理由があったのである。なぜなら顧客のほうに、クリスマス・プレゼントを買うための自己資金をなんとか確保したい、という事情があったからだ。

伝統的な意思決定モデルでは、自らに縛りをかける行動や、その他の個人の内面における利害得失の対立をうまく説明できていない。そのため、経済行動を、相対立する選好を持つ多元的な自我の内的葛藤としてとらえるモデルが多くの研究者から提案されている。

## 金額規模効果

金額規模が割引率に及ぼす影響は、期間と同程度に強い。架空の質問を用いた実験では、支出額の増加に伴って暗黙の割引率は急激な低下を見せた。同様の結果は、実際に五〜一七ドルの現金を用いた実験でも、五〇ドルの現金を使った研究でも観察された。比較的少額の架空の報酬では高い割引率が見られた。

金額規模の影響については、二つの行動理論による説明が考えられる。一つは、認知心理学(精神物理学とも称される)に基づいている。「人びとは金額の相対的な違いだけでなく、絶対的な違いにも敏感に反応する」と考えられている。たとえば、現在の一〇〇ドルと一年先の一五〇ドルへの認識差は、現在の一〇ドルと一年先の一五ドルへの認識差よりも大きく見える。それゆえ人びとは、五〇ドル余計に受け取るためには喜んで一年待つが、五ドルではそうはしない。

もう一つの説明は、「心理会計《メンタル・アカウンティング》」という考え方にある。心理会計では、「少額の偶発的な臨時収入は普通預金口座に入金し、ほぼ消費される一方、より大きな額なら定期預金口座に入れ、消費に回る部分はずっと少なくなる」とする。だとすれば、わずかばかりの臨時収入を待つ場合の代償（コスト）はその間の消費の断念として認識されるし、それとは対照的に、多額の臨時収入を待つ場合のその間の機会費用は単に利息の断念として認識されるかもしれない。もし利子の断念より、消費の断念のほうが魅力的ならば、金額規模効果が観察されるはずである（これらの問題は、第九章でさらにくわしく検討する）。

## 象徴効果

割引率の調査において明確に現れたパターンの第三は、「人びとの割引率は、損失よりも利得のほうがはるかに大きい」ことである。人間は、もらえるものは、とくに少額の場合、できるだけ早くそれを手にしたくて待ちきれない。だが損失については、支払いを先送りすることは平気である。こうした選好の一因は「借金回避」にある。たとえ借り入れ利率が、安全な投資から得られる利率より低くても、とにかく住宅ローンや学資ローンを早く返したくて、返済期限の前に繰り上げ返済する人は後を絶たない。

## 判断には参照基準点がある

第6章で検討したように、利得と損失の識別は、不確実な状況の下での意思決定を記述する理論において注目を集めてきた。意思決定に当たって人びとは、期待効用理論で通常想定されているような、自己所有の財産あるいは現在の消費水準を総合的に考え合わせることはない。むしろ個々人に自明の参照基準点に照らして事象を変化ととらえて対応する。これを最初に観察して論文にまとめたのはマーコヴィッツであり、最近ではカーネマン＝トバスキーである。

参照基準点は、時期の選択においても重要である。次のような例を紹介しよう。

高校三年生と二年生一〇五人が参加して実験が行われた。実験参加者たち全員に、地元のレコード店で使える七ドルの金券が渡される。生徒たちが実際に金券を受け取る期日はさまざまで、一週間後、四週間後、八週間後の三種類に分かれていた。生徒たちには選択肢が二つ与えられた。指定された期日どおりに金券を受け取るか、金額が少なくなっても受け取り期日が近い金券、あるいは逆に金額が大きくて受け取り期日が遠い金券と交換するか、である。たとえば、四週間後に受け取ることになっていた生徒には、八週間後の金券（金額は七・一〇～一〇・〇〇ドルで変化した）と交換したいかを聞いた。実験主催者は、無作為に選ばれた参加者一人だけが望みがかなえられる、つまり現金をもらえると告げた。

この実験は、参照基準点の役割を検証することを目的としていた。実験参加者たちの一部には、報

**表8-1　先送り・前倒し消費の平均額（7ドルのレコード券）**

| 期間 | 先送り | 前倒し | 有意水準 |
|---|---|---|---|
| 1週間　対　4週間 | $1.09 | $0.25 | 0.001 |
| 4週間　対　8週間 | $0.84 | $0.37 | 0.005 |
| 1週間　対　8週間 | $1.76 | $0.52 | 0.001 |

酬の増加と、一週間後から四週間後へと時期を先送りすることで生じるトレードオフの選択をさせ、別の者には、報酬の減少と、四週間後から一週間後へと時期を前倒すことで生じるトレードオフの選択をさせた。実験参加者たちがもし参照基準点に影響されないとしたら、この実験設計における操作はなんの効果も生じさせないはずである。実験の結果は、表8－1に示したとおりである。

各数値は、それぞれの条件別に消費を早めるか遅らせるための最少額の平均値である。三つの比較のすべてにおいて、平均の先送りプレミアムは、平均の前倒しプレミアムの少なくとも二倍に達しており、これらはすべて統計的に有意である。

被験者たちは、受け取り予定期日を早めるために払ってもいいと考える費用よりも、予定日を越えて受け取り期日を先送りするときのほうが、要求額が多かった。この結果は、カーネマン＝トバスキーの「損失回避」の概念（第6章で検討した）と十分に適合する。

損失回避はまた、期間消費において特定の選好パターンを誘発する。過去の消費水準が将来の消費の参照基準点になるという状況では、個人は消費を増やす方向を示すかもしれない。たとえば、ローウェンスタイン＝プリレックは、ハーバード大学の学部生九五人に次のような三つの質問をした。

第一問、一カ月先の金曜の晩のディナーに、高級フランス料理店と地元のギリシャ料理店ではどちらを選ぶか。学生の大部分は、常識どおりフランス料理を選択した。

第二問、フランス料理のディナーは、一カ月先にするか、それとも二カ月後のほうがいいか。第一問でフランス料理店を選択した者の八〇％が、二カ月後ではなく、一カ月後を選好し、割引率が高いことを見せつけた。

第三問、二つの架空の選択、すなわち一カ月後にギリシャ料理、二カ月後にフランス料理の案と一カ月後にフランス料理、二カ月後にギリシャ料理の案のどちらを選ぶか。第一問でフランス料理を選んだ五七％が、まずギリシャ料理を先に食べる選択をした。標準的な効用理論の枠組みでは、この後者の選択は時期選択のマイナスの割引率を意味し、第二問への答えに矛盾する。

しかし、人びとが現在の消費を損失回避に照らして過去の消費と評価するなら、なんらの矛盾も存在しない。彼らは、時間とともに増加する効用を選んでいるにすぎないのである。

時間の経過とともに消費が増えるタイプの選択を考えることで、労働市場の例外事象、すなわち生産性が向上しなくても労働賃金は年々上がっていくことの説明がつく。その一例として、大学の学部で最も高給を受けているのは、研究論文をもはやあまり書かない高齢の教授たちである。

こうしたパターンは標準的には、「特化された人的資本」説と「エージェンシー・コスト」説の二つによって説明されてきた。人的資本説では、企業は社員教育に掛けた費用の元が取れるまで労働者をつなぎ止めておくために、年功型賃金体系を取っているということになる。一方のエージェンシー・コスト説では、企業がより古手の労働者に対して限界生産性を超える賃金を支払っているのは、彼らのずる休みや怠業が起きないよう予防するためである（怠けているのが見つかると、労働者は生産性と賃金との間に現在認められている差額を失うリスクがある）。

この二つの説明は一部の職業には当てはまるが、航空会社のパイロットと都市間バスの運転手の二つの職業を考えると、これらの伝統的な説明はいずれも納得できるものではない。パイロットの場合、生産性は上がらないにもかかわらず、賃金は年齢とともに急上昇する。しかしその一方、パイロットが受けるトレーニングは業界共通のものだし、飛行の安全に手抜きをすれば天罰てきめん、たっぷりと罰を食らうことになる。だからパイロットの場合、所得増加を選好するゆえに、右肩上がりの年功加給曲線になっていると見られるのだ。

このような選好パターンを実証する調査結果がある。シカゴの科学産業博物館で、大人一〇〇人を対象に調査が行われた。回答者は、仮定の七種の仕事のなかから選択してもらった。仕事は六年間続き、賃金曲線以外はすべて同じ条件に設定してある。どの仕事についても、（割引率を考慮しなければ）賃金総額は同じだが、曲線の傾きが違っている。ある仕事の賃金は毎年下がる。別の仕事では、賃金は一定のままに保たれる。残る五種の仕事は、それぞれ異なった率で上昇する。金利を考慮すると、経済学的には、逓減賃金プランが最も望ましい。たとえば、仕事が気に入らなくなって途中でやめたり、六年を待たずその前に解雇されたときには、逓減賃金方式の支払い総額が最も多くなる。しかし、逓減方式に有利なインセンティブがあるにもかかわらず、これを最善としたのは回答者のわずか一二％にすぎなかった。別の一二％は、増減がない一定の賃金プランを選好した。

このような調査結果を目にすると、経済学者はつねに、実験参加者が混乱しているだけなのではないかと考える。確かに参加者たちが、経済理論の説くところ（逓減賃金プランと貯蓄の組合せが、圧倒的に有利な選択肢であるとする）を十分に説明してもらっていたとしたら、彼らも納得のうえで合理的な判断をするのではないか、と言いたくもなるだろう。この点を検証するため、参加者たちに再度、彼らの選好を尋ねてみた。しかし、下降賃金プランが有利である論拠を聞かされた場合でも、また心理学的には逓増賃金プランが好ましいという議論を聞かされた場合でも、それらの学説の主張はごくわずかな影響を与えるにとどまった。逓増賃金プランを選んだ参加者は、七六％から六九％に減ったにすぎない。

将来の収入が増える逓増賃金への選好は、損失回避と自己抑制という、これまでに扱った二つの概念を用いて理解することができる。損失回避は、労働者がなぜ増加する「消費プラン」を選好するかを説明している（なぜならば、現在の消費効用はこれまでの消費に影響されるゆえ）。労働者が所得が増えていく資金プランを望む理由も、自己抑制がコスト高であることで説明される。増減なし（または、逓減方式）の賃金プランでは、望ましい消費増大型のパターンを実現するために十分な貯蓄を自力ではできないことにある。

## 待つ楽しみと待つ不安

標準的な効用逓減理論では、「割引率は通常プラスの定数の値を取る」と想定している。人びとがあえて、利得の受け取りを先送りしたり、損失の後始末を大急ぎでつけたいと思うような状況について、マーシャルは、利得に対してマイナスに働く割引率もありうるのではないかと、次のように述べている。

「将来の利益の割引率を計算する際には、期待する楽しさも忘れずにきちんと算入するように気を使うべきだろう」

ここで私たちは、将来が楽しみであるという期待から生まれるプラスの効用を「楽しみ」と呼び、回避すべきマイナスの結果を生みかねない心配ごとのタネを「不安」と名付けることにしよう。この楽しみと不安の両者がもたらす影響は、ローウェンスタインが行った次の実験で明らかにされた。

参加者たちに出された問いは、次の五種類の結果を獲得（あるいは回避）するために、いますぐと、三時間後、まる一日後、三日後、一年後、一〇年後の各期限別に、「いま、あなたが支払ってもいいと考える最大限の金額を明示せよ」というものだった。五種類の結果は、具体的には次のようなものだった。①四ドルの利益、②四ドルの損失、③一〇〇〇ドルの損失、④一一〇ボルトの電気ショック（死ぬことはない）、⑤好みの映画スターにキスしてもらう。回答結果は、図８－３に掲げたとおりである。

効用逓減理論からすると、利得の価値と損失の回避は予定期日が先送りされることに伴って下がるはずである。人びとは、利得は一刻も早く手にしたいと思い、損失はできるだけ先送りにしたがるはずである。ところが、図でおわかりのように、お金以外の二つの結果については、時間選好においてまったく異なるパターンが見られた。映画スターにキスしてもらう希望日を三日も先に延ばす選好

図8-3　時期選択別の獲得／回避の最大支払い額

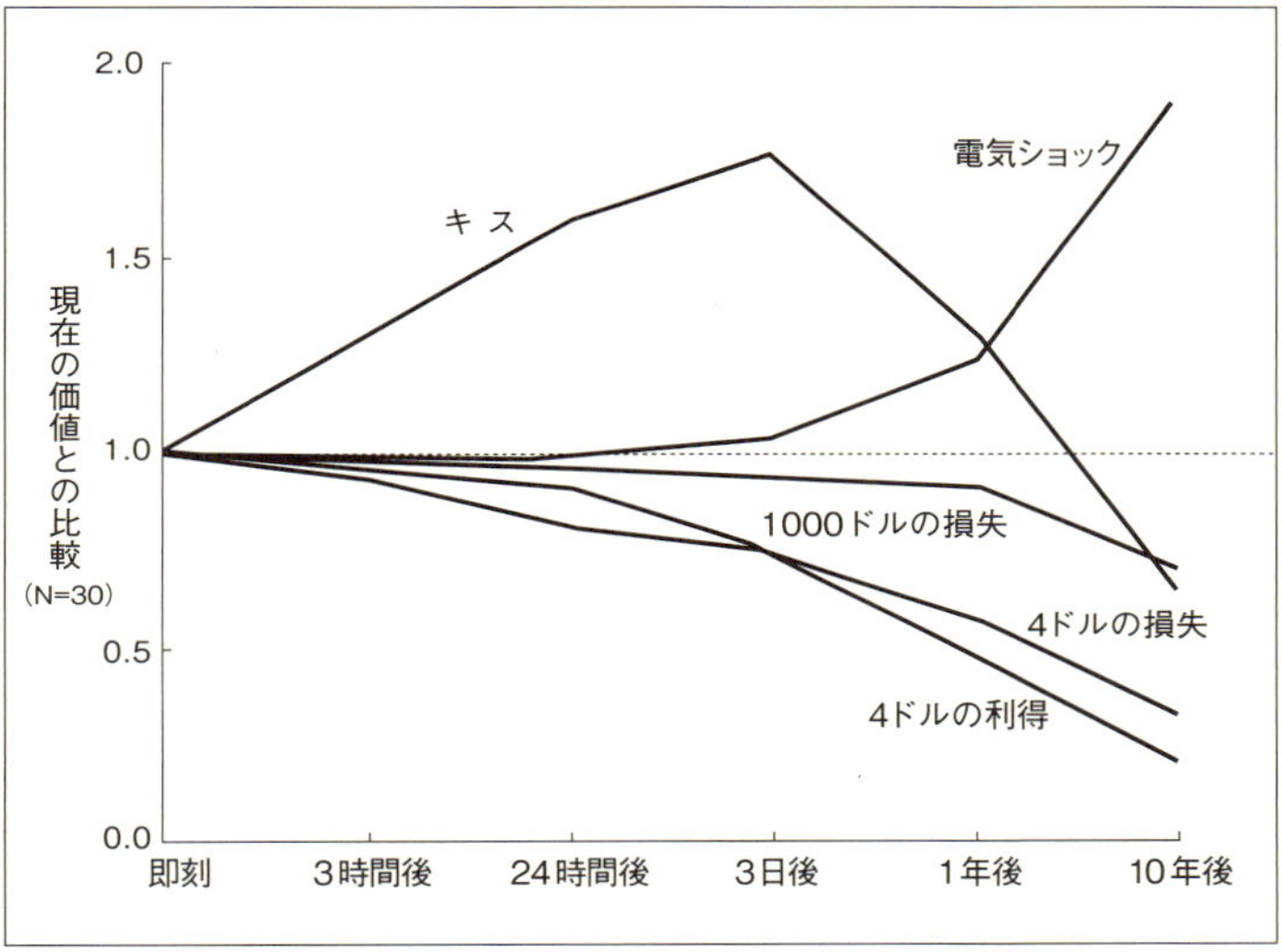


を実験参加者は示した。これはおそらく、待つことを楽しむためだと思われる。電気ショックについては、実験参加者は実施を一年先、または一〇年先まで回避するためなら、いますぐまたは近時点よりもかなり高額のお金を支払う用意があった。このケースでは、参加者は長期間そのことを思いわずらうことを避けようとして、お金を払う気になったようである。

　映画スターのキスも電気ショックも、どちらかといえば特殊な経験であると言えようが、ローウェンスタインはもっとありふれた調査項目についても、同じような結果を得ている。待つ楽しみの効用をよく示している例として、八四%の回答者が、高級フランス料理店での週末ディナーの期日を選ぶときに、その週末でなく次の週末か次の次の週末を指定した。

　待つ不安については、参加者にこう質問した。

心理学部の実験動物の檻を一〇〇個清掃するとして、あなたは最低限いくらなら引き受けますか？支払いは即金です……この仕事はけっして楽しくはないが、三時間もあれば終わります。あなたは、檻の清掃代をいくら払ってもらいたいですか。①翌週に行うとき、②一年後に行うとき。

翌週に檻を掃除する予約賃金の平均は三〇ドルだったのに対して、一年後の予約賃金は三七ドルだった。三七人の回答者のうち、②の問いに①より少額の回答を示したのはわずか二人だけである。

## 解説

## 実証研究の成果を活用して効用理論を修正せよ

1．この分野の研究が政策面に及ぼす影響は、興味深い面もあるが同時に危なっかしい面もある。ミクロのレベルでは、いくつかの文脈において観察される高い割引率（たとえば家電製品の購入）は、消費者の合理性に重大な疑問を提起している（これまで述べてきたように、自己抑制がかかわってくる期間選択の多くの場合において、個々人は長期的に合理的な決定をする自己の能力に疑いを感じている）。他の同等モデルより五〇ドル安くても、電気代が年間五〇ドル余計にかかる家電製品を買うことが、どうして合理的といえようか。だが、こうした実例があるからといって、そのことがただちに政府による介入が必要であるという議論にはならないが、消費者自身が最善の選択をするという前提は危うくなる。

マクロのレベルにおいては、期間選択の心理によって、適正な公定歩合（政府が将来の利益と損失を現在価値として評価するための社会的割引率）を選択する、というすでに複雑化している問題をさらに複雑にする。標準的な見方は、課税のゆがみを修正した市場金利は、個人の時期選好の集大成であり、社会的割引率として適切であるとする。しかし、課税のゆがみを修正する例一つをとってみても並大抵のことではないし、加えて資本市場の国際化によってさらに複雑性を増し、そのため一国内の時期選好と金利の関係を見えにくくしている。リンドは、こうした複雑化を所与として、「時期選好の社会的割引率を合理的に決定する唯一の道は、個人レベルにおいて時期選好を引き出すことだ」と主張する。

しかし、個人がすべてにただ一つの割引率を適用しないのであれば、はたしてどれが社会的割引率たりうるのか。仮に、ある人が冷蔵庫の購入には五〇％の割引率を適用するのに、人命救助に関しては今年一年で一〇人助かろうが、二〇年で一〇人助かろうが、無差別だとすれば、私たちは高速道路の安全化計画と発電所の新設計画の二者択一の決定をどうやって下せるのだろうか。

2. 多くの経済学者は、意思決定の心理を研究することは余計なお節介であるかのように見ている。心理学的な研究からは、個々人はしばしば容易に学説理論に組み込みうるような代替可能な前提を示すことなく、合理的選択の理論的前提の一部をないがしろにするような行動に出るという証拠が得られる。

しかし、心理学は建設的であると同時に、破壊的にもなりうる。たとえば、年功加給の上昇型賃金プランの例においては、心理学者たちの観察結果、すなわち人びとは所得と消費の絶対的レベルのみならず変化の方向についても同様にこだわること（経済学者にとって、人びとの嗜好は論争のタネにはなりえない）は、上昇賃金プラン選好の理由として、将来の価値を割り引くという標準的な経済理論の前提とも一致する。

「実証研究の成果をつぶさに活用して、効用理論を修正せよ」という提言の有利な点は、修正の提案から、単なる思いつきを排除できることにある。コンスタンティニデスの論文「株式プレミアムの謎——なぜ、株式の利回りは債券の利回りを大きく上回るのか」は、こうした考え方の好例である。

この説明の基礎にあるのは、「現在の消費効用は過去の消費水準に左右される」ということ。言い換えるなら、彼の言う「習慣形成依存」という仮説である。皮肉屋に言わせれば、効用関数を十分にそろえれば、なんでもそれで説明できる、と冷ややかに批判するかもしれない。しかし、そんな批判はここでは場違いである。習慣形成仮説は、行動に関する直観と本能に適合するものと見えるし、多くの実験証拠にも矛盾しない。それは実地検証さえ可能である。

検証可能な（おまけに、事実であればなおよい）仮定に基づく説明は、他の検証不可能な、とても現実離れした前提、たとえば経済破たんのリスクという、（観察不可能な）時の経過とともに変わる目に見えない変化という仮定に比べて、ずっと魅力的である。

（共同執筆／ジョージ・ローウェンスタイン）

# 第9章　心理会計

# 貯蓄と消費は人間的に行われる

SAVINGS, FUNGIBILITY, AND MENTAL ACCOUNTS

元日。恒例のオレンジボウルで、ひいきの大学チームを優勝させたくて声をからして応援した。その甲斐あってか、あなたは幸運にも、学内有志で作る賭けグループからまんまと賞金三〇〇ドルをせしめた。さてこの賞金は、パッと派手に散財して贅沢するとしよう。ニューヨークで豪華ディナー付き観劇としゃれ込むか、それよりシャンパン一ケース（二四本）のほうがおしゃれだろうか、などと考える。そこへ息子のグレッグが現れて、こう言った。

「やったね父さん。勝ったお金で毎年二〇ドル、生涯消費の資金が増えるというわけだね」

どうやらグレッグは、貯蓄のライフサイクル理論を勉強しているようだ。

経済学においての貯蓄に関する標準モデルは「ライフサイクル理論」とされ、この業績によってフランコ・モジリアーニはノーベル賞を受賞している。この理論の理論化手法は、やや古典的な部類に属する。まず、モデルを記述し、次に最適化の問題として解決する。次にこの理論は、人びとはあたかもこの問題の結論を承知であるかのように行動すると仮定する。ここで前提とされているのは、個人は死後にまで何かを残そうとは全然考えず、生涯のあらゆる時期の消費を等しくみなしていることだ。それでは、任意の一年でどれだけの消費をするのだろうか。答えはこうである。「どの年においても、現在の収入、純資産、それに将来の期待される収入を合わせ、その人の金融資産の時価を計算し、その資金で設定できる年金水準をはじき出す。そうしてその年金から受け取れるだろう金額に見合うだけを消費する」

この理論は、さすが経済学者が高く評価するだけあって、単純明快、華麗にしてしかも合理的である。しかしなんとも残念なことに、「華麗で合理的であるにもかかわらず、ライフサイクル理論は実証的にはあまり妥当とは言えない」というのが実情のようである。

この消費理論にかかわる例外事象の実証例は、大きく二つのカテゴリーに分かれる。その一は、「消費が、所得に過度に敏感である」点である。ライフサイクルを通して見ると、若年層と高齢層は消費が少なすぎ、中年層は多すぎる。また、消費性向の時系列的な変化は、あまりにも所得に密接に相関しているため、モデルと一致しがたい。その二は、「さまざまな形の富には、この理論で想定するほどの互換性はない」点である。とくに家計においては、年金資産、あるいは住宅資産のいずれもが他の資産に比べると限界消費性向がきわめて低い。

ことによると人びとは、現在の資産価値や年金支給額を合理的に計算できていないのかもしれない。ここでもまた、人びとには合理性を超える利他心が働いて、自分の所有財産の現在価値を計算できないどころか、相続人のそれをも計算できないのかもしれない。あるいは、制約がなければ受け入れたいと望むライフサイクル・プランを可能にするような資金の貸し付けを行わない金融市場に、その責任があるのかもしれない。

これらの説明は、数ある貯蓄行動の研究のなかで、支持されているものもあれば批判されているものもある。しかし、この章で私は、ライフサイクル理論に対する観察できる多くの例外事象とその説明仮説を取りあげて、この理論の前提に焦点を当ててみようと考えている。検討すべき前提の一つは「代替可能性」である。

代替可能性とは、お金にはなんの色もついておらず、つまり匿名であるということだ。ライフサイクル理論の枠組みでの代替可能性は、資産を構成するあらゆる要素は、その外観や形態は消去され中身だけが抽出されて一つの数字で表される。ライフサイクル仮説によれば、フットボールの賭けで三〇〇ドルの賞金を獲得しようが、自分の所有する株式一〇〇株が一株当たり三ドル値上がりしようが、あるいは年金額が三〇〇ドル増えようが、現在の（たとえば、今年の）経常消費に与える影響は同じであることになる。資産の種類に関係なく増分所得の限界消費性向は、すべて同じであると仮定している。

人びとがいろいろな資産に関して実際どのように行動するか、簡単に考えてみる方法として、ここで私は、家計簿に「心理会計《メンタル・アカウンティング》」体系を適用しようと思う。これは、次のように単純に三つのおおまかな勘定体系を想定することである。それらは経常所得勘定、資産勘定、将来所得勘定である。経常所得勘定は家計の給料振込み口座、資産勘定は預貯金口座にほぼ見合うと考えていい。おおまかに言って、経常所得勘定の限界消費性向は一に近く、将来所得勘定の限界消費性向は〇に近く、資産勘定の限界消費性向は両者の中間のどこかにある。

つまり、それぞれに異なる限界消費性向を持つ心理会計をとり入れるほかに、標準のライフサイクル理論にあと二つの修正を施すことが適当と思われる。どちらの修正も、時期の選択を扱った前章で検討済みのものである。一つは、人びとはせっかちであること。ことに、短期の選択においては、人びとはあたかも自分の割引率が金利を上回っているかのような行動を見せる。この短期の割引率が大きいことは、第二の修正ポイント、つまり自己抑制を生じさせる。

ライフサイクル理論は、「個人はそれぞれ消費の最適化を目指して問題解決を図ろうとし、確固たる意思をもってそれを実行しようとする」と想定している。しかし、実生活の場面では、人びとは自己抑制が難しいことを知っている。そしてそのために、将来の行動を制約する対策を講じるのである。

一つの方法は、年金プランに加入するか終身保険を購入するなど、解約の利かない契約を結ぶことである。公的社会保障制度は、今世紀の最も評判のよい自己抑制の制度化の一例である。

また別の方法は、心のなかで強制的に「経験則を採用する」ことである。こうしたルールの例としては、「二カ月分の収入に相当する額を資産勘定に繰り入れておく」とか、「家屋や車、大型の耐久消費財を購入するとき以外は借金をしない」といったものがある。注目してほしいのは、後者の制約に従う家計は、借り入れが「不可能」で家計が流動性不足をきたしている家計と同じに見える。だが実際はそうではなく、借り入れを「望んでいない」状態である。

要約すると、ここに記述されている家計は、次に述べる賢明なルールに従っていると考えられる。

①収入の範囲内で暮らす。将来所得勘定、あるいは資産勘定から前借りして経常消費を増やしてはならない。失業期間などの正当な事由があれば別であるが、それでもできるかぎり消費を切り詰めること。

②雨の日（不意の出費）に備えて、ふだんから収入の一部を「雨の日勘定」に入れておくこと。緊急時以外は、この口座の金には手を着けない。

③引退後に備えて、あまり自己抑制しないでできるやり方で貯蓄に励むこと。

以上は、人間誰しもが直面する引退という問題に備えるための、貯蓄の悩みを解決してくれる賢明な「経験則」である。本章では、貯蓄理論に関する実証研究をいくつか紹介する。その目的は、「代替可能性」という仮説に背反する事象を示し、さらにより一般的には自己抑制が貯蓄行動にいかに強く作用するかを示すことである。

## 経常所得勘定：消費は収入を追いかける

消費は経常所得にあまりにも敏感であるため、生涯にわたる恒常的収入という概念に整合しないというコンセンサスが、経済学者の間に生まれつつある。この考えを裏付ける証拠は広範にあり、いわゆる生涯消費のパターンである「低頻度決定」、あるいは複数年の消費パターンを平準化する「高頻度決定」というどれの消費行動を研究しても、その結論は同じである。

## 生涯消費が示すパターン

ライフサイクル理論の核をなすのは、ラクダのこぶ状の中高の形をした貯蓄曲線のプロフィールである。若年期では、人びとの所得が生涯所得をならした恒常的所得を下回るため、消費資金を賄うために借り入れをする。中年期では退職後に備えて貯蓄し、老年期では貯蓄を取り崩す。多くの研究者がライフサイクル全体にわたる消費プロフィールのパターンを研究しているが、彼らの下した結論では、それが所得パターンにあまりに酷似しており、このことは流動性制約（必要資金の不足を借り入れで解消できない制約）がない場合、ライフサイクル理論にも合理的期待理論にも整合しない。

ライフサイクル理論を国際比較で検証した研究では、恒常的所得の貯蓄モデルでは、「ある国の消費の伸び率は主に利子率に依存している」と予測している。したがって、もし世界中の利子率が等しくなれば、消費の長期的伸び率もそれと同じになるはずである（ただし、「嗜好」の程度、すなわち我慢のなさの程度を表す指標がすべての国で等しいとする）。ところが、消費の伸び率と所得の伸び率の間に強い相関があり、消費の伸びは、国の成長率の変化や、国際資本市場の欠陥、諸国間の嗜好の多様性に思いがけないほど関係していたために、この利子率依存説は棄却された。

ライフサイクル理論による別の予測では「生涯消費曲線の形は、生涯所得曲線の形とは独立に、つねに一定のレベルを保つ」というものがある。しかし、実際のケースをほんの少し調べるだけで、この予測が真実でないことがわかる。たとえば大学院生は、将来高い収入が期待できる医学生でも、在学中の消費額は恒常的所得よりはるかに少ない。信頼性のある第一次データからも同じ印象を受ける。また米国のさまざまな職業や教育程度を持つグループについて、生涯消費と生涯所得のプロフィールをくわしく調べた研究の結果、（年齢の変化をヨコ軸にとった）消費曲線は所得曲線によって強く影響を受けていることがわかった。このような結果が出たのは、次の項で述べる流動性制約が原因の一部をなしている。

## 短期の貯蓄

ライフサイクル理論と恒常的所得仮説はいずれも、年ごとの所得のバラツキを平準化し、消費は経常所得ではなく、恒常的所得の一定割合を占めるところに落ち着く、と仮定している。ところが、この予測が系統的に破られていることが示されている。ことに毎年次消費は、過度にその年の経常所得に敏感であるという。この結果は、新古典派の経常所得の合理的期待形成モデルの論文に記述されていたが、実証研究の結果は、ミルトン・フリードマンが消費関数に関する独創的な研究で得た結果と似通っている。フリードマンは、消費者の割引率を〇・三三〜〇・四〇の間にあると推定したが、その際の計画範囲は三年以内であり、したがって「消費関数は経常所得に強く依存している」とした。

所得に敏感な行動の重要性を推定する方法の一つは、消費者には二つのタイプが存在すると考えてみることである。一つのタイプは、恒常的所得仮説を満足させるタイプ。もう一つは、経験則に従って「稼いだ金は全部使ってしまう」タイプである。両者の比率は五〇対五〇であると見積もられている。したがって恒常的所得モデルは、代表的な消費行動とするにはあまりふさわしくないと思われる。

消費の時系列特性に関する証拠を読み解くのは、なかなか厄介な仕事である。しかし、一九六五年から八五年に至る月次データを用いて、社会保障給付金の変更が消費支出にどう影響するかを調べた研究では、（標準理論が）所得水準点に過敏すぎることが示されている。期間中に合計一七回の給付金増額があり、そのすべてが支給日の六〜八週間前に発表されていたが、増額に応じて確かに消費は増大したが、それは増額の発表と同時ではなく、実際にそれが給付された後のことである。この効果は、耐久財の購買についてとくに顕著であった。

## 所得源、ボーナス、思いがけない臨時収入

ところで、資産のあらゆる変化は、これに応じた消費に同じような短期的な変化を生み出すのだろうか。思いがけない臨時収入を得たときの限界消費性向は、心理会計では、それによって得る利得の大きさ次第である、と予測する。利得が収入に比べて少額であれば、経常所得の一部とみなされて、消費されてしまう。利得がより大きければ、資産勘定に入れられることになり、限界消費性向は下がる（それでも、年金所得に比べれば高い）。資産の源泉が変化した場合も、限界消費性向変動の要因になりうる。未実現のキャピタル・ゲインなど思いがけない利得の場合は、資産勘定の変動としてだけ処理されるのが当然であろう。また、有価証券の売却などは経常所得に算入されてもよいだろう。

こうした差異が実際にあることはデータが裏付けている。株式市場でのキャピタル・ゲインの限界

消費性向はほぼ一に近い。買収目的の公開買い付けに応じた場合の現金収入では消費は確実に増える。買収から得た税引後の現金収入の限界消費性向は〇・五九と推定した（標準誤差は大きい）。ちなみに、可処分所得のそれは〇・八三、家計純資産では〇・〇三である。

同様に、住宅資産と年金資産が増加した場合はなによりも、他の貯蓄が増えるという意外な効果を及ぼす。手に入った現金がまとまった額で、そして定期的な収入とみなされなければ、資産勘定に組み入れられることがありうる。興味をそそるケースは、ボーナス収入とたなぼたの臨時収入である。いま、ボーナスをかならずもらえて、しかもまとまった額であるとしてみよう。一つの例は、確実に支給される大学教員の夏期給与制度である。二人の教授を比べてみることにする。

ジョンは年俸五万五〇〇〇ドル、これを毎月均等分割で受け取る。ジョアンは一二カ月に均等分割される基本年俸四万五〇〇〇ドルのほかに、夏期に支払いを受ける一万ドルが保証されている。標準理論の予測では、二人の教授は、貯蓄に関してそっくり同じような決定をすることになっている。

心理会計の処理法に従えば、二つの相互に関連する理由からジョアンのほうがより多くの貯蓄を行うだろう。

①彼女の「基本」所得はジョンより低いので、ライフスタイルをこの水準に合わせるだろう。
②夏期のまとまった収入は、限界消費性向の低い資産勘定に繰り入れられるだろう。

この予測が当たっているかどうかは、年二回の定期ボーナスを受け取る慣行が確立している、日本の労働者を対象としたボーナスに関する貯蓄行動の分析で検証されている。日本における経常所得とボーナス所得からそれぞれの限界消費性向を推計すると、景気後退期でない年には、経常所得の限界消費性向が〇・六八五なのに対して、ボーナス所得の限界消費性向は〇・四三七にすぎなかった。そして、一九七四年から一九七六年の石油ショックに不況が重なった期間では、ボーナス所得に対する限界消費性向は一・〇を超えて跳ね上がり、ボーナスが緊急時の消費を押し上げるのに使われたことを示している。

思いがけない偶発所得が消費に与える影響の最もすぐれたデータは、ドイツが第二次世界大戦後イスラエルに支払った賠償金に関する分析がある。この調査は二九七家族に及び、受け取った賠償金の種類は多岐にわたっていた。年収の約六六%という最も大きな偶発所得を受け取ったグループの限界消費性向は、わずか〇・二三にすぎなかったが、年収の約七%と最も少なかったグループは、二・〇を超えていた。少額の偶発所得は、なんと二倍もの消費を生んだことになる。これは、支出の実行者が二人の家計のすべてに見られる現象である。

## 資産の代替可能性

ライフサイクル理論は、どの変数が貯蓄に影響し、どの変数が影響しないかをあらかじめ教えてくれるところが強力である。まず、家計の貯蓄率に影響を与える要素をおおまかにつかもうと思えば、各家族構成員の年齢、一家を支える資産（家計維持者の生涯を通しての資産）、利子率だけを見ればよい。家計の資産の「構成内容」は、現在価値が一定に保たれるかぎり、なんら影響を与えない。たいていの場合、家計の資産は、将来の所得、年金および公的社会保障制度からの給付、保有資産（不動産・有価証券類）、の三つで構成される。流動性への考慮を別にすれば、これら三つの資産は、ほぼ完璧に近く相互に代替可能なはずである。

## 家計の資産としての年金

生涯の勤労所得の変遷を示す曲線がそっくり同じ二人について考えてみよう。一人は年金資産の形で一〇万ドル持っており、もう一人は持っていない。ライフサイクル理論では、年金資産のない人は他の形の貯蓄で一〇万ドル多く持っていなければならない。つまり、一対一の関係で要素間に代替があるはずだというのである。年金資産の変化に対して自発的貯蓄の変化を推定した場合、その相関係数の値はマイナス一・〇となる。

ところが私的年金型の資産が他の貯蓄に与える影響について初期の研究では、驚くべき結果が得られた。年金資産が他の貯蓄に及ぼす影響はマイナス一・〇に近いどころか、なんとプラスだった！年金資産に一ドル加わると、他の貯蓄もわずかながら増えていたのである。この結果は、「選択バイアス」で説明がつくだろうか？　つまり、貯蓄を好む人びとは、年金制度が整っている会社に勤務する傾向があるからだろうか？

この仮説の間接的な検証も試みられている。年金に加入している人たちだけからなる二次選別グループの年金と貯蓄の相関を推計すると、その結果もまた、わずかなプラスだった。この結果を選択バイアスで説明するには、人びとは年金給付の内容と貯蓄選好に基づいて、自分たちの貯蓄行動に（大枠で）完全に一致する会社に就職しなければならず、それはとうてい無理な話だと思われる。

ライフサイクル理論という理論的枠組みに当てはめて考えると、貯蓄を好む者はまず最も高賃金の仕事に就き、そのうえで自己裁量でする貯蓄をその企業の年金政策に合わせて最適水準に保てばいいだけのことではないだろうか。年金と貯蓄の代替性に関する別の推計では、ライフサイクル理論が「正しい」ことを示すマイナスの相関が得られてはいるが、それでもマイナス一・〇に近いものは一つもなかった。人びとは、年金資産を他の資産にきわめて代替しやすい家計の資産とみなしているとは思えないのである。

同様の問題点が、ＩＲＡ（連邦歳入庁）の「個人退職貯蓄勘定」についても持ち上がる。ＩＲＡが本当に「新しい」貯蓄制度を創設したのか、それとも他の（課税対象の）貯蓄形態を単に新たに非課税（課税猶予）勘定に「組み直した」だけのことなのかである。これについて次のような指摘がある。

「ＩＲＡの新しい貯蓄と、在来型貯蓄勘定は同等の資産であり、単に価格が違う商品だと考えたくなるかもしれない。ただしその場合、人はＩＲＡの退職貯蓄口座は、従来型貯蓄に補助金が付けられたにすぎず、補助金が付いている分だけ保有残高に上限が設けられたと思うに違いない。……しかし、……分析してみると、消費者はこの二つを等価には扱わないことがはっきりと示されている」

「消費者支出調査」を用いてＩＲＡ貯蓄の実態を分析した結論は、次のとおりだ。

「ＩＲＡ貯蓄では、その大多数が新規貯蓄となっており、これが他の貯蓄の減少をもたらしてはいない」

このほか、ＩＲＡ退職貯蓄の利用者は、制度が導入される以前はあまり貯蓄していなかったことも判明した。

所得税納税申告書の例を用いても、この「新」貯蓄に貯蓄代替性があるかどうかが検証されている。仮に、ＩＲＡ貯蓄が主として代替された貯蓄であるならば、ＩＲＡ貯蓄制度の利用者たちの課税利子所得はそうでない者たちより少なくなるはずである（なぜなら、利用者たちは彼らの所有する他の貯蓄からその一部をＩＲＡ口座に移すわけだから、その分の利子に対する課税が免除され、全体の課税利子所得が減ることになる）。ところが、どの所得階層においてもＩＲＡ貯蓄制度利用者の課税利子所得は増えており、この調査結果は、年金との関連に関する調査結果と同様に、代替関係がプラスの相関であることを示している。

ほかにも、ＩＲＡの利用をめぐるいくつかの事実があり、心理会計と自己抑制の要素が重要であることを示している。ＩＲＡ貯蓄口座は利子所得に課税されないのだから、合理的に考える人ならできるだけ早期にＩＲＡ口座を利用し、限度いっぱいの長期間、利子所得課税を回避するだろう。とくに、ちょうど課税対象の口座からＩＲＡ貯蓄に資産を振り替えようとしていた人は、まさしくこれに当たるケースである。

ところで、法律の規定では、納税者は翌年の四月一五日までなら課税控除が認められる商品の購入ができる。サマーズは、一九八五課税年度におけるＩＲＡ貯蓄加入の半分近くが一九八六年に行われたと報告している。また、フィーンバーグ＝スキナーも同様の事実を見いだしている。

他の資産から振り替えずに、家計がＩＲＡ貯蓄勘定を購入するかどうかを占う重要な要素は、四月一五日の納税締め切り日に、ＩＲＡに納税用の支払い小切手を書くことになるかどうかであるという。税金の還付を受ける者より、納税すべき税金を残している立場にある者のほうが、ＩＲＡ貯蓄を取得する公算が高かった。この結果は、心理会計をいかに重く解釈すべきであるかを改めて示している（「政府に八〇〇ドル納税するくらいなら、ＩＲＡ勘定に二〇〇〇ドル預けるさ」）。また、所得よりも、所有資産のほうがＩＲＡ貯蓄購入の重要な決め手であり、流動資産を保有している家計のほうがＩＲＡ貯蓄を購入する傾向も示されている。

ＩＲＡ貯蓄の購入がしばしば流動資産を流用して行われるとすれば、国民総貯蓄を増やすことになる。その理由は、ＩＲＡ勘定に入れたお金は流動性を失う（持ち主が五九・五歳に達する前に預金を取り崩せば、一〇％の特別課徴金が課される）ばかりか、お金としての魅力も失ってしまうからである。ＩＲＡに預けた預金は、法律で認められている万やむをえない緊急時を除いて手を着けてはならない「引き出せない」資産とみなされる。もちろん、ＩＲＡ貯蓄口座の非流動性を長所だと考える人もいるだろう。そうした制約がなければ不可能であるつつしみ深さを、しっかり与えてくれるだろうからだ。それは、自己抑制の一つの方法かもしれない。

また、家計が心理会計の資産勘定を望ましい水準に保っていれば、ＩＲＡ積立貯蓄の購入は勘定の残高を一時的に減らすだけのことである。同様に、ＩＲＡ貯蓄の購入のために借り入れをする人は通常、ローンの返済もかなり早めに（もちろん、退職年齢に達する前に）すませるので、それが正味の貯蓄を増やすことになる。

## 住宅資産

年金資産の場合と同じく、ライフサイクル理論ではその前提として持ち家、すなわち保有住宅資産は代替可能であるゆえに、他の形態の家計の資産の代替としてすぐれているとみなされる。ライフサイクル理論のこの前提を検証するには、いくつかのわかりやすい事実を見てみることから始めるのがいいだろう。住宅所有が他の貯蓄に及ぼす影響を、「所得弾力性のパネル調査一九七〇～七九年」を用いて調べた研究がある。そこでは、次のようなパターンがわかっている。

若年期家計では、最初の住宅取得に向けてその頭金を用意するため流動資産を蓄えておき、住宅購入時に取り崩す。その後すぐに、ふたたび流動資産を蓄え始める。それと同時に、住宅ローンを返済し、持ち家から上がるキャピタル・ゲインを蓄積して、住宅資産を形成していく。こうして彼らの住宅資産が貯蓄のよき代替物であるのなら、保有者は当然、他の資産による貯蓄は少ないと考えるべきだ。しかしそうではなく、その正反対が真実である。パネル調査で、一九七〇年から一九七九年までの間、継続して住宅を所有していた家計と、住宅を購入しなかった家計を比べてみると、他の条件がすべて変わらないとすれば、住宅保有者の住宅資産を除く貯蓄は一万六〇〇〇ドル多かった。おまけに、彼らは二万九〇〇〇ドルの住宅資産を所有していたのである。

代替性の問題を考察するもう一つの方法は、住宅資産の限界消費性向を推定してみる手法である。それによると、家屋を所有していて転居しなかった人たちについて、一九七六年から一九八一年までに、住宅資産の増減が実質消費の変化にどう影響したかを回帰曲線を描くと推定相関係数は、実質的にはゼロと同じだった。もう少し複雑なモデルでは、無調整の直接得られた一連の回帰曲線は小さいけれど有意の影響がはっきりと見られたのに対して、家計間の個別的な事情の違いを調整した曲線は、住宅価値の変化は消費にまったく影響を与えないことを示していた。

このような結果を、世代間の資産の移転の一タイプであるとする説に基づいて説明することもできよう。住宅価格が上昇すれば、子供たちの住宅購入資金を援助するために人びとはさらに蓄えたいと思う。このことを確認するために、家族構成の多寡が貯蓄になんらかの影響を与えるかどうか調べられたが、影響はなかった。また、世代間移転を重視するなら、住宅価格の値上がりに対処して誰しも(一般に)自分のためだけでなく、次世代のためにももっと貯蓄しようという気になるのだろう。

住宅資産の限界消費性向の低さは、ライフサイクル理論に反するもう一つ別の事象、すなわち「高齢者はこの理論が示すほど早く貯蓄を取り崩さない」ことに現れている。これは、先に注目した「消費は所得曲線をなぞって推移する」という説をさらに補強するものである。若年期と老年期の消費は、ライフサイクル理論の予測に比べてあまりに少なすぎる。若年期の行動は、金融市場の不完全性(利用しにくさ)でなんとか説明できるとしても、老年期の行動はとくに住宅保有者については、ずっと謎が多い。六五歳以上の住宅保有者は、住宅ローンが残っていることがめずらしいくらいだし、したがって取り崩し可能な住宅資産額もかなりの大きさに達している。住宅資産を取り崩したくないのは、自発的な気持ちであるように思われる。「しかし、彼らは住宅資産を減らしたくない」というタイトル付けた論文では、この問題を一九六九年度および一九七九年度「退職者追跡調査」の六例を用いて調べている。調査に当たって、サンプルのうち実際に住宅を買い替えた例では、彼らは住宅資産の価値を低めるよう調整することができるので、自らの望んでいる住宅資産の水準をその行動から推定することが可能になる。

彼らの行動が示唆しているのは、望ましいと考える住宅資産額と実際の価格の平均値の差はごくわずかで、たったの一〇一〇ドルだった。これを資産全体との関係で見ると、住宅資産の望ましい割合は、五三%である。望ましい割合と実際との差は、一・〇七%だった。望ましい住宅資産には年齢の影響がまったく見られなかった。子供の有無もなんら影響していないから、住宅=遺贈資産説は疑わしくなった。論文の結論はこうだ。

「高齢期は資産の流動性にあまり制約されない（現金不足で困ることはない）。そして、ライフサイクル仮説の標準モデルとは逆に、高齢者世帯は普通住宅資産を減らすことなど、まったく望んでいない」

## 現金不足は流動性制約か、負債回避か

家計消費に関する証拠が多くあるにもかかわらず、多くの経済学者は、国民の一定割合を占める人たちには資産・資金に流動性制約があると想定したモデルを開発してきた。それは、消費（曲線）をなだらかにするための資金を借りることができない一部の人たちがいるからである。ここに示された見解と共通する部分が多い開発途上国モデルについてなされた研究では、モデルにぴったり適合する家計は、「借金することに耐えられず、それゆえ借り入れできないのだ」と想定している。このよう

なモデルは貴重であり、啓発される。しかし、私の考えでは、流動性制約の重要な根拠は、単純に借金を好まない家計が自らに課した掟にある。

住む家を取り替える高齢者は、できれば新たな住宅ローンを背負い込みたくないと考えることは、この考え方に合致する。リバース・モーゲージ・ローン（銀行が高齢者の家屋を買い取ったうえで、そのまま居住を続けさせ、年金を支払う仕組み）がきわめて不評だった原因の一部は、名前に「ローン」という呼び名が付けられたせいだと、私は考えている。

住宅保有者を一つのグループとして見れば、確かに彼らは流動性に制約を受けているとは言えない。一九八八年の米国にある住宅債券（債務残高）の総額は約三兆ドルで、そのうちおよそ二兆五〇〇〇ドル相当分が、（より厳しくなった）新法の下でもこれを担保資産とした非課税扱いの借り入れが可能だった。この資産価値がいかに巨大であるか感じとってもらうために、別の数字をお目にかけよう。一九八五年の全米の無担保債務の総額に自動車購入債務総額を加えた額は、四〇五〇億ドルである。人びとが二番抵当による借り入れをする場合、それは消費を増やすためではなく、投資用にその資金を使うためだ。この二番抵当借り入れのおよそ半分は、家屋の改修・改装やグレードアップのための増改築費に充てられる。このため、この資金は同じ心理会計に仕訳されて管理されることになる。

また別の、比較的利用されていない現金入手源は、終身生命保険の貸し付け（制度）である。終身生命保険証書にはたいてい、貸し付け約款が特約として入っており、証券保有者は保険金を担保にした借り入れができる。昔は貸し付け利率はとくに魅力的だった。たとえば、一九七九年には証書貸し付けローンの利率は平均五・六五％だった。ちなみに、国債の短期金利は九・五％だった。保険加入者がその保険金を担保にお金を借りたところで実質的に金持ちになるわけではないが、借り入れ利率についていては、確実に実質マイナス金利で利用できたのだ。一九七九年のデータを用いた研究によると、この制度を利用したのは全有資格者の一〇％以下であったそうだ。「人びとはしだいにインフレ下の逆ザヤ現象を利用する機会があることに気付く」という仮説を検証したところ、「保険証書の持ち主たちはそれに気付いて少しは利口になるにしても、気付き方がきわめて緩慢で」、保険証書の持ち主たちの半数が対応を的確に実行するようになるまでになんと九年かかっている。

これまで述べてきたことは、流動性制約が重要でないとする主張だと受け取ってもらっては困る。私が言いたいのは、むしろその逆であり、二つの要因、つまり金融市場とともに人びとが自身に課す制約が、流動性制約の主要因であると指摘しているのである。後者の自己抑制という要因はこれまであまり注目されなかったが、これらのほうがより大きいのかもしれない。

## 解説　誰の行動がモデルになるのか

旧世代の経済学者は、貯蓄行動について、より多くの行動心理学的分析を残している。アービング・フィッシャーは、先見力、自己抑制、習慣の役割が大きいと強調した。ミルトン・フリードマンの恒常的所得仮説でさえ、合理的期待形成には縁遠い理論だった。彼はこう述べている。

「恒常的所得の中身は、予想生涯収入とみなすべきではない。……それは、単位消費者個人の任意の年齢において、当人がその時点で恒常的とみなす平均所得であると解釈すべきであり、それは順次（年齢を重ねるに従って）、本人の（位置する所得階層の）視野と先見力に応じて変化する」

現代の貯蓄理論は、消費者をますます専門知識が詰め込まれた複雑なモデルに仕立て上げてきた。消費者モデルに求める期待は、専門知識をたくさん持つ計量経済学者の期待と同じ高度な内容であると受け止められているのだ。問題は、経済学者がますます理論を精緻化し明析になったのに対して、消費者はそれとはかかわりなく人間的であり続けていることにあるようだ。

こうした状況は、「私たちは誰の行動をモデルにしようとしているか」という問題に立ち返って考え直させる。これらの問題点にそって、私は二年間の全米経済学協会（ＮＢＥＲ）の大会で、私のモデルとロバート・バロー（著名な合理的期待形成論者）のモデルの相違について、次のような言葉で説明したのである。

「バローは彼のモデルにおいて、市場のエージェントたちも彼と同じように明敏だと仮定している。だが、もう一方の私は、人びとは私と同じように愚鈍であることを描こうとしているのだ」

バローも、この評価には同意してくれた。

# 第10章　ギャンブル市場

## 競馬と宝クジにみる「市場の効率性と合理性」

PARI-MUTUEL BETTING MARKETS

何回誘ってもなかなかOKをもらえなかったお目当ての女性と、ついにデートできることになった。

「バレエを観に行こうよ」（あなたの選択）

「ホッケーのほうがいいわ」（彼女の選択）

さんざん議論したあげく、結局、競馬場に行くことでめでたく話がまとまった。当然、あなたは競走馬についての薀蓄を傾け、馬券の戦略を語って強く印象付けようと知恵をめぐらせる。買い求めた競馬新聞にさっそく目を通し、準備に怠りないあなた。買い馬券は、賭け率二〇対一の一発大穴狙いで、かの懐かしの一頭「オールド・カウボーイ」だ。

「こいつに一〇ドル張る」

あなたは彼女に、高らかに宣言する。もし当てれば、ディナーに十分なぶ厚い札束が魅力的だし、スッたときはそのときで男らしく豪気なマッチョぶりを印象付けよう。

ところで、あなたが一生懸命に出走馬の記録を研究しているかたわらで、彼女は悠然と日差しを楽しんでいる。そこであなたは、「どう、相乗りといきますか」と彼女を誘う。すると彼女は「いいえ」と答え、「どうするか、少しだけ待って」と言う。さて、トラックのなかに立つ電光掲示板をジッと見ていた彼女は、第一レースのスタート五分前になるといきなり、電卓を取り出して数字を打ち込み始めた。二分後、彼女はあなたにお金を手渡しながら言う。

「馬番3で、着順三位以内に賭けるわ。五〇ドル買ってくださらない」

馬番3は、このレースで本命馬の一頭だ。「たとえ勝ち馬になって配当金が付いたとしても、わずかな金額にしかならないよ」と、彼女に説明してあげるが、彼女の険しい視線にねめつけられて、すごすごとあなたは馬券売場へ向かうはめに……。

ニックネームが連想させるとおり、かの懐かしの「オールド・カウボーイ」はどん尻。馬番3は二着でゴールイン、二ドルの賭け金に二・八〇ドルの配当が付いた。おかげで彼女は七〇ドルを手にし、元金五〇ドルを差し引いて二〇ドルの儲けとなった。そしてレースが替わるたび、同じ光景が繰り返された。彼女はレース情報にはけっして目を通そうとせず、レースの五分前になると掲示板を見つめてはやおら電卓に数字をたたき込む。そして彼女は、半数以上のレースを賭けないで見送り、残りのレースで本命馬の二、三着以内という馬券を買ったのだ。

この日のレースが終わってみると、彼女は四つのレースに賭け、そのすべてが入賞を果たし七五ドル稼いでいた。あなたのほうはと言えば、ディナーに予定しているあの店はクレジット・カードが使えたかどうか、急に心配になってきた。

ついにあなたは意を決して、「電卓でいったい何を計算していたの？」と彼女に聞いてみる。彼女は、にこやかに微笑みながら膨らんだハンドバッグに手を伸ばし、『Z博士の必勝裏馬券』と銘打った一冊の本を取り出した。

「今度また、誰かと競馬場でデートしていいところを見せたければ、この本をお読みになってからになさったらいいかもしれないわ。ところであなた、宝クジはお好き？」


経済学者たちは、市場の効率性と合理性の概念を検証しようとして株式市場に注目してきた。以降の数章では、この株式市場についてくわしく検討する。そこで、いざウォール街に乗り込むその前に、自分の手でプレーする賭け市場と、他人のプレーの成績に賭ける投票式ギャンブル市場を考察しておくのが役に立つだろう。とくに投票式ギャンブル市場は、市場がいかにうまく働くかを試してみるのに、より適しているからだ。

これらの市場の利点は、きわめて明確に、ある時点で結果が確定されることである。しかし株式市場においては、こうした特性がないこともあって合理性を検証することはたいへん難しい。株式は期限を定めないものであるため、株価は「将来のキャッシュ・フローの現在価値」と「明日も安全な資産として人が払ってもよいと考える価格」の二つの要素によって決定される。

実際、学習するにはギャンブル市場のほうが条件がいいので（すばやく結果が出て、繰り返しフィードバックできる）、効率がいいと言えよう。しかし、イベント・スタディの結果からは、いくつかの興味ある例外が見つかっている。ギャンブル市場にはさまざまなタイプの賭けがあるが、この章では、競馬と、「ロト」と呼ばれる数字当て宝クジ、の二種類に絞って検討することにしよう。

## 競馬という市場

競馬場のレースという「市場」は、約二〇～三〇分間隔で開かれ、賭けたい者はその間に、次のレースの出走馬六～一二頭の馬のうち好きな番号を選んで馬券を買う。つまり、投票方式で賭ける。米国の場合、競馬の一般的な賭け方は三種類あって、どの馬が一着でゴールインするか（ウィン）、一着か二着で入るか（プレース）、一、二、三着で入るか（ショー）のいずれかを投票する（ほかに、二頭以上の着順を組み合わせた「エキゾティック」と呼ばれる連勝式もある）。

一着、二着、三着の馬は「入賞馬」と言われる。配当金は、パリ－ミュ－チュアル方式で配分が決定される。賭けの種類ごとに「プール」され、外れた賭け金（から手数料を減じた額）を勝った馬券の間で山分けされる。

手数料は固定で、「競馬場の取り分」と「切り捨て差額」が含まれる。切り捨て差額とは、配当金は五セント、一〇セント、二〇セント単位になっているため、配当金一ドル当たり最大五セントの切り捨てが行われることを指す。こうした手数料はかなりのもので、賭けの方式やどこの競馬場かによって差はあるが、通常、一五〜二五％に達する。

ウィン（単勝）に投じられた総額において、特定の馬に賭けられた比率が、その馬がレースに勝つ「主観的確率」であると解釈できる。多数のレース記録を分析することによって、たとえば主観的確率が〇・二〇〜〇・二五だとみなされる出走馬が、どの程度の割合で実際に勝つか調べてみることができる。

この分析の結果は、なかなか印象的だ。ファンたちから最も優勝しそうだと見られた馬（「本命」）は、確かに一着で入ることが多い（約三分の一）。主観的確率と客観的確率の相関もきわめて高い。明らかにこの市場では賭け手の経験がものをいいそうだ。

主観的確率と客観的確率の間に見られる高い相関は、競馬市場が効率的であることを意味しているのであろうか。それは、「市場の効率性とは何か」というその定義いかんによる。さしあたって、あらゆる賭け手が合理的期待に基づく期待値の最大化を狙っていると仮定すれば、市場効率性に関して次の二つの定義が当てはまる。

①市場効率性の条件一（弱い）：すべての賭けに、ポジティブな期待価値がない。

②市場効率性の条件二（強い）：すべての賭けに、「掛け金×（1－t）」の期待価値がある。（tは手数料）

競馬市場の効率性には驚くべきものがあるが、この二つの条件のどちらにも反する証拠がかなり多く存在する。いずれの賭けにおいても決まって見られる例外は、「本命＝大穴バイアス」と呼ばれている。とくに、賭け金一ドル当たりの期待配当は、優勝確率とともに単調に増加する。本命とされる馬は、主観的確率の予想以上によく優勝するし、穴馬のほうは予想ほどには優勝しない。このことは、本命馬に賭けるほうが、（めったに当たらない大穴を狙うより）ずっと有利なことを意味している。実際、オッズ（賭け率）が三対一〇より低い（勝つチャンスが七〇％以上の）圧倒的な本命馬の期待価値はポジティブであり、これは条件一に反している。

図10－1は、主として既発表データ（これだけで、五〇〇〇〇レースを超える）を用いて、「本命＝大穴バイアス」をグラフ化したものである。

手数料（t）を、カリフォルニア州で適用されている一五・三三％で想定し、期待配当率をオッズの変化に従ってプロットしている。図中のヨコ線は、期待配当率が〇・八四六七（1－t）の点を示している。これは、オッズがおよそ九対二（一着の確率が約一五％）のときに該当する。

オッズが一八対一を超えると期待配当率は急激に落ち込み、一〇〇対一では掛け金一ドルの期待配当はわずか一三・七セントまで下がる。この意味は、「一〇〇対一のオッズの馬に賭けると、一〇〇回のレースのうち一回優勝するのではなく、実際にはなんと七三〇回に一回勝つだけ」ということになる。三対一〇以下のオッズでは、期待配当率はポジティブとなり、賭け倍率の一番低い馬で四～五％の配当が付く（このことは、ほぼすべての全米の競馬場での最低払い戻し額が、掛け金一ドルにつ

図10-1　カリフォルニア州における競馬の実効払い戻し率（端数切り捨て）

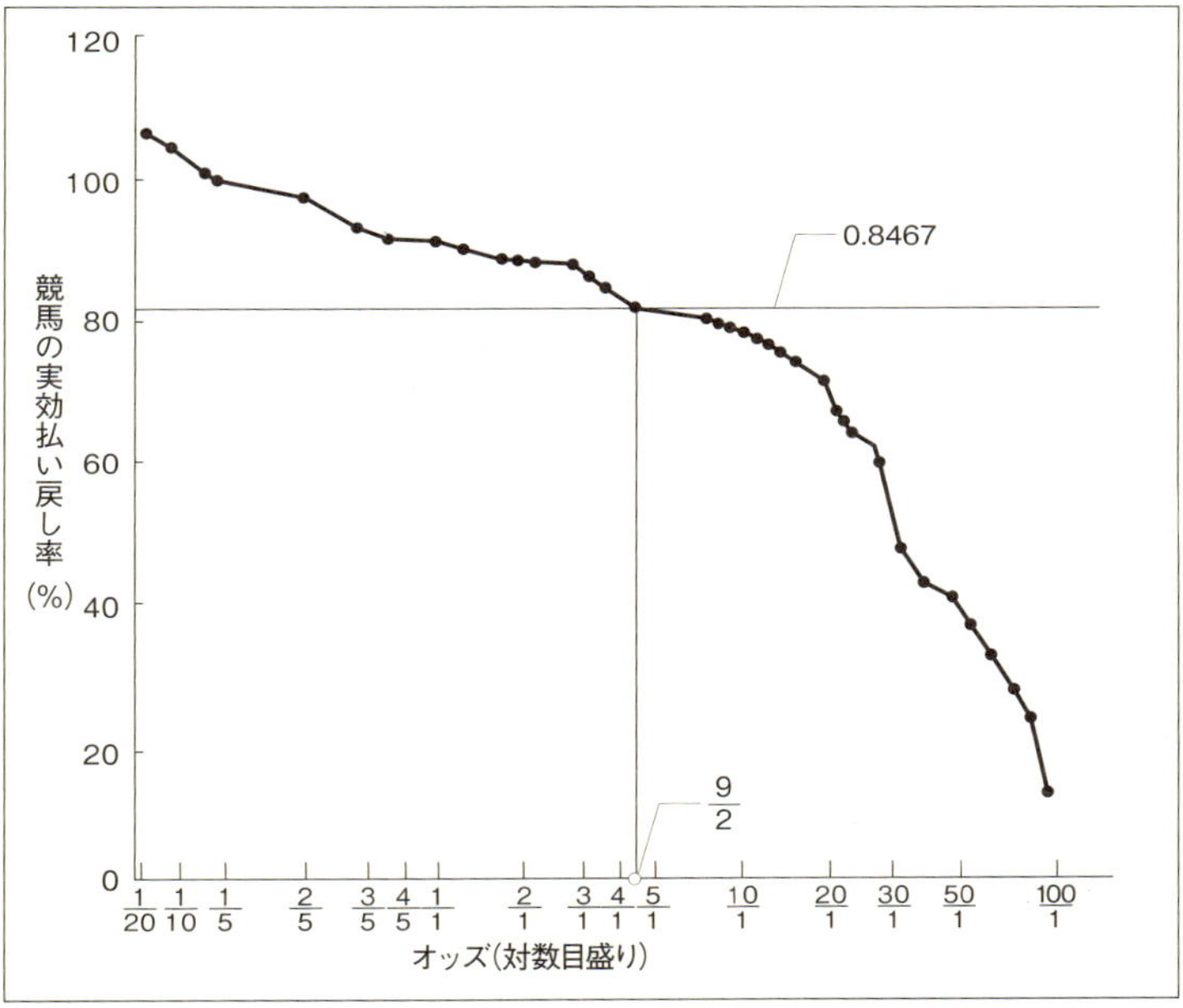


き一・〇五ドルであるという事実によって一部説明できる）。

こうした圧倒的な本命馬で大喜びすることはまずまれなので、その他の儲かる賭け方の戦略について、以下でくわしく検討するとしよう。

市場の効率性を検証するもう一つの方法は、同等の賭けに対する配当金を比較することである。たとえば、競馬場にはたいてい「デイリー・ダブル」という重勝式の賭けの方法がある。これは、第一レースのA馬と第二レースのB馬を一着とする重勝馬券を買おう、と賭け手が考えているケースがこれにあたる。

また、「パーレイ」と呼ばれる賭け方式では、第一レースでA馬に賭け、A馬が一着になれば、元金と配当金をすべて第二レースのB馬に賭ける。効率的であるためには、A、Bを一着とした重勝馬券と、AとBのパーレイの配当は同じでなければならない。

この問題が検証された結果は、「重勝式とパーレイ式を比べると手数料は重勝式が安いので賭け手はこちらを選ぶだろうが、どちらも賭け値はそれぞれ相当に合理的かつ効率的に設定されている」ということである。

同様の検証が、「エグザクタ」（連勝単式）の賭けを使っても可能である。この方式では、賭け手は一つのレースの一着馬と二着馬を両方とも正しい順序で当てなければならない。単勝単式で各馬に賭けられた賭け金の相対比が、勝ちの予想確率を間接的に表す指標として使えるのと同じ理屈で、いわゆるハービルの公式を用いて「連勝単式」についての同様の計算が可能である。

いま、馬iが一着になる確率が$q_i$ならば、馬iが一着で馬jが二着になる確率は、$q_i q_j / (1-q_i)$であると想定できる。同様に、馬iが一着、馬jが二着、馬kが三着になる確率は、$q_i q_j q_k / (1-q_i)(1-q_i q_j)$となる。この公式を用いて、オッズに表れた主観的な優勝確率を比較すると、「一般大衆は数字的に筋の通った賭け方はしない」という事実であった。この二種類の掛け金から見るかぎり、そこに表れているそれぞれの確率はしばしば大きく食い違っていたのだ。

## 賭け方の戦略

競馬場での賭け方の戦略は、株式市場でのそれと同様に、ファンダメンタルな手法とテクニカルな手法がある。ファンダメンタル戦略とは、公開情報に基づいたハンディキャップ戦略であり、賭け手は、予想や市場が決定したオッズを基に、競馬場が取る手数料を上回る額が配当されそうな一着馬を見つけようとするものだ。

テクニカル戦略の場合は、情報はそれほど必要とせず、目の前で進行中のレースに関するデータのみを使う。この手法の賭け手は、市場のどこかに非効率的な部分はないかと、見落とされている重要な情報を探し出して、儲けが期待できると見れば、それに賭ける。私たちが研究対象としてきたのは、もっぱらテクニカル戦略である。

一着、二着に入る馬の一頭を当てるプレース馬券と、一着、二着、三着に入る一頭を選ぶショー馬券の二つの賭け戦略を検証するには、一着に賭けられた掛け金プールの総額とハービルの公式を用いて、各馬の二着以内入賞、三着以内入賞の確率を、一着に賭けられた金額に基づいて計算すればよい。こうした方法で分析すると、二着以内入賞、三着以内入賞の可能性があるのにそれに見合うだけの掛け金が賭けられていない馬を割り出すことができた。

この分析の基本的な考え方は、一着に賭けられた全金額に占める馬iの割合と、二着以内入賞、三着以内入賞に賭けられた金額中の馬iの割合とを比べてみることにある。たとえば、一着に賭けられた掛け金総額の四〇%を馬iが占めているとき、同じ馬の二着以内入賞の目には一五%しか掛け金が集まっていないなら、二着以内入賞に賭けるほうがたくさん儲かるというわけだ。このような儲けのチャンスは普通、一日のレースで二回ないし四回めぐってくる。二シーズンにわたるレースのデータを調べた実証研究では、二着、三着入賞馬券で平均一一%もの配当を稼ぐことが可能であると判明し

## 図10-2　カリフォルニア州におけるオッズ別1着、2着以内の確率

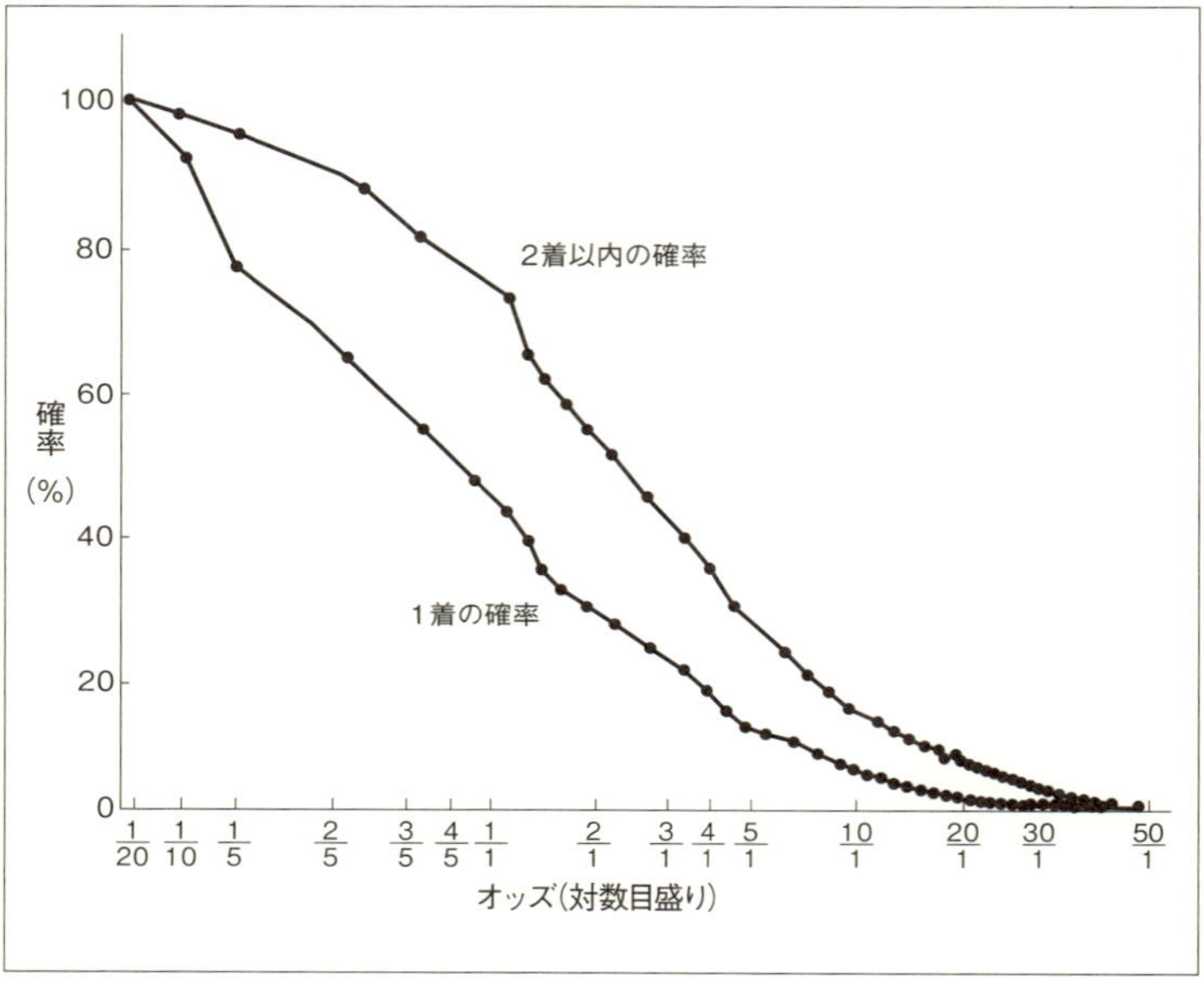


ている。これは、弱い市場効率性の条件に反している。おまけに、この方式が公表されたにもかかわらず、儲けのチャンスが消えてなくなった様子はいっこうに見られない。

さらに、連勝単式馬券においても同様に市場の非効率的な部分を割り出し、それを利用して儲けを手にするテクニックが研究されている。儲かる確率が最も高い賭け（馬券）は、一番人気の本命馬が二着で入るケースだった。図10－2に見るように、計算された各オッズに対する、一着に入る確率と二着に入る確率をそれぞれプロットした二本の線が示しているのは、「オッズの低い馬がみごとに二着でゴールインする確率がかなり高い」ということである。だが一般の賭け手は、このチャンスをそれほど大きいとは思わ

ず、みすみす過小評価していることになる。

もう一つ、誰にもおなじみの儲かる賭け方は、極端な超人気馬に偏る、いわゆる「本命＝大穴バイアス」から導かれる。超本命馬の一着に賭ければ、儲けが可能になる。大衆はこのようなスーパー馬券にかなりの掛け金をつぎ込むものだが、まだ賭け方は十分とは言えない。もっと張るべきなのだ。穴馬同士の組合せは、連勝単式馬券ではほとんどの場合、よい結果を得られない。この手の掛け金一ドルに対する典型的な配当は、一〇～三〇セントである。

「馬券の販売時間が終了間近での、オッズの変化は、インサイダー情報が反映されているのではないか、そして、配当が確実に期待できる馬券を教えてくれているのではないか」という問題について、くわしく調べた研究がある。

競馬ファンには常識となっている賭け方の知恵に、「人より後に賭ける者が利口だ」というものがある。このことは、検証によって確認されている。この研究では、アトランティック・シティ（ニュージャージー州の娯楽都市）の競馬場で開催された七二九のレースから、馬券の発売時間中のさまざまな時点におけるデータが活用された。その結果、的中した一着馬券の最終オッズは、「朝一番の着順予想」（場内予想屋の予想したオッズ）より低い傾向にあることがわかった。

その一方で、着外馬の最終オッズは予想屋のオッズよりずっと高かった。賭けるタイミングが遅くなればなるほど、一着馬券のオッズに影響が強く出る。一着馬券の最終オッズは、予想屋情報のオッズの九六％であったが、締め切り八分前で賭けられた馬券の限界オッズは八二％、五分間には、それは七九％にまで下がっていたのである。着外馬券の最終オッズは、予想屋のオッズ情報の一・五倍に達していた。

最後の数分間のオッズの変化を独立変数として用い、一着に入る確率を計算するロジット・モデルによって「儲かる投資戦略を探し出す手だて」も研究されている。それによると、一着馬への掛け金プールのなかからは儲けのタネは見つからなかったが、二着以内入賞と三着以内入賞を狙う馬券にはいくらかの可能性がある。明らかに、投票の締め切り間際にオッズの下がった、人気の本命馬の二着以内入賞と三着以内入賞に賭ける馬券を買えば、小さな利益が出る。この結果は、二着以内入賞と三着以内入賞の賭けにおいて市場に非効率性が存在することを示唆した研究結果とも一致する。

## 複数の競馬場のオッズを使う

電話による場外馬券発売システムが発達したおかげで、最近は地元の競馬場にいながら、別の競馬場で行われているレースにも賭けることができるようになった。こうして競馬場の枠を超えて賭けが可能になると、市場の効率性をめぐる興味深い問題が改めて提起されることになった。

高い手数料や競馬場内に公衆電話がないためにサヤ取りは成り立たないとしても、合理的期待仮説によれば、すべての競馬場でのオッズはほぼ等しくならなければいけない。ところが実際には、しばしば、それも劇的に変動が生まれているのである。

たとえば、一九八六年のケンタッキー・ダービーで優勝したフェルディナンド号は、しばしば出走してなじみのカリフォルニアのハリウッドパーク競馬場では、二ドルの掛け金に対し一六・八〇ドルの配当金を付けたが、ニューヨークのアクアダクト競馬場では三七・四〇ドル、トロントのウッドバイン競馬場では七九・六〇ドル、フロリダのハイアリーア競馬場では六三・二〇ドル、ルイジアナのエバンジェリーン競馬場では九〇・〇〇ドルの配当を出している。

純然たるサヤ取りは難しいとはいえ、儲かる賭け方は可能である。すべての競馬場の最終オッズのデータが入手可能で、馬券発売の締め切りまでにそれを使って各地の競馬場で二着以内入賞馬を計算できることを条件に、あらゆる競馬場のレースに賭ける最適モデルが研究されている。

このシステムの核心は、本拠地の競馬場のオッズが（本命＝大穴バイアスを調整後）正確であると想定し、次に市場の非効率性を利用して他の競馬場との組合せを探し出すというもので、着眼点が良い。各地の競馬場のオッズに差があり、その差が十分に大きければ（実際に数レースでそのようなケースは生じる）、オッズが最も高い競馬場で買い続ければ、十分にサヤ取りできる機会があるだろう。だが、あいにく、高度な通信手段がないために、こうした戦略を実行に移すことはできない（たぶん、法律にも違反しているだろう）。

ところが、シカゴ商品取引所のあるトレーダーは、ポータブル・テレビを使って別の競馬場の情報を知る実用的な方法を開発して儲けている。それは、本拠地のオッズをテレビの速報画面で確かめながら、他の競馬場のオッズに重要な情報がないか探り出すという方法である。

## ロト（数字当て宝クジ）

クジの歴史は、聖書の時代までさかのぼれるほど古い。古代イスラエルの民はクジ引きによって七つの部族に分けられた。キリストの着ていた衣服は、切り分けになることを避けるためクジの勝者にまるごと与えられた。バチカンのシスティーナ礼拝堂とその壁画は、宝クジの上がりで支えられてきた。イタリアの宝クジは、一五三〇年以来途切れることなく続いている。現在、宝クジは、世界の一〇〇カ国以上で行われている。

北米には、初期の移住者ピルグリム（清教徒）たちとともにやってきた。宝クジの収益金の一部は、ハーバード大学やプリンストン大学、イエール大学などの新しい学校の設立資金に使われた。その後、宝クジは、資金調達のために使われたり、第三代米国大統領トーマス・ジェファーソンのような名士たちへの借金を返済するために用いられたりもした。

一九世紀後半になってインチキや買収がひどくなり、宝クジは米国とカナダで禁止されてしまった。が、一九六四年になってニューハンプシャー州で復活、カナダでも一九六七年のモントリオール万博の赤字を埋める目的で復活。その後は、爆発的な人気と売り上げを獲得している。とはいうものの、期待される配当が一ドル出資して四〇～六〇セントしか返ってこない宝クジは、合理的な投資家にとっては割に合わない投資であると言えよう。

だが、このように低い返戻率であっても、数字当て宝クジのロトならば、プラスの期待価値を持つ賭け札を手に入れることは可能である。なぜ、これが可能なのか？　それは、人びとは数字に好き嫌いがあるからだ。ここに目をつけて、マサチューセッツ州のナンバー賭博を対象に稼ぐ手を最初に考えついたのは、チャーノフである（そして、彼の学生たちによっても検証された）。

この数当て賭博は、賭け手は〇〇〇〇から九九九九までの数字のなかから好きな数を選ぶ仕組みになっている。その数字が当選番号になれば、掛け金プールの賞金が当選札に均等に分配される。三つの数字が合えば、副賞ももらえる。チャーノフは、いくつかの特定の数字が嫌われていることを発見した。その数字は、〇と九である。やや比率は低いが、八も嫌われていた。

チャーノフの仮説を用いた分析によると、儲かる期待値の組合せがあるはずであった。それを見て、一部の学生たちが系統的、徹底的に「良い」数だけに賭けてみようという気になった。しかしその学生たちは、うまくいかなかった。その理由は、まず、時間の経過とともに、不人気な数が有利性を失っていったが、その理由は学習効果が働き、しだいに平均値に回帰していくためだ。二つ目は、学生たちが賭けにつきまとうあの恐ろしい「負け地獄」にはまり込んでしまうためである。彼らの軍資金は潤沢ではなく、相当の儲けを稼ぎ出す当たり札を手にするまで時間的に持ちこたえられなかった。最後は、彼らにツキがなかったことである。嫌われている数字が、期待ほどには当たらなかったからである。

北米で最も人気の高いロトは、「ロト6／49」の類である。このロトでは、賭け手が一から四九までの四九個の数のなかから六つの数を選び出し、そのすべてが合っていれば大当たりになる。当たった数が三～五個で応分の賞金をもらえる。このゲームで当たり数の組合せに一致する確率は、なんと一三九八万三八一六分の一である。毎週二枚ずつ賭けても、一三万四三六〇年賭け続けないと当たりにめぐり合わない計算になり、合理性を尊ぶ経済学者にとっては、これはあまりに長すぎる時間である。

合理的な投資家がこの賭けの二つの特徴に気づくことで、ゲームがおもしろくなる。

特徴その一は、ナンバー賭博同様に、他の数より人気の高い数がいくつかあること。

特徴その二は、特賞の当たりクジが出なかったときは、賞金は次週に繰り越し加算されること。このため、賞金額がとてつもない金額に達することがある。

こうした特徴から有利な投資機会を探る研究が続けられてきた。ベスト・ナンバーズ（当たる可能性の最も高い数の組合せ）を計算するために、それぞれの数が選ばれた回数を調べたり、的中数字の賞金額を対数化した回帰曲線や、高度な処理を施した最大公約数的モデルなどいくつかの評定方法を用いられたが、いずれも同じ結論に至っている。つまり、まったく人気がない数が、一五〜二〇個ほどあるということだ。おまけに、不人気の数字は毎年変わらない。もっとも、年が移るに従っていくらか学習効果が出るので以前ほど嫌われることはなくなってくるが、それでも不人気の数字は相変わらず不人気であるようだ。

実際、繰り越し賞金がまったくない場合でさえ、一ドル以上の払い戻し金が期待できる数の組合せは何千とおりもある。ベスト・ナンバーズの期待値は、繰り越された賞金額の増加とともに増大し、賭け金プールが大きな組はいずれも、一ドルの賭け金に対して約二・二五ドルの周辺に収斂する。ベスト・ナンバーズは、高位の数（大きな数）であり、末尾が〇、九、八以外で終わる数ということになりそうだ。

回帰モデルによると、最も不人気な数は、三二、二九、一〇、三〇、四〇、三九、四八、一二、四二、四一、三八、一八の一二個あり、これらは平均より一五〜三〇％人気が落ちる。選ばれる比率が平均よりも二標準偏差分低い数字を割り出すと、最も不人気な数は、四〇、三九、二〇、三〇、四一、三八、四二、四六、二九、四九、四八、三二、一〇、四七、一、三七、二八、三四、四五、の一九個になる。これらの数は、最も高くて二六・七％、低くても三・二％も有利なのである。一方、断然人気の高い数は七であり、七は、他の平均的な数に比べて五〇％近くも多く選ばれている。

さて、残る問題は、「ロトで不人気な数に賭けて、はたして儲けることができるのか」である。答えはイエス。ただし、厳しい限定がつく。賭け金一ドルにつき二ドルの期待価値を持たせることは可能であるが、実際に賭けて勝つのはきわめて難しい。一〇〇万本の富札を用意したお祭りのクジがあるとしよう。一から一〇〇万までの任意の数を一つ選んで、その数に一ドル賭ける。あなたの選んだ数が当たると、二〇〇万ドルもらえる。あなたには合理的な勝ち方に関する知識があっても、いかんせん当たる確率があまりにも小さいために、大当たりを引き当てる前に資金が枯渇してしまうはずだ。

これは「富の成長対富の保全」の問題だ。ある王国（子々孫々と続いていく賭け手の比喩）があって、永遠に宝クジを買うことによって、その王国の富を長期的に増やしていくことができるだろうか、という問題である。この命題は理論的に分析されている。

答えは、「増やせる」である。確実に増やすことができる最小の初期投資額があり、たとえば、初期投資額が一〇〇〇万ドルであれば、損失額が五〇〇万ドルになる前に、一〇倍に増える確率をほぼ一にすることは可能である。しかし、そのためには、世界中で宝クジを買いあさったとしても何千年もの時間を要する。一種類だけなら、何百万年もかかるだろう。

ところで、私たちにより興味がある問題は、「不人気な数字を利用して、金持ちになる方法はあるだろうか」である。これはさらに難しい問題であり、とくに低リスクを求めるときはなおさらである。一〇人でグループを組めば毎週の出費は一人当たり一〇セントにすぎないので、資金面での問題はない。しかし、億万長者を目指して頑張るこの人たちは、遠い子孫がやっとその目的を達したとしても、すでに墓に入ってから永い月日が経っているということになりそうだ。にもかかわらず、不人気な数字に賭けるのが最善策なのである。というのは、不人気な数字はそれだけ有利であり、当たりの確率も三倍から七倍も高いからである。ただ、当たりを手にするまでに、長い長い時間がかかることを覚悟しておかねばならないということだ。

ロトの最大の魅力の一つは、大当たりの該当者が出なかったときにその賞金がそっくり次週に繰り越し加算される点にある。〝大当たり!〟可能性こそが、このナンバー賭博に大人気と巨額の売り上げをもたらしている秘密の元なのである。では、すべての数のナンバー・チケットを買い占めて、「すべての賭け金をまるごとかっさらう」というアイデアは割に合うだろうか?

この賭け方で儲けを手にするには、二つの条件が必要になる。おおまかに言えば、①多額の繰り越し賞金があり(6/49の場合、七七〇万ドル)、②発売されるロトの枚数が「あまり多くない」状況、の二つである。こうした条件はそろいにくいかもしれないが、実際には、あちこちで小さな規模のクジが行われているのだから、クジをまるごと買い占めようと考えるのも、あながち理不尽なことではないかもしれない。ただし、仮に条件がそろっても、現実に買い占めようとすれば「途方もないコストがかかる」。宝クジ札はすべて一枚一枚現金と引き換えで買わねばならず、ほかに誰一人として買い占めを試みる者がいないよう祈るほかないからである。

同じような状況が、ときおり競馬の「六連勝」複式馬券（連続六レースの優勝馬を当てる）や、類似の重勝馬券の賭けにおいて出現することがある。これらの払い戻し資金プールには、かなりの繰越しが生じ、このようなときに総張り（すべての目に賭ける）戦略をかければ儲かる可能性がある。現実に、二つの大きなシンジケート組織がこの分野で営業を始め、すでに成功を収めている。

## 解説　合理的な市場リスクの追求は、理論的に可能か

### 競馬

競馬という賭け「市場」は、驚くほど効率がよい。オッズは、賭けに勝つ確率をきわめて高い精度で予想している。このことは、競馬の賭け手たちに相当高度な専門知識があり、市場を真剣に受け止めていることの証である。にもかかわらず、本命＝大穴バイアスと、二着、三着以内入賞馬の賭けに見られる市場の非効率性という、理論では説明しきれない二つの例外事象が厳然と存在する。このこ

とは、どう説明すればよいのか？

クォントは、本命＝大穴バイアスに関して次のような主張を展開している。賭け手が、期待価値がマイナスの馬券にも賭けるのは、そのときに限って彼らが「局所的に」リスクを追い求めているからに違いない、というのだ。これは、通常のリスク対リターンの関係が逆転する、という意味である。均衡状態においては、分散度が高い投資（賭け）は、それが低いときに比べて平均リターン（収益または配当）はより低くなる傾向がある。この主張に論理的な矛盾はないとしても、観察された行動を十分に説明するにはもの足りない、と私たちは考える。ここで決め手となる重要な問題は、賭け手がリスクを求めているという推測は、はたして、競馬に賭ける人がいるという事実から導き出すべき合理的な結論たりうるだろうか？

「局所的にリスクを追い求める」とは何を意味しているのか。この説を唱える研究者は、競馬ファンはおおかた保険にも入っていることを認めて、「富の効用曲線は現時点の富の水準以下では凹型で、それ以上では凸型を示しているのかもしれない」と言う。

この仮説は、競馬ギャンブラーがなぜ保険にも入っているかについての説明はできるかもしれないが、他の投資行動についての妥当な説明にはならないことは確かである。ここで私たちの思いきった推測を述べよう。退職後に備える貯蓄については、人びとはわざわざ高いリスクを払ってまで、平均以下のリターンを甘んじて受け入れるようなことはない。実際、株式市場に関する『ウォール街のランダムウォーク』を読んだ後では、私たちは、こと投資に関するかぎり、多くの競馬ギャンブラーたちもリスクを避けるのが普通だという気がしてくる。

このようなわけで、局所的なリスク追求という用語を競馬ファンに適用するのはよいかもしれないが、ただし「局所的」といってもそれは富のレベルではなく、地理的な場所を指して使われるときに限ってのことである。

競馬ファンは賭けるために競馬場へ出かけるというのが本音であり、馬券を買った馬を応援するでもなしに、ただ馬を見るだけではそれほど楽しくはないだろう。私たちにとって本当の問題は、競馬の賭けを、合理的期待理論や期待効用最大化理論、リスク選好理論といった経済理論によって、どの程度まで説明しうるかである。

次に掲げる競馬ファンたちのパターン化された賭け行動について、考えてみるとしよう。

①自己の富（財産）のごく小さな一部を賭け金として持ち出してくる人が大部分を占める（一九八五年度の一人平均の賭け金額は、一日につき一五〇ドルだった。中央値はもちろんこれより低い）。

②ギャンブラーは、その日のほぼすべてのレースに賭けができるように（レースの途中で手元資金が底をついてしまわなければ、それは可能）考え、賭けの資金を前もって割り振っている。

③一緒に来た仲間たちとグループを作ってゼロサム・ゲームを行えば、好きなように賭けを分散できるのだが、グループで賭け合うことはまずしない。

さてここに述べた事実は、先述の仮説に一致しているだろうか。

もう一つ、これらの枠組ではうまく説明できない事実がある。それは、本命=大穴バイアスの傾向は、その日のレースが残り二、三レースになると極端に表れるということである。この点について考察した研究者たちはほぼ全員、その理由について一致しているようだ。賭け手はおおむね、その日のレースが終わりに近づくにつれて負けが込んでくる。勝って家に帰りたいと思ってはいるが、さりとてこれ以上損が大きくなるようなリスクはとりたくない。そんなわけで、せめてそこまでのレースの損を取り返し、その日の収支をとんとんにすべく、大穴を狙う。この行動を、先述の富の効用曲線を使って説明するのは難しいことに注目してほしい。富の減少が、リスクの追求へと人を駆り立てる理由は何であろうか?

私たちの考える、より上手な馬券の賭けモデル（他のギャンブルも含めて）を開発するには、第9章で検討した「心理会計」の概念を導入することである。心理会計をどうとり入れたらいいか、感じをつかんでもらうために、次の思考実験をしていただこう。

アートとバートという瓜二つの双子が、競馬場でその日の最終レースの賭けを考慮中だとしよう。アートはすでに一〇〇ドルすっているが、手元にまだ一〇〇ドルの現金を持っている。バートはとんとんだが、レースの間に読んだ新聞の金融欄で自分の持っている株式一〇〇株の株価が昨日一ポイント値下がりしたことを知った。

ここで状況をまとめておくと、双子の双方ともに一〇〇ドルの損失を出している。それゆえに、富に関する既成のいかなる経済理論を用いても、彼らは二人とも同じような行動をすると予測するほかないことに留意してほしい。ところが、心理会計の枠組みでこれを整理すると、アートは競馬の賭けで損をしたのに、バートはとんとんである。したがって二人の賭け方は異なってもおかしくないはずだ、と予測する。心理会計という概念を導入すれば、競馬場でリスクに中立的だったり、あるいはあえてリスクを選好することがあっても、退職資金の貯蓄についてはリスク回避的であることが容易に理解できるようになる。

本命＝大穴バイアスに関していえば、おそらく多くの行動要因が作用しているに違いない。

①賭け手は、勝ち味の薄い馬が勝つチャンスを過大視しかねない。
②賭け手は、賭けの効用を計算するときに、小さな確率を過大視しかねない。
③賭け手には、勝ち目の少ない馬券を握っているだけでも、効用があるのかもしれない。たった二ドルの安いコストで、大きなスリルを味わえるのだから。
④人気馬より、確率のずっと低い穴馬が的中するほうが喜びが大きい。賭け率一対五の人気馬の一着優勝を当てても（ましてや、二着、三着は言わずもがな）、それほど自慢できないが、二〇対一の大穴馬の一着を当てたとしたなら大威張りしても誰も文句は言わないだろう。
⑤なかには、たとえば馬名など基本的に理屈に合わない理由で賭け馬を選ぶ者もいよう。競馬にはカラ売りの制度はないので、「クロウト筋の賢い金」はわき目もふらず有利な本命馬券一本に絞って買い進む一方で、最もダメな馬たちでもこうしたゲン担ぎの人たちが賭けていることで、オッズが成立するのである。

二着以内のプレース、三着以内のショーのオッズが、一着を当てるウィンのオッズよりも非効率的であるという観察結果もまた、興味深い事実である。ここでの重要な原因の一つは、「単勝馬券より二着以内、三着以内を当てる馬券のほうが複雑である」という単純な理由なのかもしれない。例をあげると、ショー馬券で儲けるには、賭けた馬が三着以内に入賞を果たすだけでなく、他の入賞馬がどの馬であるか、そして各馬にいくら賭けたか、が決め手となる（一着、二着、三着でゴールインした馬に賭けられた賭け金比率が大きければ大きいほど、払い戻し賞金は少なくなる）。ギャンブラーは、複雑な賭けより単純な賭けが好きなのかもしれない。あるいは単純に、二着、三着入賞馬に賭ける単勝式だと、魅力的なチャンスを判断するのが賭け手にとって難しいのかもしれない。

重要な結論の一つは、「ギャンブル行動のモデルを作るのはなかなか面倒である」ということだ。賭け手の行動一つとっても、それは、「過去の賭けの結果がどうだったか」とか「どんな賭けが結果として最も話題を作れるか」といった、数かずの要因に左右されるからである。そして、投資行動にもこれと同じ複雑な要因がついて回る。マートン・ミラーは、こう述べている。

「……株式は『多くの投資家にとって』、われわれの経済学モデルで表されるような、単に『多様な配当を十把一からげ』に括ってしまう抽象概念ではない。保有する株式一株ひと株の経歴には、おそらくファミリー・ビジネスの栄枯盛衰の物語や、家族の諍い、受け継がれた遺産、離婚調停の解決金などなど、およそわれわれ理論経済学者のポートフォリオ選択理論などとはまるで縁がない、もろもろの生なましい物語が秘められていることだろう。われわれがモデルを作るとき、それらの物語を捨象するわけは、それがおもしろくないからではなく、むしろ物語があまりにおもしろすぎるために、かえってわれわれの第一義的な関心対象である市場にくまなく働く力から目がそらされてはいけないからにほかならない」

私たちはミラーの自己抑制の問題に共感する一方で、これらの物語のおもしろさにはとうていあらがえないようにも思う。つまりは、市場の力を理解しようと思えば、「多様な配当を十把一からげ」にしてすませるのでなく、それ以上のものをモデルに反映し肉付けしなくてはならない、と私たちは考える。実のところ、専門家であるファンド・マネジャーでさえもが、運用益の極大化よりも市場平均を上回る実績をあげることを目指して頑張っているように見受けられる。実際、第4四半期になっても市場の後塵を拝しているファンド・マネジャーは、言うなれば競馬レースの最終出走で勝つ見込みの少ない穴馬に山を張る、負けが込んだギャンブラーとさほど違わない行動に出かねないのではないだろうか。

## 宝クジ

ところで宝クジについて、経済理論はどんなことを言っているのだろうか。払い戻し率（当たり率）が恐ろしく低いことから判断すれば、宝クジを買う人は一人もいないのではないか、と言うだろうか。しかし、「一枚一ドルの宝クジを買うとき、顧客はそのうちの五〇セントを夢の代価として支払うのだ」と考えれば、一つの合理的な説明になる。ならば、いい買い物ではないか。しかし、人気の高い数と低い数が存在することの説明は、もっと難しい。経済理論による予測は、最も好かれる数字は誰も選ぼうとしないだろう、という矛盾に満ちたご託宣に落ち着くようである。この現象を理解するのに役に立つ話を、次に紹介しよう。

北米で宝クジが盛んになったきっかけは、ニュージャージー州がクジの買い手に自分の気に入った数を選ばせるシステムを導入したことだった。こうした特徴が人気を集めるようになった理由は、心理学者のエレン・ランガーが「支配幻想」と呼んだ心理の働きによって説明できる。純然たる偶然が支配するゲームにおいてさえ、プレーヤーは純粋な「偶然」の要素に任せるのでなく、自分の運命は自分でコントロール可能なほうが勝つチャンスが大きいと感じている。たとえば、ランガーは、彼女の実験に参加した者たちが宝クジの賭けをあきらめる場合、賭け札を彼女が無作為に彼らに与えたときに比べて、自分で選んだときのほうがあきらめがつかない（言い換えれば、より高い代償を要求した）ことに気づいた。

ニュース番組のインタビューはこの支配幻想の存在（と、偶然を自分の腕がいいためだと勘違いしているさま）をありありと見せてくれる。ある年のクリスマス、スペインの全国宝クジ「エル・ホルドー」の特賞当選者へのインタビューがテレビで流された。ほくほく顔の当選者は「どうやって当てたんですか？」「当たりナンバーの見つけ方は？」と質問されて、末尾二桁が四八の券を持っている売り子を捜したと答えた。「四八にこだわった理由は？」と聞かれ、それに答えて「七晩続けて七の数字を夢でみた。七×七は、四八だろ」……。

（共同執筆／ウイリアム・ツィエンバ）

第11章　株価予測(1)

# 株式市場のカレンダー効果

CALENDAR EFFECTS IN THE STOCK MARKET

あなたはお姉さんからつねづね、義兄の話をまじめに聞いてやってほしいと頼まれている。証券会社の営業をしている義兄を信用していないわけではないが、確かに、ふだん彼の話に乗ることはあまりない。

それはともかく、今回の義兄からの電話では突拍子もないことを聞かされた。義兄の話によると、『ファーマーズ・アルマナック（農事暦）』の発行元が『ブローカー暦』という出版物も出しているそうだ。なんでも、一二月に発売されるその暦には、新しい年の何月何日がウォール街で良い日になるか、その具体的な予想が載っているのだという。株式市場の全営業日について一個から五個の$（ドル・マーク）を付けて、その日の株式市場の運勢が示してあるのだ。

この暦が注目を集めるようになったのは、あの一九八七年一〇月一九日にドル・マークが一個しか付いていなかったことによる。みなさんもご存じのように、のちに「ブラック・マンデー」と呼ばれるようになったこの日、株価は五〇〇ポイントも大暴落した。当時、すでに一部の証券マンたちは、この暦に注目していた。そして、ハイテクに強い研究者らは、それを見て野次馬的な興味をそそられたのだ。

一人のロケット科学者が、気楽なお遊びのつもりで、この暦の過去二、三年分を引っぱり出して実績を調べてみた。すると驚くなかれ、暦についているドル・マークの数は実際の株式の値動きとかなりの相関を示しているではないか！　彼は、どういう仕掛けで暦の予測が可能になるのか、次の週末をつぶして秘密を探り出そうとした。そうやって発見された事実は、実に興味深いものだった。この暦の予測には、ある明確なパターンが隠されていたのである。

それは、どんなことか？　概して、金曜日は良い日、月曜日は悪い日と予測されている。また、一月はどの日も高い評価が与えられていて、とくに月初めが良い。これは一月だけでなくどの月にも言えることで、月初めの数日と月の末日は、平均より高く評価されている。また、法定休日の前日が最も良い、とも予測されている。そして暦は、毎年この同じパターンを踏襲しているのだ。

さらに、この暦の予測力のほとんどはこれらの「特異日」を当てていることにあり、それ以外の日の予測に関しては、実際の市場動向と相関性がなかったのだ。

**さて、これで暦を作っている人たちがやっていることはわかったとして、いったい全体どうしてそれが当たるというのか？**

多くの理由から、証券市場は例外事象を探すにはもってこいの場所である。

第一に、データがたっぷりそろっている。ニューヨーク証券取引所（ＮＹＳＥ）に上場されている全銘柄の月間の値動きの記録は、一九二〇年代までさかのぼって入手可能である。第二に、証券市場はあらゆる市場のなかで最も効率的な市場と考えられている。この市場で仮に例外事象が生じたとしても、その原因を取引コストや、その他の市場の失敗に求めることはできない。第三に、ＣＡＰＭ（資本資産価格形成評価モデル）理論のような、完成度の高い証券価格理論が存在し、それらはある程度の検証能力を備えている。

一〇年前であれば、金融における例外はそれこそ例外で片付けられていた。しかし、ここ数年は状況が変わり、株価収益率の低い企業や、中小企業、無配企業、過去に資産価値を大きく下げた企業の株はすべて、ＣＡＰＭ理論を使えば大きなリターン（収益）をあげられるという。しかしそれとは別の、もっと謎めいた例外が表面化してきている。それは、「季節変動のパターン」という例外である。

## 一月効果

効率的市場仮説によれば、株式などの有価証券の価格はいわゆる「ランダム・ウォーク」すると考えられている。これはすなわち、「過去の事象から将来のリターンを予測することは不可能である」ということを意味する。この仮説を検証しようとして最初に行われたのは、短期間における株価の時系列相関を調べてみることだった。そこには意味のある相関が見られなかったことから、それはランダム・ウォークに矛盾しないことの証拠であると判断された。

しかしこれとは違う検証を行った研究者によって、NYSEの一九〇四年から一九七四年まで七〇年間の単純平均株価指数には、季節変動のパターンがあることが見つかった。具体的には、「一月のリターンは他の月よりはるかに大きい」ということだ。

一月の平均リターンはおよそ三・五％であったのに対して、他の月の平均は約〇・五％。平均的な年間リターンの三分の一近くが、一月中に発生するのだ。興味深いのは、大企業株で構成する指数、たとえばダウ・ジョーンズ工業株平均株価指数では、一月にとりわけ高いリターンは観察されなかったことだ。平均株価指数は、NYSE上場全銘柄の単純平均であるから、小企業に比較的大きなウエイトを与えられている。このことが示唆するのは、「一月効果」はなによりも「小型株効果」であり、それ以外のものではないということだ。

小型株効果の調査データから、ドナルド・カイムは、小型株の超過リターンが短期間に集中していることに気付いた。小型株の超過リターンの半分は一月に発生し、そのまた半分は年初の五営業日に集中していた。つまり、ニューヨーク証券取引所の単純平均株価指数が高リターンを示すのは、小型株の一月のハイ・リターンによって数字が押し上げられたためである。

マーク・レインガナムは、この状況をさらに明らかにした。彼が指摘したのは、「前年に株価が下がった小型株のリターンがより高かったこと」、そして「前年株価を上げて『勝者株』となった小型株については、年初の五営業日に超過リターンは見られなかったこと」である。

レインガナムは、一月効果を節税目的の株式売却というアイデアで説明できないかと考えた。その仮説は、「すでに下落した企業の株価は、株主が差損をその課税年度のキャピタル・ロス（投資運用損失）として確定しようとするため、年末が近づくにつれてさらに下げ進み、新年を迎えると売り圧力がなくなって株価は回復する」と主張した。だがそれは、すべての市場参加者が合理的なわけではない、ということである。現に、リチャード・ロールは、この主張を「見え透いた不合理」と決めつけている。

ロールの指摘によると、一部の投資家が課税回避の動機から売買することがあるとしても、その他の投資家たちは一月の超過リターンを見越して買いに回ることができる。ロールは、レインガナムの仮説をあからさまに蔑視しているが、彼もまたこの仮説に一致する証拠を見つけている。ロールは、「前年のリターンがマイナスだった（株価を下げた）株式は、一月にはより高いリターンを示す」と報告している。

節税目的説の検証と同時に、一月の株価回復が統計上の単なるみかけだけの産物にすぎないのかどうか、各国の株式市場の季節変動も研究されている。一六カ国についてチェックした結果、うち一五カ国で「一月効果」が異様に高いことがわかった。これらの国と比べれば、米国の一月効果はむしろ小さなものだった。ベルギー、オランダ、イタリアでは、一月のリターンは、なんと年間のリターンよりも大きかったのだ。こうした国際的な証拠から見ても、課税回避と一月効果は関係があると思われるが、これで一月効果のすべてが説明できているわけではない。

第一に、キャピタル・ゲイン／ロスの相殺申告が税法で認められていない日本でも、一月効果が観察されている。第二に、カナダにおいては、一九七二年以前にはキャピタル・ゲインに課税されていなかったのに、その間にも一月効果が存在していた。第三に、課税年度がそれぞれ四月一日と七月一日に始まる英国とオーストラリアにおいても、一月効果がある（なお、リターンは英国で四月に高く、オーストラリアで七月に高いのは、やはり税金の問題がかかわっているように思われる）。

一月は他の面でも特殊な月であるらしく、次の第12章で検討しているとおり、過去五年間連続して最悪の値下がりを示していた企業の株式が、その後、市場平均よりも好成績をあげている。こうした企業の株式が市場を驚かすほどのパフォーマンスを示すのは、ほとんどが一月なのである。

ＣＡＰＭ理論によるリスク・プレミアムと季節変動パターンの関係が説明できないか検証した結果は、驚くべきものだった。よりリスクの高い株式の際立ったリターンが、一月に限って発生しているのである。他のどの月においても、よりリスクの高い株が一月より高いリターンを稼ぎ出すことはない。一月にこそまさしく、ＣＡＰＭ理論が成立しているのである！

この驚くべき第三の一月効果は多くの研究で裏付けられた。「高配当株式がはたして（株主の株式配当への課税を埋め合わせできるほどの）高リターンを稼ぎ出しているかどうか」を調査したところ、そこには二つの例外が見られた。配当実行企業については、確かにリターンは配当率が上がるにつれて高くなっているかに見受けられる。しかし、最も高いリターンは、無配企業で見られる。さらに、超過リターンは高配当企業でも、無配企業でも一月の一カ月に集中している。

## 週末効果

一日のリターンを、「前日の終値から当日の終値の間のリターン」と定義しよう。この定義に従えば、「カレンダー仮説」と名付けられた至極論理的な仮説では、月曜日のリターンは金曜日の市場が閉まってから月曜日の取引終了時間まで中三日あるのに対して、その他の曜日は中一日しかないので、三倍高くなるという。また、「トレーディング・タイム仮説」なるものでは、リターンは活発に取引が行われている間にのみ発生するのであるから、何曜日であってもすべての日についてリターンは同じである、と示唆する。しかし、この仮説は非合理的であると私は言いたい。仮に夏の間、市場が開くのは週に一日だけであるとしよう。それだと、取引のある日一日のリターンはふだんの週の一週間分のリターンに等しくなると考えられないのだろうか。いずれにせよ、どちらの仮説も現実のデータには一致していない。

証券市場の「週末効果」に関する最初の研究は、一九三一年にジャーナル・オブ・ビジネス誌上に掲載されたハーバード大学の大院生Ｍ・Ｊ・フィールズの論文である。フィールズは、当時のウォール街の常識をくわしく調べて、こう書いている。

「トレーダーたちは、どうなるか不確定要素の多い週末の休場期間にずっとリスクのある資産を持ち続ける気はない。そこで、彼らは買い持ちポジションを解消する。その結果、土曜日は株価が下がる」

この常識の真偽を確かめるためにフィールズは、一九一五年から一九三〇年までのダウ・ジョーンズ工業株平均株価のパターンを調べてみた。ダウ・ジョーンズのデータで、（当時その週の最終取引日であった）土曜日の終値を抜き出し、それをその直前直後にあたる金曜日と月曜日の終値の平均と比較してみたのだ。すると実際には、株価は土曜日に上がる傾向があることがわかった。研究対象となった七一七週のうち、土曜日の株価が金曜日と月曜日の平均より一〇％以上高かった週は五二％あった。その逆に低かった週は三二％にすぎなかった。

次に一日ごとのリターンのパターンを調査した研究が文献に現れたのは、四〇年後のことである。フランク・クロスは、一九五三年から七〇年にかけてのS&P五〇〇種株価指数を用いて調べたところ、指数は全金曜日の六二％において上がっているのに対して、月曜日のうち上げた日はわずか三九・五％にすぎなかった。平均リターンは、金曜日が〇・一二ポイント（％）なのに対して、月曜日はマイナス〇・一八ポイントであった。クロスは「このような大差が発生する確率は、一〇〇万分の一以下である」と指摘する。

また、S&P五〇〇指数を用いた研究でも、同様の結果を得た。その研究では対象期間（一九五三〜七七年）のうち、月曜日の平均リターンは全期間においてマイナス（平均＝マイナス〇・一六八

%)、期間を五年ごとに区切って調査してもすべてマイナスであった。他の曜日はすべて、(予想どおり)平均リターンはプラスであり、とくに水曜日と金曜日のリターンが最高の率を示した。

月曜日のリターンがマイナスになるのは、市場の休日と何らかの関係があるのか、もしそうなら、週末と同じように、法定休日の後でも期待リターンは下がるはずである。ところが、リターンの平均は、法定休日後の月曜日、水曜日、木曜日、金曜日に平常より高かった。月曜日がたまたま法定休日である週の火曜日は、リターンはマイナスを示しており、これはたぶん、通常の週末のマイナス効果が一日繰り延べられて火曜日に現れたのだろう。これらの結果は、普通の市場の休日とは異なる、何か週末に特有の要因があると解釈されている。

これらの研究では、月曜日のリターンを、金曜日の終値と月曜日の終値の差としてとらえる方法を用いている。しかし、この方法だと、株価の値下がりが月曜日の日中に起きたのか、あるいは金曜日の終値と月曜日の始値との間に生じたのか判然としない。この点について、リチャード・ロガルスキが調査している。

ロガルスキは、ダウ平均の一九七四年一〇月一日から八四年四月三〇日に至る期間と、S&P五〇〇指数の一九七四年一月二日から八四年四月三〇日に至る調査対象期間について、始値と終値のデータを手に入れた。調査の結果、月曜日の株価は、寄り付きから終値に向けて上昇していることがわかった。マイナスのリターンは、すべて金曜日の終値と月曜日の始値の間で生じていたのである。かくして、「月曜効果」は実は週末効果であるということになった。さらに彼は、一月の週末は、他の月のそれとは違っていることも発見した。一月においては、週末と月曜日のリターンはプラスである。

これまで述べてきた研究結果からすると別に驚くことではないが、一月のリターンは企業の規模とも関係している。月曜効果は、規模が最も小さい企業グループにおいて最も大きいのだ（月曜効果に関しては、他のどの曜日よりも高いリターンである）。

株式にとって週末はよくないというのなら、他の有価証券にとってはどうだろうか？　財務省短期証券（ＴＢ）の一日単位のリターンのパターンを調べた結果、月曜日のリターンは他の曜日に比べて明らかに低かった。

株式の週末効果を説明する可能性のあるいくつかの説は検証されている。なかでも最も妥当だと考えられていたのが、「決済期間説」である。その日買い付けられた株式の代金は、決済日が来るまでの数営業日間、実際には支払わなくてよい。決済期間は、時代とともに徐々に延長されてきた。明らかに、コンピュータの普及にもかかわらず、決済期間は延びてきているのである！　一九六二年三月四日以来一九六八年二月一〇日まで、決済期間は四営業日だった。その後は五営業日となった。前者の慣行では、月曜日に株を売却した投資家は四日後に決済代金を受け取っていたが（つまり、その週のうち）、その他の曜日に売ると六日間も代金を受け取れなかったことになる。

しかし、月曜効果は一九六八年以降もなくなっていない。決済期間説は十分かつ完璧な説明とはいえず、そのため研究者らは、「一九六八年以前についても決済期間の差は週末効果の説明とはなりえないだろう」と結論付けた。

週末効果のような、さまざまな解釈を生む実証研究の結果は、当然のように、「データの掘り起こし」が正当なものかどうかについての懸念を抱かせる。データの見方は数多く存在する。そして、同じ内容のデータでも、多くの人たちが繰り返し掘り返せば、どうしてもなんらかの意味ありげな結果が発見されてしまう。

研究者らは二つの方法で、これらの例外が人為的に作り出されたものかどうかを検証しようとした。一つは、異なった期間を見てみる手法である。週末効果の場合、最近の研究はすべて、一九一五年から三〇年までの期間を調査対象にしたフィールズの独創的な研究の焼き直しであると考えることができる。一九五三年を起点とする期間のデータを使用した（この年が選ばれたのは、ニューヨーク証券取引所が土曜日の場立ちを廃止したのが同年だからだ）。その後、週末効果がS＆P指数の一九二八年から一九八二年までのデータについても当てはまることが確認され、ダウ平均の一八九七年から一九八二年までの季節変動を研究した結果でもまた、一貫してマイナスの月曜効果があるとし、これがそれまで研究されていなかった一八九七年から一九一〇年までの期間についても当てはまることが確認されている。

二つ目は、研究室で行う市場実験の手法を応用したもので、まったく異なる手法を用いて週末効果が検証された。取引の休止を導入して、価格がどんなパターンを取るか調べる実験だった。実験参加者たちは価格が不明確な資産を売買する。三日間と定められた「週」のうち、最初の二日で取引される資産の有効期間はそれぞれ一日しかない。三日目の資産は、次の一日の「週末休日」を挟んで、二日間の寿命が与えられた。結果は、現実の証券市場における証拠と一致していた。売買の休日前日の価格（リターン一単位当たり）は、ほかの日に比べて高かったのである。

## 休日

週末効果の研究でフレンチは、休日明けの価格動向を調べてみたが、特別なことは何も見つからなかった。しかし、これより古い研究では、フィールズは、ダウ平均が休日の「前」の日に高率の値上がりを示していることに気付いていた。しかし、誰にも知られずに埋もれていたフィールズの研究が再び日の当たる場所に引き出されるまでには、五〇年以上の歳月を要したのだ。

一九六三年から一九八二年までの休日一六〇日の前日のリターンを調べた研究者は、単純平均株価指数では、休日前日の平均リターンが〇・五二九%であるのに対して、他の日は〇・〇五六%でしかなく、その比は九対一を超えることを発見した。時価総額で加重平均された株価指数では、休日前日の平均リターンが〇・三六五%であるのに対して、他の日は〇・〇二六%でしかなく、その比は一四対一を超えている。この差は、統計的にも経済的にも意味がある。九〇年間のダウ平均指数を時系列に調査した研究でも、結果は同じであった。そこで得られた数値は、休日前日の平均リターンが〇・二一九%、これに対するふだんの日のリターンは〇・〇〇九四%であり、その比は二三対一を超えている。さらに、この数字の大きさがひときわ目立つのは、「過去九〇年間のダウ平均におけるキャピタル・ゲインの五一%が、年間におよそ一〇日ある休日前日がらみで発生している」という驚くべき事実を示すにほかならないからだ。

## 月変わり効果

月間のリターンのパターンも調べられている。まず、一九六三年から一九八一年までの各月において、前月最終日を開始日とする月の前半と後半の二つに分ける。ついで、単純平均株価指数と時価総額による加重平均株価指数を用いて、両期間の累積リターンを比べている。すると。またしても驚くべき結果が出た。月の後半のリターンは「マイナス」を示したのだ。プラスのリターンはすべて、月の前半で発生しているのである！

この結果は、九〇年間のダウ時系列データを使った研究で、さらに鮮明に再確認された。前月最終日を含む月の変わり目の四日間のリターン率は、〇・四七三%に達することが突き止められた（月中の四日間の平均リターンは、〇・〇六一二%である）。さらに、この四日間のリターンは、月間の総リターン率の平均である〇・三五%を上回っている。ということはつまり、毎月の変わり目の四日間以外はダウは下げ続けているのである！

## 一日内効果

株価の季節変動の分析を可能にした立役者は、実は、一本のデータ・テープである。ニューヨーク証券取引所で、一九八一年一二月一日から一九八三年一月三一日までの一四カ月間に売買された普通株式の全取引（全部で一五〇〇〇万回に達する）の克明な時刻が、このテープに記録されている。

ローレンス・ハリスは、このテープを使い、一日のなかでの株価変動を調べた。市場が開いている時間を一五分ごとに刻み、その間のリターンをはじき出したのである。その結果、前週末から繰り越された週末効果は、月曜日の取引開始直後の四五分間に集中して押し寄せ、株価を押し下げることがわかった。月曜以外の日はすべて、最初の四五分間に株価は際立った上昇を示している。また、リターンは毎日の引けの直前にかけて、とくに最終取引の注文が出されるとともに、高くなる。さらに、取引時間が残り五分を切ると、その日の終値をにらんだ価格変動の幅が最大に達する

ハリスは、こうした奇妙な調査結果が出た原因として、専門家たちによる記録ミスか価格操作のせいではないかと検証したが、「その可能性はない」と退けている。この仮説を反証する主張の一つは、「寄り付きの価格は高くなる傾向があるのだから、仮にその日の取引終了間際に終値をつり上げようとする操作があったなら、次の開場日には安く寄り付くはずだ」というものである。

その日の大引けにかけての株価動向については、実験でも同じようなパターンが観察されていることは興味深い。たとえば、ある資産市場の実験において、取引終了時刻の直前に、価格が一気に跳ね上がるブリップ現象が起きることを見つけた。この現象は、当初、実験固有の特異な現象だと考えられていたが、ニューヨーク証券取引所においても同様に存在しているようである。

## 解説　謎を解く手がかりは、実証主義者の手に委ねられている

この章で記述した価格の動向には、際立ったパターンが見受けられる。逸脱したアブノーマル・リターンが発生するのは、年と年の変わり目であり、また月と月、週と週、日と日の変わり目であり、休日前日である。それはなぜか？　多くの仮説が、これまでに検証されては否定され、退けられてきた。確かに一九七五年の時点では、こうした結果になろうとは誰も予想しなかっただろう。当時は、ほとんどの経済学者が、効率的市場仮説はすでに確立した押しも押されもせぬ事実であると信じていたからである。

各種の効果は、トレーダーがわざわざ高い取引コストを負担してまで活用するほど大きなものではないのだが、ともかく、効果そのものは依然として謎である。投資家たちは、価格変動の予測可能性を利用して売買のタイミングをずらすこともやろうと思えばできるのである。

まったく新しい説明をするとしたら、いったいどんな説明ができるだろうか？　たった一つの要因でこれらの効果をすべて説明しきれるとは、とうてい考えられない。それでも、調査研究してみる価値があると思われる要因を、以下に列挙しよう。

1. 価格動向は、株式市場への資金流入あるいは資金流出に影響を与える、さまざまな慣習と関係があるのかもしれない。たとえば、年金基金や投資信託は、企業や個人が慣例的に一定の間隔をおいて支払い日を決めているために、カレンダーの変わり目と符合する日に（月や年が変わるタイミングに足並みをそろえて）支払いを受け入れる（そして、それに対応する変更をポートフォリオに加える）ことになるのかもしれない。

個人による売買では、リッターの調査で、年の変わり目近辺での小企業の株価動向は、個人投資家たち（機関投資家に比べて、彼らの持ち株は大企業より小企業の株のシェアが大きい）の売買に関係しているらしいことがわかった。具体例で見てみると、メリルリンチ証券の顧客のうち、非機関投資家からの買い注文に対する売り注文の割合（比率）は、一月の初めに高く、一二月の終わりに低い。言い換えれば、個人投資家グループは、一二月に売りに出て、一月に買いに転じるのである。また、一月の小型株に見られる異常なリターン（NYSE上場株の最小十分位のリターンから、最大十分位のリターンを引いたもの）となって現れる売買比率の変化は、年間変動幅の四六％に達している。機関投資家たちの慣習に関しても、同様に調査する価値はきわめて高いだろう。

2. 機関投資家たちは、どんな理由で、季節の移り変わりに応じてポートフォリオを組み替えるのか。その理由は、遠回しに「ウィンドウ・ドレッシング」（外見をよくするための飾り付け。粉飾）と呼ばれる慣行である。ウォール街の言い分は、「投資マネジャーたるものは、決算期日（中間報告の発表日）の前には、ややこしい保有株を始末してポートフォリオの中身をこぎれいにしておくべし」という主張である。決算の締め切り日は一般に暦の節目と一致するだろうから、このような行為も株価の季節変動、ことに年末効果や月末効果と関係があるのだろう。

3．カレンダー効果に関して、また別の説明がある。それは、「良いニュースや悪いニュースが知られるタイミングを企業が調整していることが影響している」という説である。この仮説は、週末効果の説明として、仮に、悪いニュースの発表を金曜日の取引終了後まで組織ぐるみでうまく引き延ばしているとすれば、最もよく当てはまる。先に紹介した研究にはこの仮説の存在に言及しているものもあるが、この仮説に関しての本格的な調査研究はまだされていない。

これらの仮説のすべてが、カレンダーに合わせた売買パターンがなぜ存在しうるのかという疑問に答えてくれる。だが、これが効率的市場仮説と一致しないのは当然と言える。効率的市場仮説では、株価が本質的な価値からかけ離れて変動すると、裁定取引をするトレーダーたちが無限の弾力性を持って出現することを、前提にしているからだ。しかし、裁定取引の可能性があっても、需要と供給の関係における弾力性には限界があると考えるに足る十分な論拠が存在する。

たとえば、近年S&P五〇〇指数に新たに加えられた銘柄の株価はただちに三%弱上昇することが確認されている。しかし、ある株がS&P五〇〇指数に組み入れられたという発表そのものには、その株の本質的な価値に関する情報は何一つ含まれていない。株価の上昇はむしろ、S&P五〇〇指数にあやかろうとするインデックス・ファンドや投資ファンドからの需要が増すことが原因である。この説明に符合するように、ここ数年インデックス・ファンドが機関投資業界の重要な一部門となるにつれて、ますますこの効果が目立ってきている。また、この場合の株価の上昇は一時的であり、三週間以内に頭打ちになるということも報告されている。

右下がりの需要曲線では説明できない可能性が容認された以上、例外的な価格の動きを説明しうる仮説をもはやかえりみないではすまされない。

前述した三つの説明は、基本的に、現実の制度を考慮したものである。これらの仮説への反論の一つには、「取りあげられた効果のなかには、実際の市場に固有の制度的特質に欠けているはずの市場実験でも観察されるものが混じっている」という主張がある。確かに、市場実験においては、実際に現金が入ってくるわけでもなく、ポートフォリオの見栄えを考えるわけでもなく、重大ニュースの発表もない。

よって、週末効果を説明するには、単純なギャンブルより複雑なギャンブルが一般に好まれているといった心理的な要因を用いる方法が勧められている。また、その他の行動科学的な説明には、市場参加者たちの気分の変化をとり入れたものも考えられる（金曜日や休日前日は気分がよく、月曜日は気が重い、など）。よく知られているように、たとえば月曜日に自殺者が最も多く出る、といったことだ。

現時点での、季節的な例外についての研究から、どんな結論が引き出せるだろうか？　マーク・レインガナムは、この分野の研究に加わっている一人として、研究結果を、経済学の理論家たちに対する挑戦であると解釈し、次のように述べている。

「だとすれば、例外をどう解釈すればいいのか？　例外事象の存在とそれらを認識することは、さまざまな（少なくとも、証券市場に関係している）資産価格形成理論がいずれも怪しくなってきたという意味がある。株価の決定についての最も興味を引く洞察は、データを徹底的に吟味するという単調で骨の折れる作業によって発見されるという意味である。それはまた、純粋な理論家と実証主体の研究者との間で絶えず潮の満ち引きにも似た盛衰を見せながら、現在は実証主義者が優位を制しているということである」

だが、私はこれに同意しない。ボールは、いぜんとして実証主義者たちのコートにある。これらの難解な謎を解く手がかりは、さらなる計量経済学と実験による調査研究から出てこなければならない。それが出てきて初めて、理論モデルを構築する側の研究者たちが、個々の細かい事象を一つのまとまった概念へと理論構築を試みることができるのである。だとすれば、本当の挑戦とは、すべての経済学者が価格の季節変動はなぜ起きるのか、そしていかなる理由があってこの現象が少なくとも九〇年間、最初にその存在が発表されてからでも五〇年以上経つのに、なおも存在し続けているのかを解明しようと努めることにあるのではないだろうか。

第12章　株価予測(2)

# 株価は平均値に回帰する

A MEAN REVERTING WALK DOWN WALL STREET

証券会社の営業マンの義兄からまた電話がかかってきた。手元の統計資料を見直していたという。義兄《にい》さん、なかなか見上げた心がけだ。それにしても、「またもや新発見だ」と興奮して教えてくれたことは、なんと「平均値回帰」である。

平均値回帰とは、「偶然の事象が続く場合、非常に極端な現象があると、その後はそれほど極端でない現象が続いて見られることが多い」というほどの意味である。たとえば、両親ともとても背が高ければ、その子供も当然、背が高くなるだろうと思いきや、親たちより低くなることが多い。別の例で言えば、ある年に売り上げを倍増した会社は、翌年の成長はそれを下回る、などなど。平均値回帰は、言うなれば自然の理である。

義兄のアイデアは、「この考え方を株式市場に応用できるのではないか」というものだ。

つまり、「過去のある期間まったくさえなかった株は来期はよくなり、逆に、前期は好成績だった株は来期は一転してさえない株になるだろう。どう思う?」。

意見を求められて、あなたは、「義兄さんの考えは、たぶん間違いだと思うよ」と答える。バートン・マルキールの『ウォール街のランダム・ウォーク』という有名な本がある。そのなかで山ほどあげられている証拠から、「株価はランダム・ウォークする」と結論が述べられている。要するに、将来の株価を過去の値動きから予測することは不可能なのだ、と。もし株価が、そんなに簡単に平均値に戻るというなら、株価予測は理論的に可能なはずだけれど、経済学者は口をそろえて、そんなことはありえないと言っている、と。

「ははーん、やっぱりそうか」と、義兄は言う。

「そう言うんじゃないかと思っていたんだ。君が最近、新しい金融関係の文献に目を通していないことがこれではっきりしたね。ランダム・ウォークなんかもう古いんだよ。いまは、平均値回帰理論だ。これが最新なのさ!」

電話はここまで。いきなり切れた受話器を後に、あなたはそそくさと書庫へ急ぐ!

経済学において、「金融市場は効率的であり、そしてそのように効率的な市場においては、有価証券の価格はその内在する本質的な価値に等しい」と考える説ほど、熱烈に信奉されている仮説はめずらしい。「株価には、合理的に期待される将来の配当金の現在価値が反映されている」と考えるのだ。

この効率的市場仮説はまた、「将来の価格変動は予測不可能である」とする説とも伝統的にかかわりを持ってきた。すなわち、金融論の教科書的記述によれば、こうだ。

「効率的な資本市場に、過去の記憶はいっさいない」

この主張のロジックは、有無を言わさぬほど単純かつ明快である。もし、株価が予測可能であるなら、賢い投資家たちは当然、安値で買って高値で売ろうとするだろう。するとやがて、競争と合理的裁定の結果として価格の調整が行われ、その後はまた予期せぬ事態の出現に対応したランダムな動きに戻るだけだろう、と。

しかし古くから、金融市場の多くの観察者は、有価証券の価格はその本質的価値《ファンダメンタル・バリュー》から逸脱しうる、と考えていた。たとえば、ケインズはその著書『一般理論』のなかで、「現行投資の毎日の利潤変動は、明らかに一日かぎりの無意味な性質のものであるにもかかわらず、市場にまったくもって過剰な影響を与えがちであり、それはばかげていると言っていいほどである」と断じている。また、ジョン・B・ウイリアムズは、その著書『投資価値論』で、「証券価格は、現在の収益力を重視しすぎ、長期的な配当能力を軽視しすぎている」と述べている。

もっと近年では、投資家行動の流行や人気商品を好む傾向（およびその他の体系的な「非合理性」）が株価に影響を与えるかもしれないという研究が注目を集めている。これらの研究では、正しい「情報」に基づく合理的なトレーダーと、無意味な「ノイズ」情報に基づく非合理的なノイズ・トレーダーの両方が活動する経済について分析している。

正しい「合理的な情報によるトレーディング」とは、細部はいろいろ異なるが、一般にはその時点で知られている情報を与件とする、客観的に正確なリターンの確率分布に基づいたものだ、と考えられている。それに対して、「非合理的な情報によるトレーディング」は、不正確な一時的な条件による確率評価に基づいている。こうしたノイズ・トレーダーが存在する現実の世界においては、理論的にも、合理的なトレーダーが市場を優越的に支配し、ノイズ・トレーダーはいずれ絶滅の道をたどる、とは言い切れない。

現実に好条件がそろえばノイズ・トレーダーのほうが、合理的なトレーダーより好成績をあげることも可能だ。おまけに、株価はかならずしも本質的な価値に等しくはない。しかし、株価がその本質的な価値に引き戻される傾向が多少なりともあるかぎりは、株価は長期的には平均値に立ち戻ろうとする。つまり、株価はある程度は予測可能であり、まったくのランダム・ウォークに終始するものではない。

「株価は予測可能か」という命題は、古くからの問題である。このテーマに取り組んだユージン・ファーマの一九六五年の著名な論文は、次のように始まっている。

「長年にわたってこの問題は、学界と産業界の両方を巻き込んで大論争を巻き起こしてきた。その問題とは、公開株の過去の株価動向は、将来の株価を予測するうえでどこまで意味があるのだろうか、というものだ」

そして、この問題提起の後約六〇ページ先でファーマは、「この論文によって、ランダム・ウォーク仮説を支持する強力かつ豊富な証拠が提示できたといってもさしつかえないと思われる」と、結論を下している。

ところが、最近の論文では、多少異なる文章で書き出している。

「株式のリターンは予測可能だ、とする豊富な証拠が存在する」

株価はある程度予測可能である、と思われるのだ。とくに、長期間（三～七年）を分析対象に選べば、あるいは極端な価格変動を経験した銘柄を個別にくわしく吟味すれば、株式のリターンには有意なマイナスの時系列相関（言い換えれば、株価の平均値回帰）を示していることがわかる。本章では、その証拠をいくつか見ていくことにする。

## 市場平均株価の平均値回帰

一九六五年にファーマが、株価は予測不可能だという結論を出すに至った初期の実証研究は、現在の基準では量的に少ないと思われるデータを用いて、短期間における単純な相関を指摘したものである。ファーマの研究は、一九五七年から一九六二年までのダウ・ジョーンズ工業株三〇種平均株価について、日々の株価変動になんらかの時系列相関があるかどうかを調べたものだ。ファーマは、統計的には有意なプラスの時系列相関を見いだしたのであるが、結局、相関があまりに小さいので経済的な意味はないと結論した。しかし、対象期間を広げ株式数も増やせば、新しいパターンが現れる。たとえば、一九六三年から一九八二年までのＮＹＳＥとアメリカン証券取引所（ＡＭＥＸ）の株式全銘柄について、ファーマの検証を再度試みた分析によると、日次のリターンに小さいながら有意なマイナスの時系列相関が見られるという。プラスのリターンの翌日はマイナスのリターンに転じることが多く、その逆も成り立つというのだ。

さらに長い期間を調べると、より大きい、そして経済的により意味のある相関が見いだされる。たとえば、ある期間Tにおける平均株価のリターンを同じ長さの前の期間と対応させて、単純に回帰をとる。もし株価がランダム・ウォークしていれば、回帰直線の勾配はゼロになるはずだ。もし株価が平均値に回帰するなら、回帰直線の傾きは右肩下がりになるはずである。この手法によって、NYSE上場企業株の一九二六年から一九八五年までの月次名目リターンのデータを使って、企業規模による十分位ポートフォリオのリターンと、単純平均、加重平均双方の指数が調べられている。

結果は、かなりの平均値回帰が見られた。回帰直線の傾きは、期間が一八カ月から五年の範囲にとったときは、おおむね右肩下がりであった。回帰直線の決定係数と傾きはともに、五年までは期間の長さTに比例して増加し、その後は減少した。平均値回帰の度合いは、小型企業のポートフォリオや単純平均株価のほうが、大企業ポートフォリオや加重平均株価よりも強くなる。平均値回帰傾向はまた、時間とともに低下し、一九四一年から一九八五年までの期間のほうが、それ以前の期間より弱かった。

株価が平均値に回帰するという事実は、株価が予測可能であることを意味する。過去の年間リターンを基にこの先三~五年間の将来リターンを回帰推計すれば、かなりの予測能力が得られる。単純平均株価と最小五分位の決定係数は、およそ〇・四である。中位五分位の決定係数は約〇・三であり、最大五分位と加重平均指数では〇・二以上である。したがって、三~五年間のリターンのおよそ二五~四〇%は、過去のリターンから予測できる。現在の市場の配当利回りを使えば、さらに正確な予想が可能になる。

この結果を、分散比検定を使って再現し、拡大発展させた研究では、「過去の株価の足取りがランダム・ウォークに従うなら、リターンの分散もリターンの期間の長さに見合ったものになるはず」という事実を利用している。つまり、月間リターンの分散は、年間リターンの分散の一二分の一であり、同様に年間リターンの分散は五年間の分散の五分の一であるということになる。分散比は、リターンが非相関であるときに一となるよう指数化されている。一に満たない分散比は、時系列相関がマイナスであり、一を超える分散比はプラスの時系列相関があることを示す。

この手法をもってしてもランダム・ウォーク仮説を他の有力なモデルと比較する場合には限られた力しか持っていない。研究者らは、「ランダム・ウォークの場合には、その結果がまったくの偶然によるものであるという帰無仮説を棄却するのに一般的に使われる信頼性水準五%よりもっと高い棄却域を使うべきではないか」としている。要は、検定によってランダム・ウォークがつねに否定されはしないが平均値回帰も明確に否定されることはない、ということである。

さらにこの研究では、実質リターンと国債の利子率を上回る超過リターンの両方にも平均値回帰が当てはまることを確認した。八年間のリターンの分散は年間リターンの分散の約四倍（八倍ではなく）であることを見いだした。しかし、一年未満の期間では、リターンは、わずかながらプラスの時系列相関を示している。そのほかに、さまざまな時期を区切って調査が試みられているが、第二次世界大戦前の不況の期間を除外した場合、長期にわたる平均値回帰の証拠は弱くなった。ただし、一八七一年から一九二五年までの期間に関しては、名目リターンと超過リターンでかなりの平均値回帰があるようだ。

また、他の国の証券市場でも平均値回帰が見いだせるか調査されている。利用したデータの期間は、カナダの一九一九年以降、英国の一九三九年以降、その他一五カ国についてはもっと短く、戦後のみの期間である。カナダと英国は、米国に似たパターン、すなわち長期では平均値回帰、短期では正の時系列相関が見いだされた。八年間の分散比はカナダが〇・五八五、英国が〇・七九四。その他の国ぐにでもほとんどが長期的には負の時系列相関を示したが、フィンランド、南アフリカ、スペインの三カ国だけは例外であった。米国を除くすべての調査対象国の八年間平均の分散比は〇・七五四（明白な外れ値を示したスペインを除くと、〇・六五三）であり。こうした国際比較から「証券市場の規模が小さくて未熟な国ぐにの証券市場において、平均値回帰がより顕著である」と結論されている。

こうした証拠を見せられたら、効率的市場仮説の強固な信奉者たちは、なぜ時間とともに期待リターンの均衡点が変化するかについて、合理的な説明を探さなくてはならない。一九八一年にシラーが示した議論に従って、観察された株価変動を説明するには、株式市場の期待リターンはどの程度変化しなければならないかを考えてみるといいかもしれない。

ポターバ＝サマーズは、年間期待リターンの標準偏差は四・四〜一五・八％の間でなければならないと計算した。投資家たちは、期待リターンがプラスであるときだけしか株に資金をつぎ込まない——逆に言えば、プラスのリターンが期待できないならば銀行に預金しておけばいい——という事実がある以上、彼らが算出した値から考えて、期待リターンはかなり頻繁に二〇％を超えなくてはならないことになる。彼らは、合理的な投資家たちだけしかいない世界では、二〇％という期待リターンは高すぎて現実性がない、と判断している（私たちもこれに同意する。期待リターンが二〇％だと考えれば、当然、あなただって株を買おうと思うだろう）。統計検定能力は低く、検定結果によればどちらの仮説も棄却しきれないので、データの評価に当たってはどうしてもこのような判断に頼らざるをえないのだ。

## 個別銘柄の平均値回帰

株式市場の個別銘柄における平均値回帰は、有価証券分析の草分けの一人ベンジャミン・グレアムの時代以降、ずっと論じられてきた。一九四九年にグレアムは、「本質的価値に比べて株価が低いと思われる株を買うべきだ」という説を唱えた。この逆張り投資のアドバイスは、このような低い株価は一時的な現象であり、一年か二年で高値に立ち返ることが期待できる、という前提に立っている。

最近の実証研究によれば、単純な逆張り戦略は確かに超過リターンを生む。たとえば、ＰＥＲ（株価収益率。株価をその企業の一株当たり利益額で割ったもの）が低い株を買うという戦略は、リスクの代償として「通常」要求されるリターンを上回る「異常」なリターンをもたらすことが示されている（同様に、ＰＥＲが高い株は、通常以下のリターンをもたらす）。

この結果を説明するものに「株価レシオ仮説」がある。つまり、ＰＥＲが低い企業の株は、市場が今期または将来の企業収益に不当に悲観的になっているゆえに、株価が一時的に過小評価されているというのだ。しかし、最終的には、実際の利益の伸びは株価に現れた成長率と異なっていて、それは予測できる。ＰＥＲの例外には、かならずや株価の修正が続く。また、この仮説と整合するもう一つの現象としては、企業の収益実績が年間収入と株価の関係に影響を与える点があげられる。決算発表に先立つ一二カ月の期間中に予期せざる収益増があれば、ＰＥＲが高い株より低い株のほうがより大きなプラスの超過リターンをもたらす。

同様の結果が、他の逆張り指標にも当てはまる。たとえば、配当利回り（配当利回りの高さは、その企業の株価が低すぎることを示しているのかもしれない）、あるいは株価とその企業の全資産の一株当たり簿価との比率である。配当利回りが非常に高い株、あるいは簿価に比べて株価が非常に低い株もまた、通常のリスク調整後のリターンが異常に高い。

このテーマに関して、私たち（デボント＝セイラー）は、逆張り戦略が成功するのは、投資家たちが全体として過剰反応するせいだ、という仮説を検証した。個人は予想や判断に当たって最近のデータを重視しすぎるきらいがあることは、心理学関係の文献にかなりの証拠がそろっている。こうした行動が金融市場にも現れているなら、過去二、三年のリターンがとくに良かったり悪かったりした株は平均値回帰することが観測できるはずだ。

この可能性を調べるため、私たちは一九八五年の論文で、長期的な勝者と敗者、すなわちそれに先立つ一年から五年間の「形成期間」に良くも悪くも異常な収益性を示した株で組んだポートフォリオ（三五銘柄、五〇銘柄、十分位ごとに組んだもの）の投資パフォーマンスを研究した。

研究に使ったデータは、一九二六年から一九八二年までのＮＹＳＥ上場全銘柄の月次リターン。そのすべてに当たった後、そのなかからポートフォリオに組み込むべき銘柄を選び出した。実験では、

**図12-1　勝者株と敗者株**

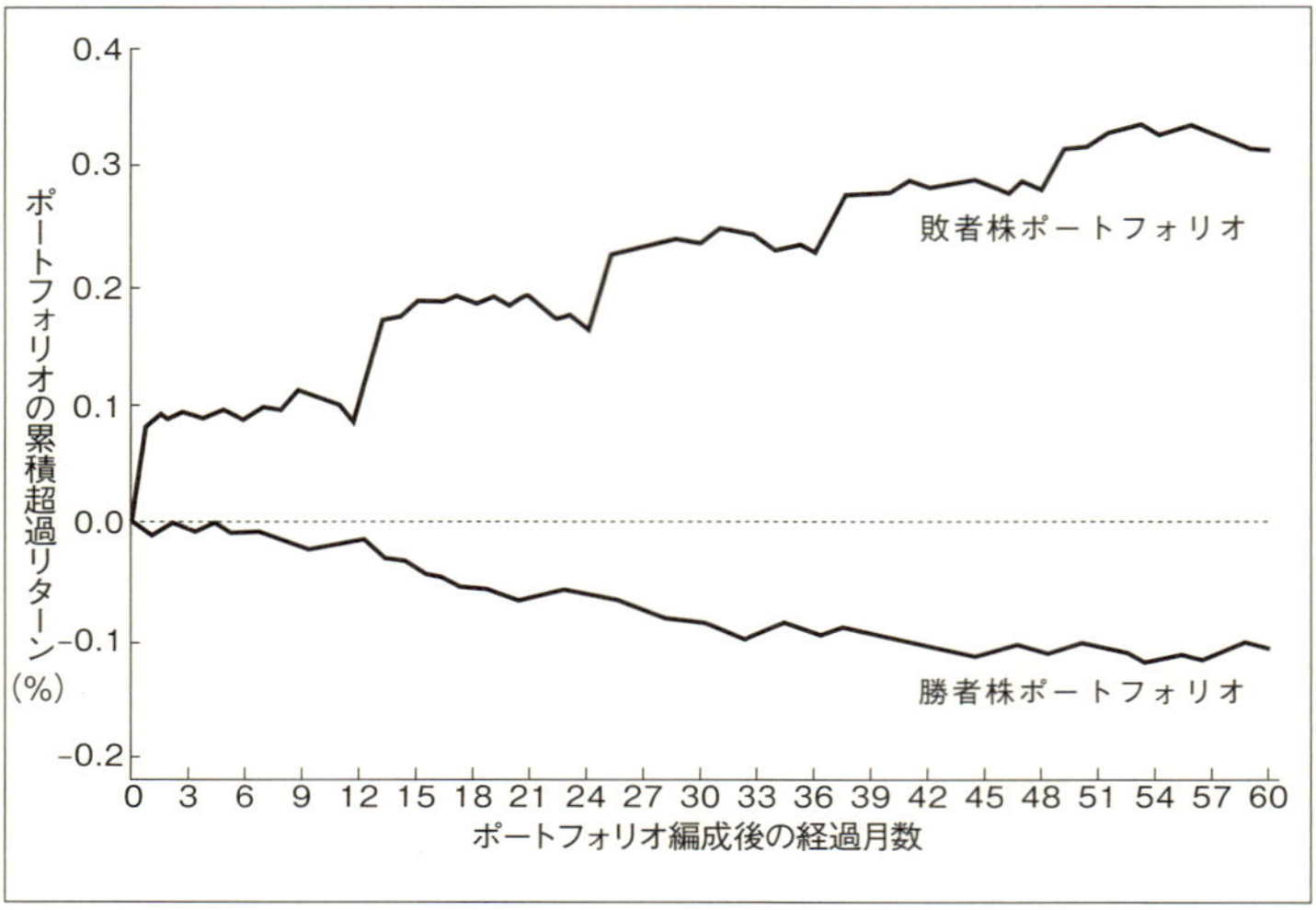


一九二八年一月から一九三二年一二月までの五年間の形成期間内で最もめざましい勝者と敗者三五銘柄でそれぞれポートフォリオを組み、次の五年間（「検証期間」）の足取りを追ってみた。これとまったく同じ手法で、開始年を順次一年ずつ繰り下げて組んだポートフォリオの検証を四六回行った。そして最後に、検証期間中の平均パフォーマンスをNYSE平均株価と比較した。

検証期間の動きを、図12－1に示す。ここには、三つの目立った特徴がある。

①勝者、敗者ともにリターンは平均値に回帰している（形成期間中の敗者は市場平均を上回るパフォーマンスを見せるのに対し、勝者は市場平均を下回る）。

②敗者株の価格の反転のほうが勝者株より目立っている（プラス三〇％対マイナス一〇％の超過リターン）。

③敗者株の超過リターンは、グラフに五回の急上昇が示されていることからもわかるように、ほとんど一月に発生している。

この三つの結果は、私たちが調べたすべてのケースで観察される。加えて、過剰反応の名にたがわず、当初の値動きが極端であればあるほど、その後の反転も大きいようだ。三年ないし五年間の予備調査期間において、勝者株の先物をカラ売りして敗者株の現物を買う「裁定」戦略をとれば、平均五〜八％の年間リターン（大部分が一月に発生する）を稼げる。

敗者株がもたらす超過リターンについては、二種類の説明がある。

①敗者株企業は、平均より小規模であることが多い。小企業は異常に高いリターンを稼ぎ出す（主に一月に）から「敗者株効果」とは、単に小型株効果の焼き直し版であろう。

②敗者株は、財務的に困難な状態に直面していたはずで、おそらくはリスクも相当程度高まっているだろうから、一見すると高いリターンも単にそうしたリスクに見合うという意味で当り前のリターンにすぎない。

どちらの説明も不十分である、と私たちは考えている。確かに、規模の効果と敗者株効果は関係がある。私たちの敗者株ポートフォリオに入っている企業は、検証前に企業価値がかなり下がっていたことになる。企業規模は普通、その企業の株式時価総額で測られるから、形成期間中に株価が値下がりした敗者株企業はかなり「小規模」になっていたわけだ。にもかかわらず、この研究での敗者株企業は小型株効果の話で出てくるきわめて小さな企業と同じというわけではない。

私たちは一九八七年の論文で、一九六六年から一九八三年までのNYSE企業とAMEX企業のデータを、COMPUSTAT(コンピュータ・データ)のサンプルを使って追検証してみた。その結果は、敗者株企業の五分位ポートフォリオ(これは最初にあげた三五銘柄のポートフォリオほどは極端ではない)でさえ、ポートフォリオ編成後の四年間に市場を二五%上回る成績をあげた。これらの企業は、時価総額が平均三億四〇〇〇万ドルであった。これとは対照的に、全上場企業で最小五分位に入る企業の時価総額の平均はわずか九〇〇〇万ドルにすぎなかった。また、これらの最小規模の企業は、数年来株価を下げている。まさしく、それらは「敗者」にほかならない。したがって、値下がり企業は平均より小さな企業であることが多く、そしてまた小企業はえてして以前の敗者株である。つまり、例外は一つではなく二つ存在するということなのである。

にもかかわらず、ファーマ=フレンチやザローウィンはともに、敗者株効果は規模の効果に集約される、と主張している。ファーマ=フレンチは、まず規模によって一〇分割したポートフォリオを編成した。次に、各規模のポートフォリオ内の四分割による勝者株と敗者株の三年間のリターンを調べた。結果は、敗者が勝者を凌いでいたが、一月を除けばその差は統計的に有意ではなかった。私たちの調査結果とは逆に、彼らの結果では敗者より勝者のほうが強い逆転を見せた。同様の調査法でザローウィンは、裁定(敗者株マイナス勝者株)ポートフォリオでは、三年間のリターンは最小四分位では七〜一九%あるが、最大四分位では実質的にゼロであることを発見した。しかし、ゼロより有意に大きかったり小さかったりするリターンは一つもなかった。

勝者株企業も敗者株企業もともに規模は比較的小さいので、同じくらいの規模の企業をランダムに選んでポートフォリオをつくり、そのリターンとの比較で超過リターンを求めると、結果として機械的に敗者株のリターンは下がり、勝者株のリターンは上がる。しかしながら、企業の時価総額がその投資リスクの代替指標になる理由を説明する理論がまったくない以上、規模別のリターンの差を解釈するのは難しい。多くの小企業で構成されたポートフォリオが、同規模のコングロマリット一社よりも高リスクであると考えるべき理由はないだろう。

一般化して言うならば、敗者株や小企業株の明らかな超過リターンがリスクに対する見返りであるとする説は、運用リスクの測定基準が経済理論によって提示されていないのでは、その仮説の誤りを論破することはそもそも不可能である。ファイナンスで用いられる最も一般的なリスク尺度は、いまのところ相も変わらずCAPM理論によるベータ(β)である。CAPM理論のベータとは、ある株のリターンを市場平均のリターンで一次回帰したときに得られる係数である。ベータは、その証券の価格変動の度合いを示し、これは市場ポートフォリオを持つ投資家にも、平準化したり、分散して解消できない。システマティックなリスクで、株価に織り込まれるのはこのリスクだけとされる。

もしCAPM理論のベータがリスクの適正指標であるなら、値上がり株(勝者)と不振株(敗者)との間に見られるリターンの差は、リスクの差に起因するとは言いがたい。ポートフォリオ形成期間のベータを算出すると、敗者株は実は勝者株より値が低い。しかし、ここで、検証期間中のベータにも注目すべきだという研究もある。リスクは、敗者株が不振を、勝者株が好調を続けている間に、それに伴って変動しているかもしれないからだ。それでも、検証期間中のベータは、敗者株が勝者株よりわずかに高いだけであり（一・二六三対一・〇四三）、この推定リスク差ではリターンのギャップを説明することはできない。少なくとも直観的には、勝者株、敗者株のリターンはどちらもきわめて特異な時間的パターンを示しているので、ベータの違いは誤解を生みやすいと言えるだろう。

私たちの一九八七年の論文では、両方のポートフォリオに対する二種類のベータを推定した。一つは市場ポートフォリオが価格を上げているときのベータ、もう一つは下げているときのベータである（CAPM理論は、この二つのベータは等しいことを暗黙の前提にしている）。検証期間中、敗者株のポートフォリオは、強気市場のベータが一・三九、弱気市場のベータが〇・八八を示した。これはつまり、「市況が一〇％上がれば、敗者株は一三・九％の上昇を見るが、一〇％下げたときには八・八％しか下がらない」という意味である。この程度の値なら、それほどリスキーだとは思えない。

それとは対照的に、敗者株ポートフォリオのベータは、上昇相場で〇・九九、下降相場で一・二〇である。これらを組み合わせてみると、裁定ポートフォリオのベータは、強気市場で〇・四〇、弱気市場ではマイナス〇・三二になる。これが意味しているのは、おおむね裁定ポートフォリオは上昇相場では上がり、下降相場でも上がるということになる。

## 短期の平均値回帰

敗者株の株価が大きく反転する理由をリスクで説明する学説を検証する方法の一つは、短期間のパフォーマンスを調べてみることだ。ある株が一日に一〇％上下動しても、それはその株の客観的リスクが著しく変わったわけではないだろうし、その企業の規模もほんの一〇％変わったにすぎない。したがって平均値回帰が、ごく短時間においても見られるとすれば、規模や客観的リスク以外の要素が働いていると考えられる。

一九六二年七月から一九八六年一二月までの期間に、フォーチュン誌に選ばれたトップ企業五〇〇社から、一日に一〇％以上の株価変動のあったケースをすべて拾い出した研究がある（この研究では、七・五％と一五％を超える変動についても報告している）。大企業だけを考慮の対象にすることで、結果に対する反論のある部分を未然に排除することになる。たとえば、「低価格な株は高率の価格変動をするのは、売り値と買い値の間のスプレッド（開きが大きいこと）を部分的に反映している」という反論が予想できる。しかし、大企業株の取引価格は一株一〇ドルを超えているので、この問題はそれほど重要ではなくなる。あるいは、結果の説明に、小型株効果が使えないことも、これまた明らかである。

この標本には、株価下落が一三〇五件、株価上昇が三二一八件含まれていた。次に、株価が急変動した後の足取りを二〇日間追跡する。敗者株は五日間で三・九五％の超過リターンを稼ぎ出した（急変動したときの平均下落幅は、約一三％だった）。七・五％と一五％区切りに対する五日間の超過リターンは、二・八四％と六・一八％である。一方、勝者株については、急変動のすぐ後の期間の実質的な超過リターンは皆無である。注目してほしいのは、一日のうちに株価が大きく動いたその直後のリターンのパターンが、長期に観察されるパターンに酷似していることである。すなわち、大きな株価修正は勝者株ではなく、敗者株について見られ、修正の規模は当初の価格変動の大きさに比例する。このパターンは、短期間の大幅な価格変動を調査した他の研究のほとんどでも同じ結果が出ている。

もう一つ、言及しておきたい株価の短期的価格反転の研究がある。週間リターンのデータを用いて、短期的な敗者株（直前の数週間に市場パフォーマンスを下回った株）を買い、（市場を上回るパフォーマンスを上げた）勝者株をカラ売りする戦略を研究したものだ。これは、研究の対象を極端なパフォーマンスを上げた株に限定したものではなく、一九六二年から一九八六年にかけてのNYSEとAMEXの上場株のほぼすべてが研究の対象となった。個別の銘柄に投資する金額は、その株のその週における（絶対的）超過リターンに比例させている。すなわち、過剰なパフォーマンスを見せた株式は、裁定ポートフォリオのなかでより大きなウエイトを持つことになる。典型的な一週間の取引回数は、売りと買いの往復が二〇〇〇回になった。

取引の回数が多くなるので、この戦略の収益性は株式の売買手数料の多寡によって決定的に影響される。しかし、この戦略はフロア・トレーダー（立会場内で自己勘定取引のみを行うブローカー。米国証券取引所会員業者の一種）にとっては願ってもない、なんともおいしい儲け口となる。取引手数料を片道〇・一%と仮定すれば、敗者株一億ドルの現物を買い、勝者株一億ドルをカラ売りするポートフォリオは、六カ月で平均三八七七万ドルの儲けになり、その三分の二は敗者株が稼いだ。他の研究結果とも一致したように、最も激しく値を上げ、あるいは下げた勝者株と敗者株が、最大の価格反転を経験している。

## 解説

# 新しい資産価格決定理論をつくり出すという課題

## 実際のリスクと、認識されるリスク

多くの研究分野には、それぞれ独特の但し書きがついてまわる。ファイナンスの分野で例外を報告している論文によく見られる但し書きはこんなものであろう。

「もちろん、市場の効率性を直接検証することはできない。市場の効率性となんらかの均衡価格モデルを併せて検証することしかできないのである」

この問題を念頭に、ファーマ＝フレンチはこう結論している。

「反転に向かう傾向……合理的投資行動と、マクロ経済全体を動かす変数の動きに伴う期待リターンの時間変化を反映したものかもしれない。一方で、価格の静的な部分が引き起こす反転は、不完全な市場効率性モデルで想定される類の、市場全体を包み込む過剰反応の波を反映しているのかもしれない……予測可能性は市場の非効率性の反映なのか、それとも合理的投資行動が起こす期待リターンの時間変動の反映なのかは、今現在も、将来も、未解決の問題であり続けるだろう」

これは、偏見にとらわれない結論だが、あきらめが先に立つ悲観的な結論である。市場の合理性と非合理性は、識別することが困難なのであろうか？　あきらめるにはまだ早い。

平均値回帰の説明として、過剰反応とリスクを分けて考えるという問題について考えてみよう。仮に、敗者株の超過リターン、ないしは市場平均指数の平均値回帰が、いまなお十分に解明されていないなんらかのリスク基準によって満足に説明できるというのであれば、（時間の経過とともに変化する）リスクもまた「本物」であることを示す必要があろう。他の分野においては、実際のリスクと、認識されるリスクの間には違いがあるという証拠はかなり多く存在している。たとえば、米国で殺人によって死ぬリスクは、糖尿病で死ぬリスクや胃ガンで死ぬリスクより高いと思われがちだが、実際の年間死亡者数はそれぞれ、順に一万八〇〇〇人、三万九〇〇〇人、九万五〇〇〇人である。

誤ったリスク認識のモデルがどういう作用をするか、感じをつかんでもらうために、（一部の）投資家たちが極端な勝者株、敗者株のリスクはどちらも客観的なリスクより高いと判断する、と仮定してみよう。敗者株の破産リスクは過剰に評価されるので、敗者株はきわめてリスキーであり、勝者株は「値下がりに向かう可能性」が非常に高いので、きわめてリスキーである。したがって、こうした企業には過度のリスク・プレミアが付き、このため価格は下がる。

さらに仮定を進めて、投資家たちは直近の趨勢に過剰反応する傾向があり、確率に基づく正しい予測ができない、としてみよう。こうした誤ったリスク認識と判断の組合せが原因であるとしたら、勝者株と敗者株のリターンにみられる非対称性を説明できるだろう。つまり、敗者株の場合は、過剰反応と過度のリスク・プレミアムがともに（株価を引き下げる）同一方向に作用するために、価格の反転が起きるということである。情報が入ってきて、投資家たちが自分の懸念と予測はバイアスがかかっていたと気付いたとき、株価は上昇する。しかし、勝者株の場合は、過剰反応効果が株価を高値に押し上げすぎる半面、過度のリスク・プレミアムは株価を引き下げる方向に働く。こうした二つの効果は正反対の方向に働くので、観察結果に見られるように勝者株の価格の反転は小さいか皆無となるわけだ。

## イベント・スタディ

効率的市場仮説は、会計学、企業組織論、金融論でよく行われているイベント・スタディにも組み込まれている。イベント・スタディとは、環境変化が企業にどんな金融・財務的インパクトを与えるかを計測しようというアプローチの研究である。環境変化のニュースが初めて一般に知られるようになった時点で、株式市場がその会社の株価評価をどう変えるのかを調べたりする。典型的なイベントとしては、株式の公開買い付け、新株発行、会計原則の変更、税法の改正などがあげられる。

多くのイベント・スタディ、たとえば施策の評価を行おうとする場合に、市場価値の変化は企業の「本質的価値」の変化以外のバイアスはないとされているが、いまのところこの主張を裏付ける証拠は何もない。仮に、ある企業が別の企業を買収して価値が一〇%上がったとする。これは、市場が買収の正味現在価値を、こう推定しているということだ。この推定にバイアスが本当にないのかを検証するには、この企業買収の成果が実現するまでの長期にわたる観察が必要となる。「管理職たちが反目し合ったりしていないか」「期待したとおりのシナジー効果は上がるだろうか」「経営トップは手を広げすぎていないか」「買ったはいいが、払いすぎなのではないか」……、五年も待てば、これらにはほぼ答えが出るだろう。つまり、イベントの日の株価にバイアスがかかっていないかどうかを測る一つの尺度は、「それが五年後の株価予想として正確かどうか」という問題になる。だが残念なことに、株価はたいへんに変動しやすく、それゆえこの仮説の真偽を確かめる現実的な手だてはない。

この点、一日に一〇％以上の株価変動のあったケースをすべて拾い出した研究などは、「典型的なイベント・スタディ」と言えるかもしれない。大規模な価格変動に的を絞るため、一連のイベントを基本的に個別に特定することなく拾い上げることになった。値上がりしたイベントでは、推定値にバイアスがかかっていない（二週間前後経た後に判定する）のに対して、値下がりしたイベントの場合は、直後の反応にはバイアスがかかっているようだ。私たち自身の敗者株の長期実証研究の結果でも、同じような結論が出ている。「悪いイベント」を連続して経験した企業の株価は、修正されるまでに数年を要することになる。

## 結論

金融市場は、例外事象の宝庫である。それは、金融理論の質が悪いために、例外が多いわけではない。むしろ、その理論が（検証可能なように）異常なほど細かく具体的であるのと、そのデータもきわめて豊富であるがゆえに、例外が広範に見受けられるのである。細部にわたって記述されたモデル、豊富なデータ、それに多くの例外という取り合わせが三拍子そろっている金融市場は、心をときめかさずにはいられない研究分野である。

この分野の真の課題は、既知の実証済みの事実と整合すると同時に、検証可能な新たな予測をもたらしてくれるような新しい資産価格の決定理論をつくり出すことである。その試みにおいて、市場や取引に参加するエージェントがすべて完璧に合理的であると仮定する伝統的なモデルが成功する可能性に対して、私たちはきわめて悲観的である。だが、将来のキャッシュ・フローに対してかならずしも完全に合理的ではない考え方をするエージェントや、リスクを誤認するエージェントの存在を加味したモデルなら、より大きな可能性が開けるのではないか、と私たちは考える。しかし、現状におけるこれらのモデルは、入念な検証を実施するのが不可能である。また、仮にこうした検証が可能になったとしても、これらのモデルも(伝統的な枠組みがそうであるのと同じように)データと整合しない結果になることも、けっしてないとは言い切れないのだ。

(共同執筆/ワーナー・デボント)

第13章　投資家感情仮説

# クローズド・エンド型ファンドの不思議

CLOSED-END MUTUAL FUNDS

証券会社の営業をしている義兄から、また電話だ。今度は何に悪乗りしたのか、のっけから食い下がってくる。

「いい話だよ。ディスカウントで株を買う方法があるんだ。君にぴったりのが見つかったと思うんだけど、どうだろう。一つ、やってみないか?」

てっきり、手数料の安い証券会社（義兄はそうではない）へ乗り換えろ、という意味なのかと（ちょっと期待して）尋ねると、「そうじゃない」と義兄は言う。

「そんなのは、ほんの小銭にしかならない。販売手数料なんて、せいぜいが株価の一%以下なんだ。今度の話は、いいかい、株を、市場価格の一〇%から二〇%引きか、それよりもっと安く買えるという話なんだ」

そんなうまい話なんて、にわかに信じられない。それで、いったいどんな手を使うんだい、と問い返すと、「クローズド・エンド型ファンドだ」というのが彼の答え。だが、このファンドのことを知っているかと聞かれても、よくわからない。生返事をしていると、たたみかけるように説明が飛んできた。

「クローズド・エンド型ファンドとは、そのファンド自体が主要取引所で売買されるタイプの投資信託なんだ。この型のファンドは、所有者が売りたいときは、ファンドに買い戻してもらうのではなく、市場で売却するんだ。上場投信のなかには、そのファンドに組み込まれている一般企業の株式の時価よりかなり安い価格で取引されているものがある。これに気付いたというわけさ。一単位当たり二〇ドルの資産を持つファンドが、わずか一七ドルで売られることもある。なんと、一五%ものディスカウントだよ。ねえ、ごっついじゃないか、こいつは！」

本当にそうなら、きっとたいへんな掘り出し物に違いないと、とりあえず義兄には答えておく。だがここは一つ、慎重に自分でも調べてみなくては……。

効率的市場仮説を実地に試すことは、なかなか難物である。たとえば、タダのランチにありつけないのと同じように、楽してお金を儲ける方法はまずありえない、という意味がこの仮説には、込められている。一方、資産価格の平均値回帰（前章でくわしく論じた）などは明らかにこの例外であるが、

「これはリスクの変動を示すものであって、効率的市場仮説とは矛盾しない」と多くの人は言う。また、この仮説に従えば、「資産価格とは資産価格の本質的な価値、つまり将来のキャッシュ・フローの現在価値である」ということになる。ある著名なファイナンス理論の教授はこの点について、「価格はつねに正しい」という言い方で言及していた。本質的な価値を見極めることは容易ではないので、価格が正しいかどうかを検証することはむろん難しい。ＩＢＭ株の将来の配当の現在価値がいくらなのか、いまは知りようがない。

ところが、本質的な価値を比較的容易に測定できる種類の証券がある。それがクローズド・エンド型ファンド（現在では「公開取引ファンド」の正式名で知られる）である。

ほとんどの投資信託はオープン・エンド型である。オープン・エンドとは、「いつでも新規の追加資金を投資家から受け入れ、あるいは現在の投資家に対して一口分のファンドをその『純資産価値』、すなわちそのファンドが保有して運用している証券ポートフォリオの市場価格（一口当たり）で買い戻してくれる」という意味である。

これに対し、クローズド・エンド型ファンドの仕組みは、「投信受託会社が一定額の資本、たとえば一億ドルを調達し、その資金を使って、ファンドの設定約款に従って運用するポートフォリオを構成する証券を購入する」というものだ。そして、一定数の受益証券、たとえば一〇〇〇万口を発行する。

それらの受益証券は、ニューヨーク証券取引所などの取引市場を通して売買される。これを購入した投資家が換金したい場合は、証券を市場価格で売却しなければならない。もちろん価格は、需要と供給の関係によって決まるので、純資産価値と異なることもある。実際、クローズド・エンド型ファンドの価格は、純資産価値と異なることが多い。純資産価値より安く売られるファンドは「ディスカウントで売買される」と称され、純資産価値より高く売買されるファンドは「プレミアム付きで売買される」と称される。たとえば一九八九年には、三〇％を超えるディスカウントで売られたファンドもあれば、大幅なプレミアム付きで（プレミアムが一〇〇％を超えていた例が一つある）売られたものもあった。したがって、クローズド・エンド型ファンドの場合、価格は正しくないことがよくある！

## 四つの例外

クローズド・エンド型ファンドの価格形成には、いくつかの不思議な謎がある。いずれの資産価格形成理論も見過ごしにできない四つの事実を以下に示す。

1. 新規ファンドが市場に登場するときには、ある規則性がある。既発行のファンドがプレミアム付きまたは小幅の割引価格で売られているときに、新規ファンドが売り出される傾向がある。新規ファンドは発売されるときに、約七％の手数料を取られる。つまり投資家は、一〇〇ドル相当の資産を手に入れるためには、一〇七ドル支払わなければならない。新規ファンドが市場で売買され始めるときには、小幅のプレミアムが付くのが普通である。

新規ファンドのパフォーマンスが驚くほど低いことを示す研究がある。たとえば、ワイスが記録した事実では、一九八五年から一九八七年までの米国株で運用するファンドは、売り出し後二〇日間は平均五％近くのプレミアム付きで売買されていた。それが、売り出し後一二〇日を過ぎると、平均一〇％を超えるディスカウントで売られるようになっていた。つまり、この間のリターンは、マイナス二五・一％ということである。だとすれば、こんな証券が新規発行されたとき、そんなものをいったい誰が買うというのだろうか？

2. クローズド・エンド型ファンドは、その純資産価値よりかなりのディスカウント価格で売買されるのが通例である。一九六五年から一九八五年までにおける、米国株に投資する主要クローズド・エンド型ファンドのポートフォリオの加重平均ディスカウント率は一〇・一％だった。ただし、ディスカウントのほうが常態ではあるものの、一部のファンド（そして、ある期間においては大部分のファンド）はプレミアムが付く。近年、外国投資専門のいわゆるカントリー・ファンドは、プレミアムが付くのがごく普通になっている。そこで、二番目の謎だ。ファンド価格はなぜ純資産価値に等しくないのか？　そして、ディスカウントはなぜ常態となっているのか？

3. ディスカウント（とプレミアム）の変動幅は、個別のファンドごとに、時間の経過ごとに大きく異なる。米国で売買される最大の株式ファンドは、トライコンチネンタル・ファンド（略称トライコン）で、トライコンは多様な普通株で構成する分散型ファンドとなっている。トライコンの年末価格は、過去三〇年の間に、二・五%のプレミアム付きから二五%のディスカウントまで変動した。また、一九八八年の一年間では、週末の価格は六・七%のプレミアム付きから一七・九%のディスカウントまで変動した。

ファンドのディスカウント率は時間とともに大幅に変動するが、個別ファンド同士の変動にはプラスの相関が認められる。一九六五~八五年の期間における最も大きく最も古い九つの個別ファンドを研究した結果、それぞれのディスカウント率は密接に相関していることがわかった。個々のファンドの月間ディスカウント水準の相関係数は、おおむね〇・五を超えていた。月次の変動にもプラスの相関があり、相関係数はだいたい〇・二~〇・四の間だった。平均ディスカウント率も、第11章と第12章の証拠に照らせば、とくに驚くにはおよばない季節的変動パターンを示している。まさに、ディスカウント率は一月に縮小する傾向がある。これは、きわめて注目すべき結果である。なぜなら、それらのファンドが保有していた資産は一月効果を示さなかったからだ。

ディスカウント率は、ファンドによっても大幅に異なっている。大幅ディスカウントで売られるファンドもあれば、かなりのプレミアム付きで売られるファンドもある。分散型米国株ファンドや特定外国ファンドなど、特定カテゴリーのファンドに限ってみても、ある時点におけるディスカウント率には幅広いバラツキがある。それゆえに、ディスカウント率はなぜ同時に動くのか? また、個別ファンド同士を比較してもなぜそれほどのバラツキがあるのか? が問題である。

4．クローズド・エンド型ファンドが終了する、すなわち吸収合併、清算、あるいはオープン・エンド型ファンドへの転換のいずれかの事由で終了するときには、価格は決算書に記載される純資産価値に収束する。このことには、なにも不思議はないと思えるかもしれない。クローズド・エンド型ファンドがオープン・エンド型ファンドへ転換、あるいは清算される場合は、その資産は純資産価値で償還されるのが一般的である。したがって、価格は当然、終了時点における純資産価値と等価になる。

しかし、クローズド・エンド型ファンドの価格形成をめぐる議論として、清算時に報告される純資産価値の算定が間違っている場合は、価格が純資産価値にまで上昇するのではなく、むしろ純資産価値がファンドの市場価格まで下落する、という指摘がある。そこで、疑問だ。ファンドがオープン・エンド型に転換されるとき、価格はなぜディスカウントを帳消しにするほど上昇するのか？

これら四つの謎は、金融市場の働きに基本的な疑問を提起している。価格は、いったいいかなる理由で本質的な価値から逸脱するのか？　なぜ価格を適正な水準にまで押し戻すような裁定の力が働かないのか？　これらの疑問をこれから取り上げよう。

## 標準的な三つの理論的言い訳

これらの事実は、合理的期待形成や効率的市場仮説という標準的なパラダイムでは、どの程度まで説明できるのだろうか。これまで、二種類の説明がなされてきた。一つは、ファンド・マネジャーの運用の誤りを根拠とする説明であり、もう一つは純資産価値の算定の誤りを根拠とする説明である。

## エージェンシー・コスト説

ファンド・マネジャーの存在だけで、クローズド・エンド型ファンドの謎を説明できるだろうか。考慮すべき可能性は二つある。これらのファンドは、年間の運用費・管理手数料として、一般的に総資産価額の〇・五〜二・〇%を請求する。運用委託費がかかるファンドは採算上そのコストに見合う割引価格で売られる、というのが一つの主張である。

そこで、年間運用費が一%かかるファンドを考えてみよう。この運用コストが永遠に続くとすると、これを割引率一〇%で計算すると、現在価値はおおよそ一〇%のディスカウント分に相当することになる。しかし、よく吟味してみると、この主張は正しくない。「トライコン」のような大型のクローズド・エンド型ファンドは、手数料なしの、いわゆるノーロードのオープン・エンド型ファンドに匹敵する手数料になっているはずだ。両者とも同じような顧客サービスを提供しているので、どちらも同じ価格で売られてしかるべきだからだ。しかし、クローズド・エンド型ファンドがディスカウントされて売られるのであれば、投資家はオープン・エンド型ファンドより高い収益を得ることになる(同じ資金量でより多くの資産を買うことになるから)。ということだとすると、運用コストが存在しても、ファンドがディスカウント価格で販売される理由にはならない。また、ディスカウントが運用管理コストと相関関係にあるという証拠もない。

考慮すべき二つ目は運用能力である。「純資産価値は、現在のポートフォリオの予想収益のリターンを表している」ということだ。しかし、そのポートフォリオ内の証券を売買するのはファンド・マネジャーなのだから、ディスカウント分は担当者の能力差を表しているのかもしれない。しかしそうは言っても、一部のマネジャーがシステマティックに市場を下回るパフォーマンスを残してやろうとでも企まないかぎり（むろん、これ自体が例外事象である）、このことが、大部分のファンドがディスカウントで売られている理由の説明にはならない。

相対的な運用パフォーマンスの優劣でディスカウントの差を説明するとすれば、大幅なディスカウントはパフォーマンスの悪さを予想し、プレミアムは今後のリターンの高さを予想しているはずである。したがって、たとえば、ファンドの発売当初にプレミアムが付くのは、高い収益を見込んでいたことになる。反対に、発売後二、三カ月に生じるディスカウントは、投資家がすぐに夢から覚め、標準以下のパフォーマンスを予想していることになる。こうした予測が合理的であるとは論理的に言えないし、過去のデータに基づいても、いずれの予測も当たっていないことを示している。

マルキールは、ファンド資産の過去の運用パフォーマンスとディスカウントとの関係を実証モデルで研究し、ローエンフェルト＝タトルは、現時点の運用パフォーマンスとディスカウントとの関係を研究した。前者ではまったくの無関係という結果になり、後者では弱い関係があるという結果になった。しかし、リー＝シュレイファー＝セイラーの研究によれば、将来の純資産価値の運用パフォーマンス見込みは、現在のディスカウントと弱い関係があるが、その関係は「逆」であることがわかった。すなわち、ディスカウントの大きいファンドは小さいファンドより、将来の運用パフォーマンスが高い傾向にあるのだ。私たちの結論は、エージェンシー・コスト説では、ディスカウントの存在という基本的事実すら説明できないということである。

ましてや、他の謎については、なおのこと説明できない。たとえば、エージェンシー・コスト説が成り立つとすれば、販売手数料を取らないオープン・エンド型ファンドが存在するかぎり、ファンドはけっして（プレミアム付きで）発売されるはずはない。実際、ファンドにプレミアムが付くということは、この理論からすれば、エージェンシー・コストはマイナスであるということになってしまう。また、エージェンシー・コスト説では、ディスカウントが時間とともに大幅に変動することを説明できない（なぜなら、運用費率などは固定されているからだ）。運用管理コストと期待パフォーマンスなどによる説明では、観察される個々のファンドのディスカウント率の時系列的な変動や、個別ファンドの平均ディスカウント率のバラツキを説明できない。エージェンシー・コスト説に矛盾しない唯一の事実は、ファンドの清算によってディスカウントが消滅することである。

## 売却制限付き株式保有説

ファンドの価格と純資産価値との間に差異が生じたとしても、純資産価値が正当な価値を反映していないとすれば、何もおかしなことではない。

ポートフォリオの価値評価を誤りやすい一つのケースは、ファンドが公開市場で自由に売却できない株式を大量に保有している場合である。オープン・エンド型ファンドと違い、クローズド・エンド型の場合は、投資家からの解約ができないため、保有する株式をあわてて換金させられることはないから、流動性のない証券を保有してもよいのだ。「自由に売却できない株式は、純資産価値の計算において高く評価されすぎている」という主張もある。事実、ディスカウントがファンド商品を横並びで見たときに違っている原因の一部は、このような売却制限付き株式を保有しているためだという。しかし、クローズド・エンド型ファンドをめぐる疑問の多くの部分を、売却制限付き株式保有で説明することはできない。

「トライコン」を含むほとんどのクローズド・エンド型ファンドは、実際には制限付き株式をほとんど保有していないが、それにもかかわらずディスカウントで売られている。また、制限付き株式保有数は時間とともにそれほど変動しないので、これによってディスカウントの時系列変動を説明することは不可能である。基本的には、ファンドがオープン・エンド型に転換されるときには、価格は純資産価値まで上昇する。仮に、保有している制限付き株式が過大評価されているとするなら、純資産価値のほうが逆に正当な価格まで下がるはずなのだ。

## 税金説

ファンドの純資産価値が誤って評価されるもう一つの原因は、キャピタル・ゲイン課税にあるのかもしれない。ファンドにキャピタル・ゲインがある場合、その売却益が実現した時点のファンド保有者が税金を負担することになる。したがって、もし今日買ったファンドが明日大きなキャピタル・ゲインを実現すると、たとえファンドの保有者の懐に儲け分が全然入ってこなくとも、税金の支払い義務が生じることになる。このことは、含み益が大きいファンドは、既存保有者と見込み保有者の双方にとって純資産価値以下の価値しかないことを意味する。したがってディスカウントで売られるのももっともである。この説にはそれなりの意味があることは明らかだが、他の説同様にかならずしもすべての事実を説明してはいない。

マルキールの計算によれば、かなり甘く見積もっても、税金は、六%を超えるディスカウントの説明にはならないという。しばしば見受けられる六%を超えるディスカウントは、依然として謎のまま残るのだ。また、税金説によれば、市場が上昇しているときには含み益は累積するから、ディスカウントは増加するはずであるが、実際はこれと反するデータがある。そしてここでも、価格が清算時に純資産価値まで上昇するという事実は、税金説が主要ではないことを示しているのだ。

要約するに、クローズド・エンド型ファンドのディスカウントをめぐっては、効率的市場仮説と合理的エージェントの存在という条件で説明しようとする諸説がこれまで提出されてきた。ある程度、納得できる仮説もあるにはあるが、ディスカウントの変動全体から見れば、これらはほんの一部を説明しているにすぎない。

## クローズド・エンド型ファンドのプレミアム

クローズド・エンド型ファンドで、さらに訳のわからないのがプレミアムである。すでに述べたように、一九八〇年代半ばにおいては、クローズド・エンド型ファンドの価格は発売当初平均七%のプレミアムが付いていたのが、売り出しから一〇〇取引日以内に平均一〇%のディスカウントへと変動する。投資家にとっては大幅で急激なマイナスのリターンになったわけで、これら投資家の合理性には相当の疑問がある。それなのに、標準的な理論による説明ではどれ一つとして、いったい誰がなぜ、プレミアムの付いた新規発行ファンドを購入するのか、という疑問に答えようとしていない。ファンドがプレミアム付きで売られるのは、公募時にかぎらない。一九六〇年代後半や大暴落直前の一九二〇年代末のように、分散型ファンドでさえプレミアム付きで売られた時期があった。また、平均的なファンドがディスカウントで売られているときでさえ、プレミアム付きで売られるファンドもある。このプレミアムの問題は、ファンドがディスカウントで売られる理由としてあげられているエージェンシー・コスト、税金などの説に対して、厳しく見直しを迫るものだ。

一九二九年の株式ブームの場合を考えてみよう。デロング＝シュレイファーの研究によれば、調査対象中の標準的ファンドは、大暴落直前の一九二九年第3四半期に四七％のプレミアム付きで売られたという。また、同じ四半期にはクローズド・エンド型ファンドが一九億ドル発行された。この金額は、今日の価格水準と米国経済の規模で換算するとほぼ五五〇億ドルに相当し、現在のクローズド・エンド型ファンド総発行残高の少なくとも五倍以上に達する。一九二九年夏のクローズド・エンド型ファンドの発行ブームは、驚くべき異常さであった。そしてこのブームは、大暴落とともに終わりを告げた。クローズド・エンド型ファンドはそれ以来、通例となっているようにディスカウントされることになった。

当然ながら、大暴落以前のクローズド・エンド型ファンドの市場観察者は、このファンドがディスカウントされることになろうとは考えもしなかった。効率的市場仮説の洗礼を受けていない彼らは、ファンドの価格はファンドの資産価値に加えて運用管理能力から成り立っているので、プレミアム付きは当然であると考えていた。なかには、五〇～一〇〇％のプレミアムは妥当であると考える者もいた。このような状況では、クローズド・エンド型ファンドはなぜディスカウントされるべきかを説明する理論は育たなかった。

ファンドに関する投資家のそのような楽観主義は、おそらくカントリー・ファンドを除いてここ数年あまり一般的とは言えなかった。いくつかのカントリー・ファンド（たとえば、韓国、スペイン、台湾、ブラジル、ドイツなどを投資対象としたファンド）は、一九八〇年代半ばに、大きなプレミアム付きで売られた。これらのファンドには、韓国やブラジルのように外国からの直接投資を規制している国に投資するものもあれば、スペインやドイツのように完全に自由な市場へ投資するものもある。両タイプともに一〇〇％以上の大きなプレミアムが付いたこともある。いったいなぜ、資本市場が開放されている国への投資ファンドにプレミアムが付くのだろうか。スペイン市場へ直接投資が可能なのに、わざわざスペイン・ファンドの価格を倍以上につり上げた投資家たちは、スペイン・ファンドの運用に過度に楽観的であったのか、ファンドのほかにスペイン投資の方法を知らなかったにすぎないのか、そのどちらかに違いない。

多くのカントリー・ファンドのプレミアムは、後発のカントリー・ファンドの登場とともに徐々に下がっていった。わずか二、三カ月の間に、大きなプレミアム付きで売られていたスペイン・ファンドとドイツ・ファンドに、それぞれ三種類の競合ファンドが現れた。

新規ファンドの登場とともに、二つの興味ある事象が出現した。一つは、既存ファンドのプレミアムが下がったこと、もう一つは、新規ファンドのプレミアムが既存ファンドより低くなったことである。供給量が増加すると価格は下がるという事実は、経済学では当然だが、金融市場では価格は価値に等しいとされ、価値は代替品の供給とは無関係であるから、この事実は異常である。

要約するに、クローズド・エンド型ファンドのプレミアムは、一九二〇年代後半や一九八〇年代後半のように、株式全般に対して、あるいは外国株式などの特定証券に対する投資家の投資熱が高いときに発生すると思われる。投資家は冷静で、裁定取引で価格と価値が等しく保たれるという理論からすると、この種のプレミアムを理解することはたいへん難しい。となると、次なる疑問が持ち上がる。クローズド・エンド型ファンドの価格形成の誤りが、抜け目のない投資家の裁定取引の標的にされないのはなぜだろうか？

## ぼろ儲け

クローズド・エンド型ファンドの価格形成が歪んでいるとしたら、儲けられないはずがない。抜け目のない投資家なら、プレミアム付きファンドをカラ売りし、そのファンドを構成するポートフォリオ全部なり、それに近いものを買ってヘッジするはずだ。それに対しては、「市場が規制されている国に投資するファンドの場合、個人ではその国の株式を直接買えないのでヘッジは不可能だ」という反論がある。しかし、この反論にはあまり説得力がない。米国と韓国に家族が分かれて住んでいる家計なら、米国でファンドをカラ売りし、韓国でその原資産を買えるだろう。スペインやドイツなどの規制のない国のカントリー・ファンドまでが大幅なプレミアム付きで売られているのだ。これを利用する裁定取引を妨げているのは、いったい何なのか？

裁定取引に関する問題は、ほかならぬ米国内にある。第一に、ファンドの受益証券を借り受けることは非常に困難なので、ファンドのカラ売りはできない。このことは、クローズド・エンド型ファンドの公募のみならず、また市場が規制されているか否かを問わず、多くのカントリー・ファンドにも当てはまることである。仮に、投資家がファンドをカラ売りできるとしても売却代金はすぐ手に入らず、この取引のコストは高くなる。第二に、たとえ投資家がファンドをなんとかカラ売りし、そのポートフォリオをどうにか買えたとしても、プレミアムが下がるどころか逆に上がった場合、ポジションに損失が生じ、仲介業者から追い証（追加の証拠金）を要求されることになるだろう。スペイン・ファンドを二〇％のプレミアム付きでカラ売りしても、プレミアムが一〇〇％に上昇すれば、破産してしまう。投資家がよほど忍耐強くしかも資金にかなりの余裕がないかぎり、この裁定取引は割に合わない。

もっと典型的なディスカウントされたファンドの場合はどうだろうか。この場合、すぐに思いつく方法は、ファンドの買収である。つまり、ファンドを清算に持ち込むか、オープン・エンド型に切り替えるのである。これは理論的にはうまい方法だが、現実にはクローズド・エンド型ファンドの買収には何重もの障害がある。

まず、ファンド・マネジャーたちは、乗っ取りに厳しく抵抗するので、買い手のコストは高くなる。ハーツフェルドの報告によれば、最大の分散型ファンドであるリーマンやトライコンチネンタルは、ファンドの組み替えをもくろむ企てを一九八〇年までに、それぞれ四回にわたって跳ねのけてきたという。この一〇年で多くの新規ファンドが、乗っ取り禁止条項を明文規定として定款にとり入れた。乗っ取り禁止条項がうまく働かない場合でも、マネジャーたちは証券取引委員会（SEC）の助けを頼りにできる。投資会社の監督者たるSECは、買い手のコストを押し上げることで、これまでにもしばしばファンドの乗っ取り防止に協力してきた。

買い手がこれらの抵抗を回避できたとしても、別の問題がある。買い手の持ち株比率が、企業の総発行済み株式の五%を超えると、買い手はその意図を公表しなければならない。もし買い手がファンドを清算するつもりだという意思を明らかにすれば、そのファンドの他の株主は株式買収要求には応じないで清算を待ち、自らも純資産価値をまるごとそっくり獲得しようという気になってもおかしくない。しかし、買い値が純資産価値と同じであれば、当初の五%分の投資利益を別にすれば、買い手には何の儲けも残らない。当然ではあるが、買い付けに成功した価格は、純資産価値の九五～九八%が典型である。これらのすべての事情から、クローズド・エンド型ファンドの公開買い付けはみかけほどうま味がない。したがって、なぜ多くのクローズド・エンド型ファンドがいまなお大幅なディスカウントで売られ続けているのか、その理由が理解できようというものだ。

ディスカウントされたファンドに対する、より消極的な戦略としては、ファンドを買い、もう一方でファンドのポートフォリオをカラ売りするというものがある。この戦略もある程度までは可能である。しかし、ここでもまた、カラ売りでは売却代金を部分的にしか受け取れない、というコストの問題が待ち受けている。加えて、ディスカウントがさらに大幅になり、抜け目はないが目先しか見ない投資家が短期的には損失をこうむる、というリスクが待ち受けている。

楽して金を儲けようという戦略は、コストとリスクが避けられない。ただし「リスク調整済みの超過リターンが、クローズド・エンド型ファンドの売買から得られる」という証拠も確かに存在する。そしてこれらの戦略は、ディスカウントは平均値回帰するという観察結果に基づいている。具体的な手法としては、「ディスカウント幅が時間の経過とともに縮小するとの予測のもと、ディスカウントが最大のときにファンドを買え」というものだ。

さまざまなファンドを各ファンドのディスカウント率に比例させて組み込んだ実験用のポートフォリオを構成し、三二年間に及ぶ期間でリターンを調査した結果、この戦略から年間四%を超える超過リターンが得られることがわかった。さらに、この戦略に改良を加え、ファンドがオープン・エンド型に転換されうる確率を変数として組み入れた結果、年間五%という超過リターンをあげた。一九六五年から一九八四年までの期間について調べた研究では、クローズド・エンド型ファンドへの投資から著しい超過リターンが得られるという結果を得た。

したがって、大幅なディスカウントがあるファンドへの投資は長期的には、ある程度超過リターンを手にする機会があると思われる。

## 投資家の感情が謎を解くカギ

第12章で紹介した非合理的なノイズ・トレーダーのモデルを使って、クローズド・エンド型ファンドの謎を説明しよう。

まず、ファンダメンタルズに基づいて投資を実行する合理的なトレーダーと、投資決定に非合理的な要因をとり入れて行うノイズ・トレーダーという二種類の投資家を想定し、合理的な投資家はバイアスにとらわれない予想をするが、ノイズ・トレーダーの予想はシステマティックな誤りを犯すとする。言い換えれば、ノイズ・トレーダーは先行きについて、あるときは非常に楽観していたかと思ったら、急に悲観的になったりするように時間的に変化する感情を想定している。ノイズ・トレーダーたちの感情がはげしく揺れ動くために、彼らが取引を行う市場では新たなリスクが生み出される。

さらに、合理的なトレーダーはリスク回避的で、ある有限な時間的視野の範囲で思考する、と仮定する。この二つの傾向は、ほとんどの投資家に当てはまり、他人の資金を管理する立場の人間でさえ(また彼らにはなおさら)例外ではない。その結果、ノイズ・トレーダーの移ろいやすい気分が引き起こすリスクは、合理的な投資家の積極的な裁定戦略に水を差すことになる。

クローズド・エンド型ファンドは、ノイズ・トレーダー・モデルの格好の例である。たとえば、クローズド・エンド型ファンド所有者にはノイズ・トレーダーたちが集中しており、そのファンドの資産に組み込まれている株式を直接保有している率より高いとしよう。ノイズ・トレーダーたちが先行きに悲観的になると、クローズド・エンド型ファンドの価格は純資産価値以下に押し下げられる。そのとき、合理的なトレーダーたちがこのファンドをお買い得の格安価格として買い占めない理由はなんだろうか?

その答えはこうだ。合理的なトレーダーは、クローズド・エンド型ファンドをディスカウントで買ったとしても、二種類のリスクにさらされる。一つは、「そのファンドの純資産価値は市場平均以下のパフォーマンスしか発揮しない」というリスク。もう一つは、「合理的なトレーダーたちがファンドを売却しようとしても、ノイズ・トレーダーたちがよりいっそう悲観的になっていて、ディスカウントがさらに進んでいる」というリスクである。

合理的な投資家は、ノイズ・トレーダーによるリスクをヘッジする何かがあれば、クローズド・エンド型を喜んで買うようになる。つまり、それがディスカウントだ。一般にファンドは純資産価値より安く売られるという、クローズド・エンド型ファンドに関する最も特徴的な事実は、ノイズ・トレーダーたちの存在に注目すれば、このように説明できる。

ここで強調したいのは、「この説明はノイズ・トレーダーたちが悲観的だという前提には基づいてはいない」ことだ。「合理的な投資家のリスク回避」という発想からのみ導かれている。クローズド・エンド型ファンドの価格形成において投資家の感情が果たす役割が大きいことを主張するマーティン・ツバイクの名を冠したクローズド・エンド型ファンドが、二種類発売されていることは、興味深い。

ところで、クローズド・エンド型ファンドのほかの謎についてはどうだろうか。投資家が当初はプレミアム付きで新規ファンドを買う理由を説明するには、ノイズ・トレーダーという名の「お人好し」、つまりつけ入りやすいカモの存在がどうしても必要になる。彼らは、過度に高く評価された資産を買うほど楽天的な投資家である。彼らが飛びつくような仕掛けを用意しておくとよい。最近のファンドは、（そうした仕掛けとして）「ツバイク・ファンド」のようにファンド・マネジャーが有名であったり、カントリー・ファンドのように特定の運用先に限った投資戦略を売り物にしている。

一般的な分散型のファンドはクローズド・エンド型では、一九二九年のようなバブル期を除けばまれである。ファンドを新規発行の時点で買うのは、その将来のリターンについてきわめて楽観視している人たちである。その後、彼らが保有証券を合理的な投資家などに売ろうとすれば、価格は下がる。既発行のファンドがプレミアム付き、またはあまりディスカウントされずに売られているときに、新規のファンドが発売されるという事実も、この理論と一致する。このようなときは、投資家の気分が高揚しているときなのである。

「ファンドのディスカウントは時間の経過とともに変わり、そしてその変動はファンド間で共通する」という事実は、この理論にとっての必要条件である。ディスカウントは変動しなければならない。さもなければ、ディスカウントの変動に伴うリスクは何もないことになる。ディスカウントが各ファンド同時に変動するということは、「ディスカウントは投資家の感情を測る物差しである」という見解に説得力を与える。ファンドが清算されるとき、あるいはオープン・エンド型に転換されるときに、ディスカウントは消滅するという事実ともぴったり整合する。それは、この事象のいずれかが発生すると、「ノイズ・トレーダー・リスク」はゼロになるからである。

このノイズ・トレーダー・モデルは、このほかにもいくつかの理論的予測を提示しており、それらも検証されている。たとえば、クローズド・エンド型ファンドは、ノイズ・トレーダーの感情、すなわち個人投資家の感情を測る尺度として理解される。クローズド・エンド型ファンドはほぼすべてが、機関投資家ではなく、個人によって保有されている。その理由の一つは、機関投資家はこの種のファンドを買いづらいためである。つまり資金の一部をいわば同業者であるファンドに再委託した形をとれば、顧客は運用手数料を二重に払っていることになるが、これを顧客に納得させるのはなかなか困難である。

このモデルが意味しているのは、あるタイプのノイズ・トレーダー・リスクを評価されているとすれば、他のタイプの資産にもそのリスクが表れていなければならないということである。さもなければ、そのリスクは分散によって消し去られているはずだ。このケースでは、個人投資家が主体の他の市場の資産が比較検証の対象となる。そうした市場の一つは、資本金額が小さい企業の株式市場（たとえば、ナスダック市場）である。

投資家感情仮説では、「個人投資家がクローズド・エンド型ファンドに悲観的であれば、小型株にも悲観的であり、それによりリターンは低下する」と予測される。

この予測は、データによって確認された。一九六五年から一九八五年の期間について、ニューヨーク証券取引所の上場企業の株式を、時価総額によって一〇のポートフォリオに分け、最も下位から一〇％のグループで構成するポートフォリオを第一・十分位とし、以下同様に分類した。各ポートフォリオの月間リターンを加重平均した株価指数のリターンおよび、クローズド・エンド型ファンドのディスカウントを加重平均した指数の変動と回帰をとったところ、いずれのポートフォリオのリターンとも、加重平均ディスカウントの変動と有意に相関関係があることがわかった。最大の第一〇・十分位を除く九つのポートフォリオで、相関係数はマイナスを示した。つまり、ディスカウントが減っていると、株価は上昇しているが、その関係は企業規模が大きくなるにつれて相関の規模も有意性も低下した。第一〇・十分位のポートフォリオでは、関係は逆転した。ディスカウントが個人投資家の感情を反映していることが確認できたようだ。

## 解説

# 非合理な信念に基づいているにしても、需要は価格を動かしうる

ベンジャミン・グレアムは、証券分析に関する独創的な著書『賢明なる投資家』のなかで、クローズド・エンド型ファンドのディスカウントは、「株主の惰性と愚鈍を讃えるために建立された高価な記念碑」であるとした。また、著名な金融市場観察者バートン・マルキールは、「市場心理は、ディスカウントの水準と構造とに重要な影響を及ぼす」という所見をもって、彼のクローズド・エンド型ファンドの分析を締め括った。

投資家の愚鈍さ、あるいは市場心理が、なぜ問題になるのだろうか。効率的市場の下では、裁定取引によって価格が本質的な価値から逸脱することはありえないと言われる。金を買うのに、なぜかシカゴよりもロンドンを好む投資家がいても、シカゴで買いロンドンで売るほうが好きな投資家もいるので、前者がロンドンの金価格をつり上げることはない。ところが、この分析はクローズド・エンド型ファンドには通用しない。検討してきたように、リスクのない裁定取引の機会は存在しないし、また、支配的な投資家の感情に抗ってまでも長期的な投資に賭けようとする合理的な投資家は少ない。であるがゆえに、価格形成にゆがみが起こりうるのである。

この分析からの重要な教訓は、「たとえ非合理な信念に基づく証券需要であっても、需要は価格を

動かしうる」ということだ。この分析が当てはまる状況――汲めどもつきない興味を湛えた金融市場の多くがここには含まれる――では、「価格は本質的な価値に等しい」という考えはまだまだ検討を要する命題であって、けっして公理ではない。

（共同執筆／チャールズ・リー、アンドレイ・シュレイファー）

第14章　外国為替市場

# 金利差と為替レートの謎

FOREIGN EXCHANGE

一族のなかで、経済に関するあなたのアドバイスに耳を傾けてくれるのは叔父さんだけだ。彼は、輸出入業を営んでいる。その叔父さんから先日、電話がかかってきた。外国為替について相談があると言う。

「仮定の話として聞いてくれ。一カ月後に支払わなきゃならん一〇〇万ドイツ・マルクがあるとしよう」と、叔父さんは話し始めた。

「支払い用のドルは手元にある。問題は、そのドルをいまマルクに換えるべきなのか、後にすべきなのかだ。私は、ドルでもマルクでもどっちでも、金利の高いところに預けるのがいいと思ってた。ところが、うちの財務担当のMBAホルダーさんが言うんだ、それは関係ない、と。そのやり手女史は、ドイツの金利が高ければマルクの値下がりが予想される、とおっしゃる。じゃ、どうすりゃいいんだ、と聞いてみた。そしたら、そんなことはたいして重要じゃありません、コインでも投げてお決めになればよろしいんじゃないですか、なんて抜かしやがる。こんないい加減なアドバイスを聞くために彼女に高い月給を払っているのか、このオレは。なんと、コインを投げろだと！」

高ぶる叔父さんをなだめようと、効率的市場という考え方をなんとか説明しようとするが、説得どころではないようだ。そこで、一計を案じる。

「こうしたら、どうでしょう。叔父さんのやり方を一度試してみては？　つまり、お金の一部を叔父さんが思うとおりに投資し、彼女にはコインをはじいてもらう。どちらがうまくいくか、結果で比べてみるんですよ」

すばらしい思いつきだ、と言って叔父さんは、結果をかならず連絡すると約束した。

二、三カ月経った頃、叔父さんから電話がかかってきた。叔父さんは、「コインはじきの財務担当者を負かす戦略があったんだ」と言うので、大いに驚く。「その戦略とは、だな」と、叔父さんは得意気にしゃべりだした。

「外国で金利が上がるとそこに金を預け、通貨の値下がりについては我慢しよう。一方、その国の金利が米国の金利に比べて下がるなら、米国に預けたままにしておく。確かに単純だが、うまくいってるみたいなんだ。うちの財務担当はもちろん、それはまったくの幸運ですわ、と言って、自説を立証するために過去のデータで少し調べてみましょう、と申し出たよ。さて彼女だが、たったいま、コンピュータの出力を両手いっぱいに抱えて、お

**ずおずと私の部屋に入ってきたところだ。で、彼女は、コインはじきが私の理論に負けたことを認めたよ。さて、賢明なる君は、これをどう思うかね」**

**うーん……。判断がつきかねるあなたは、外国為替レートに関する文献を調べることにする。**

外国為替市場は、あらゆる金融市場のなかで最も活発な市場といえる。一九八九年半ば時点で、一日の取引高は平均で約四三〇〇億ドルだった。この数字がいかに大きいものかは、一日当たりにした米国のＧＮＰ、二二〇億ドル、同じく一日当たりにした世界全体の貿易額、約一一〇億ドルと比べてみると、感じがつかめるだろう。外国為替の取引高は、実際の財とサービスの貿易取引高よりはるかに大きいので、外国為替市場はさぞかし流動性に富み、効率的であると思えることだろう。

この市場の巨大さのためもあり、多くの研究者が外国為替市場に注目し、そこで投機の効率性の問題を研究してきた。そこから生まれた第一の見解――最初に唱えたのはミルトン・フリードマン――が、「投機家は安く買って高く売るがゆえに、彼らの活動のおかげで、為替レートには通貨価値のファンダメンタルズ、すなわち経済の基礎的条件あるいは長期的な決定要因がかならず反映される」という説である。

第二には、しばしばラグネル・ヌルクセが提唱したとされる学説があり、この説では、「外国為替への投機は安定性を損ないかねず、過剰変動性が生産者と消費者に多大な負担を強いる結果、生産者と消費者は効率的でない配分を決定することになる」と述べている。

この両者の論争がエスカレートしたのは、一九八〇年代半ばの一時的に六五％も上昇した劇的なドル高の理論的な解明においてだ。このドル価値の急激な変動はファンダメンタルズの変化に原因があり、それらのファンダメンタルズの変化を考慮すれば、ドル高は理論的に予測可能かつ最適な水準のものだったと考える者たちがいる一方で、このドル高は、ドルが通常の決定要素から気まぐれに遊離していた証拠であると指摘し、少なくともこのドル高の一部は有効に防ぎえたはずだ、と主張する人たちもいる。

為替レートが「正しい価格に形成されているか否か」の議論は、他の資産の価格形成に関する同様の議論に比べても、とくに重要である。なぜなら、為替レートは、あらゆる海外資産、財、生産要素に同時的に影響を与えるからである。ヌルクセ学派の言う、「投機は価格を煽ってファンダメンタルズから乖離させる」という考え方が正しいとすれば、市場への公的介入を是とする主張は外国為替市場で最も強力だ、と考えてもよいかもしれない。

本章で私たちは、外国為替市場の効率性に焦点を当てることにしよう。物事をできるだけ単純化するために（といっても、そう簡単にはいかないのだが）、効率性の問題を一種類のみの検証、つまり、いわゆる「先物割引バイアス」の観点から検討する。この例はわかりやすいうえに、実験によって結果が明確になっている。途中で必要に応じて、この結果に関して異なる説明をする実証研究についても触れることにする。

## 先物割引バイアスの検証

投資家がリスク中立的で、合理的な期待を持つとすれば、市場が予想する将来の為替レートは、各国間の金利差が折り込まれることになる。

このことを理解するために、たとえばドルの金利が年一〇%、ドイツ・マルクの金利が七%であるとしよう。このとき、金利差はプラス三%である。リスク中立的で合理的な投資家は、ドルはこの先対マルクで一年間に三%値下がりすると予想しているに違いない。この値下がりによって、ドル建て預金の期待リターンとマルク建て預金のそれは、ちょうど等しくなる。このように考える投資家が、ドルの値下がり幅が仮に四%と予想するならば、ドルで資金を借り入れ、マルクで貸し付けたいと全員が思うだろう。その結果、金利差が四%になるまでドル金利は上昇、マルク金利は下降するだろう。

金利差と、予想される通貨の値下がりとの間のこの単純な関係は、「カバーのない金利平価説」と呼ばれる(先物市場がヘッジに利用されていないので、カバーなし、というわけだ)。したがって、カバーのない金利平価説が意味するところは、「将来の為替レートの推定変動幅を暗に表しているのが金利差である」ということである。予想が合理的ならば、金利差から読み取れるこの将来の為替レート変動幅に、バイアスはないはずである。

バイアスがないかどうかは、通常は、為替レートの変動を金利差によって回帰分析することで検証する。

$$\Delta S_{t+k}=\alpha+\beta(i_t-i_t^*)+\eta_{t+k} \quad \cdots\cdots ①$$

ここで$\Delta S_{t+k}$は、期間kにおける通貨の値下がり率（ドルの現物相場の変動）。$(i_t-i_t^*)$は、ドル金利と外国金利の金利差である。帰無仮説は、$\beta$＝一である。帰無仮説に$\alpha$＝〇も含める研究者もいる。言い換えると、スポット相場に現れる値下がりは、金利差に純確率誤差項（$\eta_{t+k}$）を加えたものに等しい。

回帰式①が持つもう一つの具体的意味は、金利差を先物割引率に読み替えること、すなわち為替相場における現在の先物価格と現物価格の差の百分率で読み取ることにある（先物価格は、将来のある時点に受け渡す外貨の今日現在の価格のこと）。裁定取引によって、先物の割引率は金利差に等しくならなければならない。もしそうならなければ、外貨で借り入れ、借入金をドルに換え、そのドルを投資し、先物で売る戦略は、リスクなしに利益を生むことになろう。

「銀行が先物相場を金利差と連動させ、市場はこの裁定条件を尊重する」という見方が広く受け入れられている。「投資家のリスク中立と合理的期待」という仮定の下では、先物割引は将来の為替相場変動のバイアスなしの推定値となる。実際には、回帰式①の結果は、$\beta$＝一とならず、その理由は先物割引バイアスがあるため、と説明されている。

これまでの研究によると、係数$\beta$は一未満であることにかなりの信頼性があることがわかった。事実、$\beta$はしばしばゼロ以下と推定され、約七五の公表された推定値の平均は、マイナス〇・八八である。プラスの係数も二、三見られるが、帰無仮説の一、あるいは一を超えるものは皆無である。

係数がほぼマイナス一であることは、なかなか説明しにくい。これはたとえば、米国金利が外国金利より一ポイント（%）高ければ、ドルはその後、年率一%の割合で値上がりすることを意味している。これは、バイアスがないとする仮説が想定する一%の値下がりとは、完全に逆の結果だ。

これらの結果に関しては、二つの解釈がなされている。一つは、一より小さい$\beta$は、時間とともに変動する為替リスク・プレミアムを証明しているという解釈だ。つまり、「ドル金利が上がると、ドル資産への投資は相対的にリスキーになる」ということだ。一方、為替相場のリスクは分散可能であるか、あるいは、投資家はリスク中立的であるために「いかなるバイアスも期待誤差である」という解釈もある。

次の二節では、この二つの説明について検討する。

## 為替リスク・プレミアム説の検証

もし外国為替市場の投資家たちがリスク回避的で、為替リスクが完全には分散可能でないならば、金利差や先物割引は、もはや将来の為替相場の期待変動の純粋なる推定値とは解釈しえなくなる。となればむしろ、金利差は為替相場の期待変動にリスク・プレミアムが加えられた複合値である。このようにして、ドルが外国通貨よりもリスキーであると見られ、為替相場が変動しないと予想される場合は、ドル金利は高くならざるをえないということだ。

合理的期待の仮定からすると、βは一に等しくならないという観察結果が意味しているのは、金利の変動がリスク・プレミアムの変動に関係があるということである。βが一未満という観察結果は、ドル金利差の一%上昇はドル価格の一%未満の値下がりと結びついているということだ。リスク・プレミアムを、金利差から為替相場の期待変動を差し引いたものとすると、これはつまりドル資産に対するリスク・プレミアムは金利差とともに上がることを意味し、外国為替に求められるリターンは下がることを意味する。

当然、βがマイナスであるということは、より極端な話となる。金利差の拡大はその後予想される為替レート下落幅の縮小につながり（ドルはおおむね、その後上昇しているから）、したがってリスク・プレミアムのいっそう大幅な上昇をもたらす。ファーマが指摘したように、このことは、①リスク・プレミアムの変動は予想下落幅と金利差双方の変動より大きいこと、②予想下落幅とリスク・プレミアムの共分散はマイナスであること、を意味する。

ドルの予想下落幅とリスク・プレミアムの間のマイナスの相関関係はそれだけなら、もっともだと考えられるかもしれない。つまり、米国でインフレが高まるという予想は、ドルの為替レートの予想下落幅とドル建て資産のリスク増のいずれとも関連する、と考えてもおかしくない。これは、たとえば、より高いインフレ率の予想は、将来の金融政策に対するより大きな不安が反映しているといった場合に成立する。

リスク・プレミアム説の問題は、金利の変化がリスク・プレミアムにいっそう大きな変化を生じさせる理由を説明できるかどうかである。リスク・プレミアム説の是非の検証には三つの方法が提唱されてきたが、いずれもこの仮説を裏付けることにはなっていない。

第一の方法は、リスクの統計的モデルを設定し検証するというものだ。ただ、この方法は、リスクに潜んでいる経済的決定要因が外国為替の超過リターンの説明に役立つか否かを探ろうとするのではなく、通貨の超過リターンの個別あるいは全体的なパターンを探ろうとするものである。この種の検証によって、為替レートの変動要因に関して豊富な情報が提供されてきたが、これまでこれらの要因が実際にリスクに起因するものかどうかについての証拠は、あまり示されていない。

もう一つの統計的検証は、予測可能なリターンは将来のリターンの期待変動によって説明可能かを問うものだ。この種の検証は、理論上、リスクと期待誤差の区別をするのにはよりすぐれているかもしれない。しかし実際には、期待変動が先物割引バイアスと関係があるという証拠はない。

次の検証方法は、各資産間のリターンの差だけに限らず、必要なリターンの基礎的決定要素のさまざまな具体的条件を細かく検証するものだ。最初にフランケルが採用した方法は、CAPM理論においてある資産のリスク・プレミアムが投資ポートフォリオのなかのその資産の比率と系統的に相関していることに注目したものだ。しかし、必要なリターンが為替レートの系統的リスクと正の相関があるという証拠はまったく得られていない。このモデルを使っても、為替リスク・プレミアムはゼロであるという仮説を棄却することはできなかった。リスク・プレミアムが外国為替の予測可能な超過リターンを説明できるような方向に変動するという証拠は、ここにはなかった。その後の研究では、より複雑なモデルで時間とともに変動するリスクが検証されたが、結果は同じである。

リスク・プレミアム説をめぐる三番目の検証方法は、期待される値下がり幅を直接計測し、実際の値下がり結果に基づく事後的な推断に頼るのを避けたものだ。期待そのものを直接に観察できれば、金利差バイアスの起因をリスク・プレミアムと期待誤差という二つの個別要素に分離することが可能になるだろう。この方法でも、リスク・プレミアムがどのように形成されるかを明らかにはしないが、それでもバイアスを説明するにあたって、リスクと市場効率性の重要性は示してくれるかもしれない。

もちろん、問題は市場の期待は目に見えないことである。フルート＝フランケルは、外国為替トレーダーたちの予測をまとめたデータを、為替レート値下がり期待幅の尺度と想定して、バイアスを、リスク・プレミアムと期待誤差の二つの要素に分解した。その結果、リスク・プレミアムに帰せられる要素はごく小さく、実質的にゼロと変わらなかった。しかしこの結果は、リスク・プレミアムが存在しないということではない（もし調査結果がつねに金利差に等しければリスク・プレミアムは存在しないはずだ）。実際、調査結果が示唆するリスク・プレミアムはゼロとはかなりの開きがあり、時間とともに変動している。しかし、調査結果に見るかぎり、先物割引とは相関していなかった。

## リスクと一九八〇〜八五年のドル変動

最後に、時間とともに変動するリスク・プレミアム説をあまり形式ばらずに使い、一九八〇年代にドル価格が見せた前例のない変動をこの理論によってどのように説明できるか、試してみよう。

一九八〇年末から一九八五年初めまで、米国の金利は海外の金利よりも高く、そのためドルは先物のほうが安くなっていた。つまり、ドル価格はその後下降することが暗示されていた。ところが、ドルは年率ほぼ一三％の割合で（堅調に）上昇したのである。リスク・プレミアム説のシナリオでは、これらの事実は、投資家たちのドル値上がりへの（合理的）期待が強いこと（一三％すべてがそうかもしれない）、しかしその一方では、リスク・プレミアムもまた正だったことを表している。したがって、この考え方によれば、ドル建て資産は、他の通貨建ての資産よりずっとリスキーであると認識されていたのであり、それは当時、ドルの強さの説明としてしばしば使われていた「安全避難先」、という見方とはまさに逆であった。

それに続くドルの急激な下落は、一九八五年に投資家たちがドルは相対的に安全であるという考え方に切り替えたことを示し、リスク・プレミアムが逆転したことを意味する。この間に、ファンダメンタルとしての通貨リスクの決定要因に何か非常に劇的なことが発生し、ドルの価格がこのように大幅に変動したに違いない。すなわち、ドルが値上がりしている間は、投資家たちは「より安全な」外国通貨を保有するためには、年間一六％（ドルの値下がり分一三％に、ドル金利との差三％を加えて）前後のリターンをすすんで放棄しなければならず、一方その後の値下がり段階では、投資家たちはドルを保有するためには、年間超過リターン約六％（平均年間値下がり率八％から、平均金利差二％を差し引いたもの）をすすんで放棄しなければならない。これらのプレミアムは、たいへん大きなものである。一九八〇年代のドルの足取りを説明するのに、リスク・プレミアム説だけに頼ることは難しい。

## 期待誤差説

先物割引バイアスを説明するもう一つの仮説は、期待誤差説である。この仮説では、リスク・プレミアムを一定とし（少なくとも、先物割引とは相関しない）、金利差の拡大は、それに等しい値下がり期待と連動しているとする。たとえば、金利差が一％拡大するとその後ドルが一％値下がりするというのは合理的な予想である。しかし、先述の係数$\beta$の推定値からすると、金利差が一％のドルの値下がりを示唆したら、現物相場はほぼ一％近く値上がりすることを示唆している。これらの期待誤差はいったいなぜ発生し、なにゆえに執拗に持続し続けるのだろうか？

こうした期待誤差は、調査期間中には経済的に重要だったかもしれない。しかしだからといって、それがつねに市場の非効率性や、利用できなかった儲けのチャンスを意味しているとはかぎらない。研究の対象期間がとくに例外的だったのかもしれないし、そのような場合、通常の統計的推論という方法は間違った結論を導きかねない。投資家たちが、変動相場制、あるいはその他の制度変更についてちょうど学習している最中だったら、これは「例外的な」為替レート変動である可能性がある。

ルイスは、一九八〇年から一九八五年のドル価格の持続的な上昇をこの種の仮説で説明できるかどうかを調べている。彼女は、米国の通貨供給プロセスの気付かないほどのごくわずかな変更について投資家がいっこうに学び取らないことで、先物レートに含まれる誤差の半分が説明できるという証拠を提示した。しかし、その誤差はその後時間を経ても消滅してはいないようなのだ。このことは、一度かぎりの通貨制度変更学習モデルという見方への反証となっている。

もう一つ、回帰分析が誤った推論を生みかねない例に、「ペソ問題」がある。ペソ問題とは、一九五五年から一九七五年のメキシコ・ペソの変動を指し、そこから名付けられた。メキシコ・ペソは同国政府によって対米ドル交換レートが固定されていたにもかかわらず、その間ずっと先物割引で売られていた。もちろん最終的には、投資家が想定していた大幅なペソ下落は現実のものとなり、金利と先物市場に基づく理論的予測の有効性を実証する形になった。しかし、このことを一九五五年から一九七五年のサンプルだけから推測することはできなかっただろう。こうした状況のみならず、これほど極端でない状況の下でもペソ問題に象徴されるこの種の問題は、標準的な統計的推論手法を無意味なものにしてしまうだろう。

マイケル・ムッサは、回帰分析がペソ問題をゆがめかねない理由を示唆している。彼は、「インフレ率は分布が均一ではないから」と主張する。つまりインフレ率はほとんどの場合、限られた一定の範囲内で変化しているが、ときどきハイパー・インフレが発生する。ハイパー・インフレが起きていない期間は、予想インフレ率の上昇はその後実際に現れるインフレ率より高くなる。こうした実勢より高い予想インフレ率は、名目金利の上昇と通貨の値下がりに関係するだろうから、回帰分析の半数を超えるサンプルでは、係数$\beta$は一より小さくなるだろう。

ムッサに類似したゆがみ理論を用いれば、ペソ問題で一九八〇年代初めのドルを合理的に説明できるかどうか、の評価が可能になる。一九八〇年から一九八五年の間、ドルは一九八〇年の水準より平均しておよそ三三％高く、年平均一三％の割合で値上がりした。

市場は、仮にドルが上昇するとした場合、年率で一三％になることを確かに予想していたとしてみよう。しかし、これに代わる想定として、一九八〇年の水準まで下げ戻すという予想もあるだろう。このとき、予想される下げ幅は、値下がり確率πに予想値下がり幅の平均三三％を掛けたものから、値上がり確率（一マイナスπ）に値上がり幅一三％を掛けたものを差し引いたものに等しくなる。もし予想値下がり幅が金利差の三％と仮定すると、任意の一年間における値下がり確率πは三五％｛(13+3)／(13+33)｝となる。これは、為替レートが五年間下落することなく推移する確率が、一二％（$0.65^5$）であることを意味する。この計算結果からすると、標準的な統計的有意水準において棄却ができず、ペソ問題仮説の妥当性はなさそうだ。

## 金利差と為替レートの長期的変動

金利差バイアスは、特定の金利変動期間にはそれほど顕著でない。ハイパー・インフレへと推移する期間、すなわち名目金利が低金利から一挙に超高金利へと推移する期間を調べたいくつかの研究によると、係数βはプラスで一により近いことを示している。これに加えて、各国データの検証結果を総合してみると、金利差を手がかりに合理的な予測は可能であることがわかる。たとえば、イタリアのようにインフレ率の高い国の名目金利は典型的に米国よりも高く、その通貨は確かに長期的には値下がりする傾向にあったし、現在もそうだ。ちょうどその逆なのが、相対的に低金利が続く西ドイツのようなインフレ率の低い国の通貨である。言い換えると、近い将来の為替レートの予測では、短期的な金利差との相関関係は通常マイナスの方向を示すとしても、長期的にはおおむねプラスの方向を示すのである。

この証拠は、遅い学習効果仮説《スロー・ラーニング》、あるいはペソ問題仮説を支持するもの、と受け取れるかもしれない。なぜなら、この二つの説明はともに、金利差は（短期的にはバイアスがあるにしても）長期的な通貨変動を平均して正しく予測すると予想しているからである。しかし、だとすれば、係数$\beta$の推定値は平均して一に等しいはずだし、遅い学習効果が利いているならば、後半の標本ほど係数$\beta$の推定値は一に近づくはずなのに、そのような展開の徴候はない。

さまざまな標本、通貨の種類、予測期間の長短、資産市場のすべてを通して、$\beta$は一未満であるという証拠がかなり有力なのと、一九八〇年代初めのドル動向をペソ問題仮説では説明できないという事実とによって、遅い学習効果とペソ問題仮説の妥当性にも若干の疑問が残る。これらの説明を無修正で使うためには、さまざまな$\beta$推定値はほとんど独立したものではないと論じなくてはならない。いままでに発生したことのないなんらかの重要事象——たとえば、核兵器の完全廃棄のような——が起きる可能性により、なんらかの形で投資家の期待が条件付けられ、このような「一見するとバイアスに見えるもの」が生じているのかもしれない。しかし、時系列データと国別の統計データの規模は増大し続けるので、そのような主張はますますつらいものになってくる。

## 残された仮説

ここまでで得られる結論は、既存の理論に対して否定的なものである。すなわち、合理的で効率的な市場というパラダイムでは、観察事実を満足に説明できない。そこで、単純にして簡潔な説明を提示してみよう。それは、実証性に関して制約はあるものの、すべての投資家は完全に合理的であるということを要求しない説明である。

「少なくとも一部の投資家は金利差の変動への対応が鈍い」という仮説を考えてみよう。そうした投資家は、おそらくは取引を実行する前に考える時間が必要なのか、あるいは単純に最新情報にすばやく対応できないかだろう。そのような投資家を「中央銀行型」と呼ぼう。彼らは、金利上昇時には通貨の値上がりを抑える「逆張り」で取引すると思われる。このモデルにおける他の投資家たちは、リスク回避的で流動性に制約はあるが十分に合理的であり、「中央銀行型」投資家の緩慢な動きにつけ入ろうとさえするだろう。

このような単純な設定でも、先に述べた事実にうまく整合性がとれる。第一に、名目金利差の変動に実質金利差の変動がある程度反映されるかぎり、この説明モデルの係数$\beta$の推定値はマイナスとなる。名目金利の変化は、ただちにさまざまな為替レート・モデルの全体にわたって影響を及ぼすが、これらのモデルが理論的に予測しているのは、「ドルの実質金利の上昇は（他の条件がすべて等しければ）ただちにドルの切り上げをもたらす」である。この値上がり分の一部だけがただちに発生し、その残りの値上がり分の発生にはしばらく時間がかかるとすれば、為替レートは金利差の変動にある程度遅れて変動すると考えられる。こうした理由から、金利と為替レートとの短期的な相関はマイナスになる可能性が出てくる。

第二に、この仮説は、長期・短期変動データに共通する結果とハイパー・インフレ現象を説明することも可能で、その結果は、金利差から長期的な為替レート変動は正しく予測される、とする。一部の投資家の反応の遅れは、金利差変動と為替レート変動の間の長期的関係に影響しないだろう。

この仮説の検証には、過去の先物割引の水準（現在の水準だけではない）が、為替レートの変動予測に役立つという仮定を加えて検証を行えばいい。事実、この仮説は、もし過去の金利差水準が回帰式①に加算されれば、係数の推定値はプラスになり、一に近づくことを、示している。

## 賢明な投資家ならば……

以上のような「効率性」の欠如を主張する説明は、事実に十分合致するように見えるが、明らかに重大な欠陥がある。もしこれが正しければ、現在の金利変動を利用して儲けることができるはずだ。ビルソンは、外国為替市場の非効率性を非常に強力に検証している。彼は研究の結果、$\beta$は一より小さいことを示し、「金利が相対的に高い通貨を買う」ことで、あまりリスクを負わずにリターンが得られる、と主張した。実際に、彼はこの戦略を用いて相当儲けたという噂である。

ドゥーリー＝シェーファーと、スウィーニーも現物相場の過去の動向に基づいたトレード戦略を研究している。典型的なものは、「過去二四時間以内にドルの値上がり幅が二％を超えたら、投資家はドルをカラ売りせよ」というものだ。このようなルールは儲かりそうだが、その儲けはかならずしも統計的に有意ではない。一方で「テクニカル分析」から導かれた取引ルールによって、統計的に有意な利益を生み出すことができるとした研究もある。

外国為替市場の非効率性によって金儲けができるか否かはさておき、一通貨のリスク対リターンのトレードオフはあまり魅力的とは言えないことは強調しておこう。先に示した回帰式①の標準誤差の推計値は、年約三六%である。ということは、一ドルのリターンを期待する戦略には一五ドルの損益の変動が伴うことになる（βがマイナス一に等しいとすれば、ドル金利の一%の上昇によって、ドル建て資産が非ドル建て資産に対して年間リターンにして二%上昇する。五〇〇ドルを投資した際の月間ベースの期待リターンが約一ドルになり［(500×0.02)/12≒1］、標準誤差は一五ドルになる［(500×0.36)/12＝15］）。取引コストを考慮すると、リスクに見合うリターンにはならない。

これらの戦略における「リスク」のほとんどは、理論上は分散可能だとしても、複雑で、コストがかさみ、信頼性に欠け、実行は困難であろう。

## 解説　外国為替市場の非効率性と政策介入の問題

金融市場における例外は、ある種のリスクを仮定することで「説明」される。たとえば、大企業より高いリターンを上げる小企業はリスクが高いといわれるが、ＣＡＰＭ理論のβのような伝統的なリスク尺度では、リターンの差異が説明できない。同様に、資産価格の平均値回帰の説明に使われるリスク・プレミアムは、時間の経過とともに変動することが多い――あたかもリターンのパターンを説明可能にするかのように、投資家が負担するリスクの限界（大きさ）は、時間とともに変動するのだ。

こうした説明は検証不能なゆえに、しばしば論争上きわめて有利である。リスク・プレミアムは直接観察できないのだから、それに対する反証もやりようがない。しかし、安心するのはまだ早い。というのは、賢い研究者は、このような実証不能な命題を検証する方法まで用意しているからである。「効用最大化」という概念も、これと同じアナロジーから、しばしば実証不可能の代表格と考えられている。しかし、第7章で検討した「選好の逆転」のように、問題は同じであっても、説明が異なれば、相反する選択をすることがある。もちろん、効用最大化理論において二つの答えが正しいことはありえない。

本章で見てきたように、外国為替市場の研究者たちは創意と工夫に富み、リスクが例外を説明できるかを検証する手法をいろいろつくり出してきた。確かに、これまでに検証された範囲内では、先物割引バイアスはリスクによって生じていることを積極的に支持する証拠は見当たらない。経済学者たちの資産価格形成モデルから導かれるリスク・プレミアムには、統計的な回帰分析から導かれる予想可能な超過リターンと系統的に関連する徴候は何もない。それどころか、逆を示唆する明らかな証拠がある。「バイアスは期待誤差によるのであってリスクによるのではない」ことの積極的な証拠である。

為替レートの予測に関する調査データを用いて、先物割引を値下がり予想に相当する部分とリスク・プレミアムに相当する部分に分解した試算によると、バイアスは完全に期待誤差によるもので、時間とともに変動するリスクによるものではないことを示唆している。この試算からは、期待誤差が遅い学習効果、ペソ問題、はたまた市場の非効率性によって生じるのか否か、直接明らかにはならないが、遅い学習効果とペソ問題のいずれも、事実の完全な説明はできないように思われる。全体的にとらえれば、さまざまな証拠から見て、市場の非効率性についての説明に本格的に取り組むべきである。

外国為替市場の明らかな非効率性は、政策に対してどのような意味を持つのであろうか。非効率性の証拠があいまいなので、そして適切な為替レートの一般均衡モデルがないため、為替レートの変動のコストが政府の介入を正当化するほど有害かどうかは、私たちにはなんとも言えない。ここで検討したタイプの非効率性は、為替レートにきわめて大きなゆがみを生じさせることがありうるが、取引への課税や固定相場制の維持のような政策介入も公共利益の犠牲というコストを伴う。今後さらに研究を続ければ、そのような無粋な直接的政策介入によって、消費者と生産者がどのような影響を受けるかを認識できるようになるだろう。

（共同執筆／ケネス・フルート）

エピローグ

EPILOGUE

# 行動経済学が描く新しいパラダイム

これまで見てきた経済学にとってのさまざまな「例外」を、どう理解すべきだろうか。数かずの例外はそろいもそろって、経済理論に対していっせいに「表舞台から撤退せよ」と迫ってでもいるのだろうか。いや、いくつかの理由から、その答えはノーである。

第一の理由は、経済学の標準的なパラダイムには限界と弱点があるとはいえ、これに代わるべき適切なパラダイムがないことだ。多くの領域で研究の名に値する仕事をしている社会科学者は、経済学者をおいてほかにいない。たとえば、株式市場を考えてみよう。ウォール街のプロフェッショナルたちは、心理的要素が金融市場で大きな影響力を持っているという考えを素直に認めている。それなのに、金融市場を本格的に研究してきた経済学者以外の社会科学者はたかだか一握りほどにすぎないし、CAPM理論に匹敵するほどの理論モデルは行動科学の分野には一つとして存在しない。もしこのようなモデルが誕生するとしたら、その産みの親は心理学者や社会学者ではなく、行動科学の知識をとり入れた経済学者である公算が高い。変革はかならずや経済学の本流から生じる、と見るのが本筋であろう。

　では、新しい種類の経済理論はどうあるべきだろうか。最も望ましい理論的進化は、「規範的理論」と「記述的理論」の間に明確な一線を画すことである。利益最大化をはじめとして、期待効用の最大化、ゲーム理論などは、最適行動を記述する理論である。限界収入が限界費用に等しくなるように価格を設定することは、利益の最大化という問題への（理論上の）正解となる。しかし、実際に企業がそうするかどうかは、また別の問題である。

「勝者の呪いを避けること」「機会費用をキャッシュの支出を伴う費用と同一視すること」を、私は自分の受け持ちのＭＢＡコースの学生たちに日頃から教えているが、「世間の人びとはまずそのようには行動しないこと」も、忘れずに彼らに話している。また、「たとえ経済学では裏切りを示唆していても、協調することが良い戦略なのである」とも教える。あなたがよき経営者であるためには、あなた自身と、従業員や顧客、さらには競争相手を含めてみなが陥りやすいさまざまな誤りと、彼らが協調してくれるかもしれないという意外な可能性についてもわきまえておくべきだ。そこに議論の余地などあろうはずがない。

　私はまた、ほかならぬ人間の天性に関する知識こそ、行動を説明し、予測しようと試みる経済学者にとっても有益であると考えているが、現実にはさまざまな議論を呼んでいるのが実情である。規範的理論と記述的理論の相違点を明確にすることで、現実に対して、同じ人間を相手にいかにゲームを展開すればいいのかといった、具体的な問題への実践的な指針となる理論の研究に取り組み始めることができる。このような指針的理論が欠如している現状では、最終提案ゲームやオークションの参加者にはほとんどなんのアドバイスも与えることができない。

理論経済学者にとって、基本的な教訓は確かに憂鬱なものだろう。その教訓とは、理論経済学者の仕事は、かねて考えているよりもはるかに難しいということだ。合理的行動モデルを理論的に記述し、気の利いた名前で発表するだけでは十分ではないし、完全に合理的とは言えない（いわば非合理的な）行動モデルを記述することは、次の二つの理由から困難である。

第一に、データの収集なしで、すぐれた記述モデルを構築することはほぼ不可能であること。加えて、多くの理論経済学者にはデータに対して強いアレルギーがあることを自認しているからだ。第二に、合理的モデルがおおむね簡明にして優雅、精密な予測を提示することが多いのに対し、行動モデルはごちゃごちゃと込み入ってややこしく、かなり漠然とした予測を提示しがちである。

しかし、問題をこのようにとらえたらどうだろう。つまり、精密華麗な誤りを犯すか、それともごちゃごちゃややこしいけれどおおよそ正しい理論をとるか。さて、あなたなら、どちらだろうか？

# 本書が生まれた秘密と謝辞

本書の執筆には、通常を上回る多大な助力と協力がどうしても必要だった。本書に収録されている各章は、まず全米経済学会の機関誌 *Journal of Economic Perspectives* 誌の「アノマリー（例外）」に関する連載特集論文として発表の場を与えられた。私に連載の執筆をすすめてくれた編集者のカール・シャピロおよびジョセフ・スティグリッツの両氏に謝意を表する（アノマリー特集についてのアイデアは、ハル・バリアン氏と食事したときの会話から生まれた。その後、同氏が *Journal of Economic Perspectives* 誌にこのアイデアを持ち込んだ）。季刊誌である同誌の原稿締め切り日がなかったら、こうして本書を世に問うことはできなかっただろう（この間のくわしいエピソードは、第8章に述べておいた）。カールとティモシー・テイラー両氏は、原稿に目を通して批評を加え、編集し、さらに全編にわたり質を高める助言をしてくれた。その指摘はつねに建設的なものであり、その多くが本書に生かされている。

章別のテーマの半数以上について、複数の執筆協力者を頼むこととなった。協力者は、各章の最後に記している。共同執筆された章の多くは、筆者の単独ではとうてい書きえなかっただろうし、仮に筆者が独りで書き下ろしていたら、本書の仕上がりにはほど遠い内容になっていたに違いない（また、楽しく筆が進んだかどうか怪しいものだ）。どの共同執筆者も完全なパートナーであったことを、ここで強調しておきたい。したがって、みなさんが各章を引用される場合は、後掲する初出から直接引用されるか、あるいは本書から引用されるのであれば共同執筆者の名をかならず記載されるよう、とくにお願いしたい。

年に四本の論文執筆は、実に多くの時間を要した。ご承知のように、「時は金なり」である。資金を提供していただいたコンコード・キャピタル・マネジメントおよびラッセル・セイジ・ファウンデーション、時間を与えていただいたコーネル大学のジョンソン経営大学院に感謝の意を表したい。ラッセル・セイジ・ファウンデーションのエリック・ワーナー氏には、本書の発行元として財団決裁の通常の職務範囲を超えるご尽力をいただいた。また、トム・ディックマン氏には、筆者のコーネル大学での職責の調整に当たって大いなる助力と柔軟な対応をしていただいた。このことに感謝しつつも、同氏には内緒にしておきたいという筆者のむしのいいわがままを、どうかお許しいただきたい。

ほかに多くの寛容で忍耐強い友人たちからも筆者は助言を得た。彼らは本書の一次草稿（ときには二次、三次までも）のなか、彼らの持ち分をはるかに超える部分に目を通してくれたのである。とくに多大な負担をかけた人たちをここに列挙する。マヤ・バーヒレル、コリン・キャメラー、ワーナー・デボント、パット・デグラバ、ボブ・フランク、ダニー・カーネマン、ケン・カーサ、ジェイ・ラッソーおよびトム・ラッセルの方々である。本格的な研究を論じた第2章に入る前に、本書の意図するところをかいつまんで述べた第1章に目を通しただけの段階で、彼らはみな協力してやろうという気になってくれた。また、デニス・レーガン、シャーロット・ローゼン、デボラ・トレイスマンにはゲラ刷りを丁寧に読んでもらい、尽きない誤植を校正してもらった。最後に、フリー・プレス社の編集部のピーター・ドハーティ氏には、筆者が雑誌連載の一三コラムを本書にまとめあげるうえで助力していただいた。多謝。

本書の各章は、以前ジャーナル・オブ・エコノミック・パースペクティブ誌上で発表された連載論文であり、今回全米経済学会の許可を得て本書用に書き直して再録した。なお、初出は以下のとおりである。


第2章　Robyn M. Dawes and Richard H. Thaler (1988), "Cooperation," *Journal of Economic Perspectives*, Vol. 2, No. 3, pp. 187-97.

第3章　Richard H. Thaler (1988), "The Ultimatum Game," *Journal of Economic Perspectives*, Vol. 2, No. 4, pp. 195-206.

第4章　Richard H. Thaler (1989), "Interindustry Wage Differentials." *Journal of Economic Perspectives*. Vol. 3, No. 2, pp. 181-93.

第5章　Richard H. Thaler (1988), "The Winner's Curse," *Journal of Economic Perspectives*, Vol.2, No. 1, pp. 191-202.

第6章　Daniel Kahneman. Jack L. Knetsch, and Richard H. Thaler (1991). "The Endowment Effect, Loss Aversion, and Status Quo Bias," *Journal of Economic perspectives*, Vol. 5, No. 1, pp. 193-206.

第7章　Amos Tversky and Richard H. Thaler (1990), "Preference Reversals," *Journal of Economic Perspectives*. Vol. 4, No. 2. pp. 201-11.

第8章　George Loewenstein and Richard H. Thaler (1989), "Intertemporal Choice," *Journal of Economic*

*Perspectives,* Vol. 3, No.4, pp. 181-93.

第9章　Richard H. Thaler (1990), "Saving, Fungibility, and Mental Accounts," *Journal of Economic Perspectives*, Vol. 4, No. 1, pp. 193-205.

第10章　Richard H. Thaler and William T. Ziemba (1988), "Parimutuel Betting Markets: Racetracks and Lotteries," *Journal of Economic Perspectives*, Vol. 2, No. 2, pp. 161-74.

第11章　Richard H. Thaler (1987), "The January Effect," *Journal of Economic Perspectives*, Vol. 1, No. 1, pp.197-201; Richard H. Thaler (1987), "Seasonal Movements in Security Prices II: Weekend, Holiday, Turn of the Month, and Intraday Effects," *Journal of Economic Perspectives*, Vol. 1, No. 2, pp. 69-77.

第12章　Werner F. M. Debondt and Richard H. Thaler (1989), "A Mean-Reverting Walk Down Wall Street," *Journal of Economic Perspectives*, Vol. 3, No. 1, pp. 189-202.

第13章　Charles M, C. Lee, Andrei Shleifer, and Richard H. Thaler (1990), "Closed-End Mutual Funds," *Journal of Economic Perspectives*. Vol. 4, No. 4, pp. 153-64.

第14章　Kenneth A. Froot and Richard H. Thaler (1990), "Foreign Exchange," *Journal of Economic Perspectives*. Vol. 4, No. 3, pp. 179-92.

# 訳者あとがき

本書は、THE WINNER'S CURSE: Paradoxes and Anormalies of Economic Life by Richard H. Thaler; ©1992 by the author, published by The Free Press, New Yorkの全訳である。*

著者リチャード・H・セイラーは一九四五年生まれ、現在シカゴ大学経済学教授。行動経済学、実験経済学のパイオニアの一人として経済学の新地平開拓に取り組む気鋭の経済学者で、本書を執筆したのは、マサチューセッツ工科大学を経て、コーネル大学の経済大学院で経済学の教授を務めていたときである。本書の一三の章で取り上げているホットなテーマと内容は、いずれもごく身近で切実な問題である。だがこれらの諸事象は、従来の主として新古典派の流れを汲む主流派の経済理論ではうまく説明できない難問である。これらを総称してセイラーは「アノマリー」あるいは「パラドックス」と呼ぶ。うち七つの章は、理論経済学以外の、たとえば心理学専門の学者たちとの共同執筆である。また、五つの章は現代経済学の主役である華やかな金融市場に焦点を当て、私たちの誰もが日常的に出合う理論と現実の乖離の謎に迫っている。

原著のタイトルおよび日本語版の書名が示すように、私たちの経済活動や行動は、従来からある経済学の標準理論にしばしば相反する。その結果、理論的に説明不可能なさまざまな例外や矛盾する現象が続出する。つまり、合理的思考に基づいて自己利益の最大化を図るホモ・エコノミクス（経済的人間）モデルという大前提が頑として存在するなかで、伝統的経済学の理論的判断は、経済生活に関する私たちの経験的な皮膚感覚とは大きく食い違うことが多い。現に私たちは日常的に、「理論的にはそうだが、現実は違う」などと、理論が現実から乖離していることを頭から認めている。しかし、その乖離を狭めようとする経済学の新領域の開拓は着々と進んでいるのだ。

たとえば、第2章で検討される「ゲーム理論」は、第二次世界大戦後の世界秩序を規定していた東西冷戦構造の、少なくとも米国にとって理論的根拠を提供してきた。日米経済交渉においても、米国の交渉者がゲーム理論を用いた戦略発想をしたり、交渉のレトリックを組み立てていたとしても驚くには当たらない。なぜなら、ゲーム理論は今日、経済学研究のれっきとした一分野をなしているのだから、米国経済学の奥深さと幅広さ、とりわけ実践性に目を向けるほかない。セイラー教授の研究に典型的に見られるように、研究テーマと現実の政策とがきわめて密接に連携しているのだ。米国においては「政策科学」という見地から、経済理論は実践的な政策ツールとしての有効性をまず、問われるのである。

一九九七年度のノーベル経済学賞は、金融デリバティブ商品理論の構築者であり、実践者でもある二人の研究者に授与された。ウォール街で実際にヘッジファンドを共同経営するスタンフォード大学教授マイロン・ショールズとハーバード大学教授ロバート・マートン両氏である。

こうした事情を如実に物語っているのが、原著につけられたセイラーのくわしい注と注釈である。たとえば、法定自賠責保険の料率と賠償責任の限度を消費者に選択させる州当局の政策誘導に絡む問題や、賃金をめぐる労使交渉で名目賃金が「上がる」ならばインフレ率を下回る実質的な賃下げでも労働者は受け入れてしまいがちなのはなぜか、株式市場と外為市場の価格形成は合理的になされているのだろうか、などの問題がくわしく論じられている。こうした身近で興味ある問題を、実験経済学や行動経済学の手法を駆使して得られたデータによって検証し、それに基づく結論と既成の経済理論はどこがどう噛み合わないのか、どう修正、あるいはどのような新しい概念を導入すれば現実により適合する経済理論になりうるかの指針を示している。これらはズバリ、経済学が実践に供されている具体的な姿であり、理論の有効性がもろに試されている証左である。

だが、はたして合理的自己利益最大化を原理とする従来の正統派経済学に対して、人間の非合理的側面、公共利益を動機づける利他主義または協調性を原理に取り入れようとする実験経済学がどこまで新たな体系を確立しうるか。その成果である経済理論を著者セイラーは壮大な展望の基に体系化する構想を描いている。セイラーは、共同研究者の共通理念を代弁して、それは経済理論の「規範的理論」と「記述的理論」に加えて、「指針的理論」を確立することによって決定理論が構成されるというものである。「指針的理論」とは、私たちが自分自身の認識その他の持つ限界や制約に直面したときどう振る舞えばよいか、指針となる助言を与えてくれる決定理論である。

ひるがえって日本の現実を眺め渡すまでもなく、本書の翻訳に当たって困ったのは、こうした研究に用いられる用語の適切な訳語が確立していないことだった。最先端の日本の研究者なら、原語でそのまま理解すればそれで用がすむだろう。だが、幅広い読者層を想定し、一人でも多くの人びとに読んでもらうとすれば、すべての読者にそこまで期待することはできまい。訳書を出版する意味も、できるかぎりわかりやすい日本語にして読んでもらうことにある。

そのため、たとえば随所にでてくる「ディスカウントdiscount」については、英語とカタカナ読みに加えて、文脈にあう「割引」などの一応の訳語を当て、さらに括弧でくくって（将来の価値を現在の価値で表した）というような説明訳や言い換え訳をあえて多用した。日本語の語彙が国際水準に一日も早く近づくことを願いつつ、読みづらい点があれば平にご寛恕を乞う次第である。なお、訳者の知識不足を補うべく、岡山理科大学の山本英二教授のお手を煩わして第4章の統計用語をチェックしていただいた。第11、12、13、14章については、野村総合研究所の山形浩生氏に訳文の吟味をお願いし、わかりやすい表現にしていただいた。この場を借りて厚くお礼申し上げる。

本書訳出のきっかけを与えてくれた麻生祐司氏には、ひとかたならぬお世話になった。かつて「グローバル・ビジネス」誌編集部で机を並べて仕事をしていた縁で、本書の第6章に収録されているエピソードをまとめた「人間心理の体系化を目指す行動経済学の隆盛――合理的思考仮説に頼りすぎた正統派経済学の失敗」と題する雑誌論文（「週刊ダイヤモンド」臨時増刊、一九九六年一月一五日「GLOBAL BUSINESS＃4」）を訳させていただいた。この記事に目をとめたダイヤモンド社出版局第一編集部の嶋矢昌三氏が親本の翻訳出版を企画され、図らずも大役を仰せつかった。一九九六年春のことである。内容の新鮮さに惹かれて軽い気持ちで引き受け、当初半年くらいで仕上げる予定をたてた。ところが、とりかかってみるとこれが予想外の難物だった。嶋矢氏は『新ゲーム理論』『ウォール街のランダム・ウォーク』などの参考文献をあれこれと調えてくださった。下調べに手間取って遅々として訳稿が進まぬなか、九七年春には嶋矢さんが定年を迎えてしまわれた。退職後の嶋矢さんに手弁当で面倒をみていただき、同年夏にはなんとか一次訳の完成にこぎ着けた。この段階で正式に編集部の魚谷武志氏が担当を引き継いでくれることになった。そこから後の出版にいたるまでの本作りは魚谷さんのお世話であり、この間、忍耐強くお待ちいただいた関係者のみなさまにお詫びと心からのお礼を申し上げる。

ほかにも多くの人たちに感謝しなければならない。武庫川女子短大講師の廣瀬達雄氏は参加するニフティサーブのフォーラムを通じて情報を求めてくれた。それに応えて関東学園大学経済学部の小川浩助教授からは交差する無差別曲線についてくわしい解説をいただいた。私と同じ観音寺市に住む翻訳家の大西央士氏には『アメリカの証券市場』『投資信託の仕組みと改革』を快く貸してもらった。いつも一緒に仕事をしてくれる四〇年来の仲間たちの中込篤氏、高林茂氏のお二方にもたいへんお世話になった。

（桂と一平にはインターネットを通して四国と東京を結ぶ原稿のやりとりとワープロ入力の大半を手伝ってもらった。マックの導入から立ちあげには、帰省中の貴重な時間をさいてくれた平治の手ほどきを受けた。賢三からは『囚人のジレンマ』を借りた。訳稿の整理とチェックを手伝ってくれたほか、深夜の仕事場に食糧補給のライフラインを確保してくれたのは、温子である）

金融ビッグバンを目前に、システム不安に明け暮れた一九九七年師走
米あまり減反と都市化の喧噪の観音寺にて

訳者しるす

＊　本書は、一九九八年に弊社より刊行された『市場と感情の経済学』の改題新版です。「訳者あとがき」にもありますように、前回発行時点では、本書のテーマである行動経済学・行動ファイナンスは研究者を除いては、ややなじみの薄いものであり、学問としてもフロンティアという位置づけにあったと思います。その後、二〇〇二年同分野のノーベル経済学賞受賞や実社会での実践例も増えてきており、現在は経済学の確立された一分野として一般的にもより認知が進むようになりました。それに従い、前回発行時点で使用した人名や専門的用語などの表記が、その後広く利用されるようになった表記と食い違うようになっている点が多く、読者の混乱を招かないように、新版発行に当たっては修正を行いました。

また、本書のテーマに対して一般ビジネスマンなどより広い層の読者が関心を示すようになっているという現状を踏まえ、前回は掲載しておりました原書注や引用文献の表記などは割愛し、訳文もさらに読みやすいものへと改めさせていただきました（引用文献については、各章の初出論文をご確認ください）。残念ながら翻訳者の篠原勝さんは二〇〇五年一月にご逝去されており、ご遺族のご了解の下、編集部によって右記の作業を進めました。ここに改めて篠原さんのご冥福をお祈りいたします。

（編集部）

［訳者紹介］
**篠原　勝**（しのはら・まさる）
（1937-2005）
翻訳家。香川県生まれ。早稲田大学第一商学部卒。
訳書は、デイヴィッド・マーシュ著『ドイツ復活のドラマ』（ダイヤモンド社、1995年）、リチャード・レイン著『葛飾北斎：縁結出雲杉』ほか（河出書房新社、1995年）、カレル・ヴァン・ウォルフレン著『日本／権力構造の謎』（ハヤカワ文庫、1994年）、『民は愚かに保て』（小学館、1994年）、『人間を幸せにしない日本というシステム』（毎日新聞社、1994年）、アレヴ・クルーティエ著『ハーレム』（河出書房新社、1991年）、ジェイムズ・バカン著『マネーの意味論』（青土社、2000年）、ほか。

セイラー教授の行動経済学入門

2007年10月26日　第1刷発行
2017年11月16日　第11刷発行

著　者――リチャード・セイラー
訳　者――篠原　勝
発行所――ダイヤモンド社
〒150-8409　東京都渋谷区神宮前6-12-17
http://www.diamond.co.jp/
電話／03・5778・7228（編集）　03・5778・7240（販売）
装丁――――重原　隆
本文DTP――桜井　淳
製作進行――ダイヤモンド・グラフィック社
印刷――――八光印刷（本文）・加藤文明社（カバー）
製本――――本間製本
編集担当――魚谷武志


ISBN 978-4-478-00263-6